GELD ODER LEBEN

Nikolaus Braun

GELD ODER LEBEN

Wie Sie aufhören, Unsinn mit Ihrem Vermögen zu treiben

Campus Verlag
Frankfurt/New York

MIX
Papier | Fördert gute Waldnutzung
FSC
www.fsc.org
FSC® C089473

ISBN 978-3-593-51690-5 Print
ISBN 978-3-593-45358-3 E-Book (PDF)
ISBN 978-3-593-45357-6 E-Book (EPUB)

Umschlaggestaltung: *zeichenpool, München
Layout und Satz: Oliver Schmitt, Mainz
Gesetzt aus der Minion und Attribute Text
Druck und Bindung: Beltz Grafische Betriebe GmbH, Bad Langensalza
Beltz Grafische Betriebe ist ein Unternehmen mit finanziellem Klimabeitrag (ID 15985-2104-1001).
Printed in Germany
Werderstr. 10, 69469 Weinheim, info@campus.de
www.campus.de

Inhalt

Vorwort 9

GELD ODER LEBEN? 15

Start-up I 16
Die Magie des Geldes 25
Start-up II 32

GELD UND LEBEN 37

Erfolg 38
Reichtum 64
Angst 88
Betrug 120
Männer 143
Luxus 172
Zeit 200

WIE SIE FRIEDEN MIT IHREM GELD SCHLIESSEN 231

Das Versprechen I 232
Die Magie des Geldes – Reprise 236
Das Versprechen II 241

ANHANG 249

Leseempfehlungen 250
Literaturverzeichnis 252
Zugabe 258
Anmerkungen 260
Über den Autor 266

Disclaimer: Die Finanzindustrie hat eine fast unlimitierte Feuerkraft für Lobbyismus, Gefälligkeitsgutachten und Rechtsstreitigkeiten. Vor diesem Hintergrund: Bitte bemühen Sie sich nicht weiter. Alle Geschichten sind frei erfunden und entspringen ausschließlich meiner Fantasie. Falls sich trotzdem der eine oder die andere wiedererkennen sollte, mögen er oder sie sich bitte an die eigene Nase fassen. Dann habe ich mir vor dem Hintergrund meiner Berufserfahrung eben zufällig etwas ziemlich Realistisches ausgedacht. In diesem Sinne bitte ich insbesondere Mitarbeiter und Mitarbeiterinnen in den Rechtsabteilungen von Finanzvertrieben, davon auszugehen, dass das »Ich« in meinen Erzählungen ein erzählerisches Ich ist.

Für meinen Vater

Vorwort

Ein Ratgeber ohne Ratschläge

4 × 7 + 2 = 30

»Über Geld spricht man nicht.« Dieser Glaubenssatz ist vermutlich die wichtigste Ursache dafür, dass sich viele Menschen beim Thema Geld nicht nur inkompetent fühlen, sondern es auch sind. Worüber ich nicht sprechen kann, darüber kann ich auch nicht nachdenken.

Dem Thema Geld über den Verstand, durch Zahlen, Daten und Fakten, nahezukommen, funktioniert nur sehr bedingt. Es gibt zwar – neben ziemlich viel finanzpornografischem Mist – auch einige brauchbare Bücher zum Thema Geld.[1] Doch auch bei den Leserinnen und Lesern guter Finanzratgeber klafft eine riesige Lücke zwischen dem, was sie eigentlich verstanden haben, und dem, was sie tun. Sie sind erstaunlich konsequent darin, die erhaltenen Ratschläge zu ignorieren – ähnlich wie auch Konsumentinnen und Konsumenten von Ernährungs- und Fitnessratgebern unabhängig von deren Qualität meist nicht schlanker und durchtrainierter werden.

Die meisten Menschen lesen Finanzratgeber ohnehin gar nicht oder nur äußerst ungern. »Ist doch nur über Geld, wie langweilig«, sagen sie naserümpfend. Irgendwie kann ich es verstehen: Wenn Geld primär als universelles Tauschmittel betrachtet wird, das man in Waren und Dienstleistung umwandeln kann, wenn Geld als ein logisches Abstraktum verstanden wird, lohnt es sich dann, sich damit zu beschäftigen? Oder beleidigt das nicht eher den eigenen Intellekt? Ist es gar das Einfallstor zum Bösen? Und so scheitert der rational-kognitive Zugang zu Geld regelmäßig: zu komplex, zu abstrakt, zu wenig relevant, zu schwierig in konkretes Handeln zu überführen und von moralisch zweifelhafter Provenienz.

Ich versuche, dieses Dilemma in *Geld oder Leben* aufzubrechen. Noch deutlicher als bei meinem in weiten Teilen dann doch klassischem Ratgeber *Über Geld nachdenken* stelle ich nicht das Geld selbst in den Mittelpunkt des Buches, sondern Themen, die für uns viel eher unmittelbar mit dem Leben zu tun haben – ja, die mitunter Kern unseres menschlichen Seins sind. Einige dieser Themen haben offensichtlich auch mit Geld zu tun, etwa Luxus, Reichtum, Ungleichheit, Unternehmertum, Betrug oder Erfolg. Andere Themen scheinen dagegen kaum einen Bezug zu Geld zu haben: Angst, Geschlechterrollen, Liebe, Freundschaften, Familie, Identität, Glück, Spiritualität, Schuld, Tod, Erlösung.

Die Verstrickung von Geld mit allen relevanten Lebensbereichen veranschauliche ich neben kurzen theoretischen Essays vor allem durch das Erzählen von insgesamt 30 Geschichten. Warum? Zum einen sind Geschichten viel unterhaltsamer und spannender als nüchterne Theorie. Nur wenige Menschen kauen sich vor Aufregung an den Fingernägeln, weil sie es kaum aushalten können, herauszubekommen, wie Low Volatility mit den klassischen Fama-French-Faktoren korreliert. Außerdem habe ich während des Schreibens dieses Buches so bewegende Geschichten erfahren, dass nicht nur die Protagonistinnen und Protagonisten, sondern letztlich auch die Geschichten selbst ein Recht darauf haben, gehört zu werden.

Der wichtigste Grund ist aber, dass menschliches Verstehen über Jahrtausende ausschließlich über Geschichten funktionierte – vermutlich, seit unsere Urahnen angefangen haben zu sprechen und sich auch dadurch ihrer eigenen Existenz bewusst wurden. Etwas verkitscht kann man sich gut vorstellen, wie sich Jäger und Sammlerinnen in einer Höhle am Feuer gegenseitig die Welt erklärten und diese Geschichten von Generation zu Generation weitergaben oder an die Wand malten, lange bevor die Schrift erfunden wurde. Heilige Schriften, Märchen, Sagen, Dramen, Romane, Hollywood oder Netflix: Bis heute funktioniert menschliches Verstehen primär über Geschichten – diese Art des Verstehens ist ganz tief in unserem kulturellen Gedächtnis, ja, in unserer DNA verwurzelt. Und: Dieses Verstehen über Geschichten prägt auch weite Teile wissenschaftlicher oder sachlicher Texte. Allerdings ignorieren selbst die meisten Geisteswissenschaftler diese Erkenntnis, von Volkswirtinnen oder Juristen ganz zu schweigen.

Im Grunde genommen gibt es in unserer Kultur nur vier grundlegende »Meister-Erzählungen«, auf die sich jede Geschichte in der einen oder anderen Form zurückführen lässt.[2]

Erstens, die Komödie: Die Hauptpersonen erleiden ein paar meist heitere Irrungen und Wirrungen, und zum Schluss gibt es ein Happy End – meist in Form einer Liebesbeziehung: *Così fan tutte. Ein Sommernachtstraum. Verrückt nach Mary.*

Zweitens, die Romanze: Ein – meist männlicher – Protagonist, wendet unter oft immensen Leiden (s)eine Katastrophe ab, um am Ende als Sieger hervorzugehen. Das ist Joseph Campells archetypischer »Monomythos«, Voglers klassische »Heroe's Journey«.[3] Auch hier steht am Ende meist ein Happy End, oft in Form einer Liebesbeziehung: *Die Odyssee. Star Wars. Harry Potter.* Vereinfacht lauten die Zutaten: Drache – Prinzessin – Ritter – Schwert.

Drittens, die Tragödie: Die Heldin oder der Held der Geschichte geraten durch eigene Schuld, Zufall oder rachsüchtige Gottheiten in die Mühlen des Schicksals. Die tödlichen Spielregeln oder Verstrickungen der Geschichte werden ihnen – wenn überhaupt – erst im Laufe der Geschichte bewusst. Am Ende sind die wesentlichen Charaktere tot oder zumindest gescheitert: *Antigone. Hamlet. Titanic.*

Viertens, die Groteske: Die Spielregeln der Geschichte ergeben sowohl für das Publikum als auch für die Hauptfiguren nur noch bedingt einen Sinn. Eine groteske bis absurde Welt ist letztlich nicht mehr verstehbar, es vermischen sich satirische, tragische und komische Elemente: *Alice im Wunderland. Der Besuch der alten Dame.* Die Bilder von Hieronymus Bosch.

Zu insgesamt sieben Themen erzähle ich jeweils eine Komödie, eine Romanze, eine Tragödie und eine Groteske: Reichtum, Erfolg, Betrug, Angst, Männer, Luxus und Zeit. Dazu kommt noch je eine Geschichte in der Einleitung und im Schlussteil, die fast alle dieser Kern-Themen aufgreift. Die Abgrenzung der Themen ist dabei bewusst nicht trennscharf: Je mehr Lebensbereiche in einer Geschichte mit dem Leitmotiv Geld verwoben sind, umso besser. Ebenso sind die Übergänge der Erzählformen fließend. Was für den einen Protagonisten eine Groteske zum Thema Luxus ist, kann für seine Gegenspielerin eine Romanze zum Thema Erfolg sein. Auch das ist bewusst so gemacht. Und wie gesagt: Das Geld steht dabei nicht im Zentrum der Geschichte, es ist eher ein Leitmotiv, die entscheidende Zutat. Für die Leser und Leserinnen mit literarischer Vorbildung: Es ist oft so etwas wie der Falke in der klassischen Novelle – Symbol und Gegenstand einer entscheidenden Wendung.

Zum Schluss eine Warnung: Der intuitiv narrative Zugang zum Thema Geld kommt nicht zum Nulltarif. Ratschläge sind auch Schläge, und Sie werden sie in diesem Buch nur ganz am Rande finden und wenn, dann sehr abstrakt. Auch werde ich die erzählten Geschichten nicht im Sinne konkreter Handlungsanweisungen auswerten, analysieren oder kommentieren. Der narrative Zugang soll es gerade ermöglichen, einen Kommunikationsraum zu öffnen, in dem Sie selbst über Geld sprechen und nachdenken können und der Ihnen hilft, Frieden mit Ihrem Geld zu schließen und weniger Unsinn damit anzustellen.

Sie müssen also selbst entscheiden, mit wem Sie sich identifizieren wollen und welchem Handelnden Sie wie viel glauben wollen – schließlich sind die Geschichten oft sehr subjektiv, ja parteiisch. Zudem müssen Sie selbst darüber nachdenken, welche Rolle Geld in der Geschichte eigentlich spielt: Ist es die Ursache für ein Scheitern, ein Brandbeschleuniger oder nur ein Symptom? War es die treibende Kraft hinter einem gelungenen Lebensentwurf oder eher eine zufällige Begleiterscheinung? Ist der Protagonist oder die Protagonistin einer Geschichte eine ihr Schicksal gestaltende Heldin oder ein Getriebener, ein tyrannisches Monster oder doch nur ein traumatisiertes Kind? Und vor allem: Welche Schlussfolgerungen ziehen Sie daraus für sich selbst? Dabei wird sich sicher nicht alles auflösen lassen. Vermutlich werden einige Geschichten Sie – wenn auch auf höherem Niveau – verwirrt zurücklassen. Mir geht es zumindest oft so.

Ich bin sehr gespannt, zu welchen Schlussfolgerungen Sie kommen. Die ersten Rückmeldungen haben mir gezeigt, wie weit die Interpretationen auseinandergehen können. Ich finde das großartig. Wenn Sie wollen, schreiben Sie mir gern dazu an: nachdenken@neunundvierzig.com.

»Du schreibst noch mal ein Buch über Geld?«

»Ja, wieso?«

»Fällt dir denn wirklich nichts Besseres ein?«

»Ja, was denn?«

»Liebe, Tod, Freundschaft, Verbrechen, Vertrauen, Verrat, soziale Ungleichheit, der Drang des Menschen, sich zu ernähren und fortzupflanzen, sich weiterzuentwickeln. Wer bin ich? Was kann ich? Das Streben nach Wissen, Macht, Erfolg, Glück – nach Spiritualität. Reicht das? Ist doch alles viel besser, oder?«

»Eben – und genau um all das geht es.«

»Wie?«

»Pass auf: Ich erzähle dir eine Geschichte darüber, wer man ist, was man kann, über das Streben nach Wissen und Erfolg, über Liebe, Freundschaft, Vertrauen und Betrug – eine Geschichte über Geld. Hör zu.«

Geld oder Leben?

Start-up I

32 000 000 D-Mark

Am Abend des 15. Juni 2003 stand Matthias endgültig vor den Scherben seiner beruflichen Existenz. Bis zum Ende hatten er und Andreas gekämpft. Noch vor zwölf Monaten hatten sie sich an den letzten dünnen Strohhalm geklammert, als sie die Reste ihres einst stolzen Unternehmens dem ursprünglichen Investor mit der Hilfe zweier Geschäftsfreunde wieder abgekauft hatten – für fast symbolische 200 000 Euro. Die zusammenzubringen, war schon damals fast unmöglich gewesen. Aber jetzt war die Sache endgültig an die Wand gefahren. Heute Nachmittag hatten sie mit den verbleibenden acht Mitarbeitern gesprochen. Mit dem Insolvenzantrag hatten sie sowieso schon viel zu lange gewartet. Jetzt würden sie endgültig die Grauzone zur Insolvenzverschleppung verlassen.

Noch vor vier Jahren, mit gerade mal etwas über dreißig, waren Matthias und Andreas Millionäre gewesen, ach was, Multimillionäre. Damals hatte BX Biotech ihr kleines Start-up zu einem gefühlt (und tatsächlich) wahnsinnigen Preis übernommen: 32 Millionen D-Mark! Das waren 3 Millionen in cash und sagenhafte 13 Millionen D-Mark in Aktien der BX Biotech – für jeden! Und das war noch nicht einmal alles: Innerhalb weniger Monate hatte sich der Kurs von BX Biotech verdoppelt. *Bonanza*! Was war seitdem nur schiefgegangen?

Andreas hatte sich zusammengerissen und eine Art letzte Ansprache gehalten – *famous last words*: »Kollegen, so weh es uns selbst tut, es geht nicht mehr. Wir sind pleite. Morgen gehen wir zum Amtsgericht und melden Insolvenz an. Wir haben so gern mit euch zusammengearbeitet, wir schreiben jedem von euch ein Topzeugnis, aber es geht wirklich nicht mehr. Es ist Zeit, das sinkende Schiff zu verlassen.« Matthias hatte gar nichts mehr gesagt und nur vor sich hin gegrübelt. Gut, das Unternehmen war auch Andreas' Baby gewesen, und auch er stand vor dem Nichts. Aber Matthias' Situation war noch einmal aussichtsloser. Die sich vorher schon unendlich anfühlenden Steuerschulden noch zahlen zu können, war nun völlig illusorisch. Die Zinsen erdrückten ihn jetzt schon wie ein Mühlstein. Wenn das Finanzamt nicht doch noch mit sich reden ließ, würde er die drei Finger heben müssen: Privatinsolvenz.

Ihm graute es davor, nach Hause zu kommen. Den ganzen Heimweg von seinem Büro in der Innenstadt nach Hamburg-Ohlsdorf rotierte sein Verstand oder das, was von ihm noch übriggeblieben war: Wie sollte er das seiner Frau erzählen? Dass es schlecht aussah, war auch Marina mehr als klar. Aber dass es jetzt gar keine Hoffnung mehr gab, das war noch mal etwas anderes.

Als er leise die Tür aufsperrte, um den Kleinen nicht zu wecken, hörte er entspannte Musik. Es roch nach gutem Essen. Waren das Kerzen, deren Flackern die Wand im Flur reflektierte? Oh nein, hatte er etwa mal wieder eine Einladung vergessen? Das war das Letzte, was er jetzt brauchte. Doch als er um die Ecke ins Wohnzimmer schaute, stand da nur Marina, regelrecht aufgebrezelt, vor einem prachtvoll gedeckten Tisch. Sie hatte eine Flasche Sekt in der Hand – Champagner war schon lange nicht mehr drin – und sagte strahlend: »Matthias, ich bin wieder schwanger!«

Andreas und Matthias hatten sich Anfang der Neunzigerjahre kennengelernt, als Matthias nach einer alles anderen als linearen Schullaufbahn mit Mitte zwanzig schließlich anfing zu studieren. Matthias war im ersten Semester seines Biochemie-Studiums, Andreas bereits eineinhalb Jahre weiter. Schon nach ein paar Tagen lud Andreas Matthias zum Abendessen zu sich in seine kleine Zweizimmerwohnung ein. Als Matthias um halb acht vor der Tür stand, öffnete Andreas' Freundin Amrei die Tür und drückte ihm unversehens ihre sechs Wochen alte Tochter in den Arm. »Halt mal kurz«, lautete ihre Begrüßung, und schon verschwand sie in der Küche. Matthias nannte das später einen »magischen

Moment«: Von diesem Zeitpunkt an war er quasi ein Mitglied der Familie. Andreas half Matthias, ins Studium zu finden, sie lernten zusammen auf Prüfungen und begannen relativ bald damit, sozusagen als ausgelagerte Werkstudenten kleinere Projekte und Studien für Biotechunternehmen zu übernehmen.

Noch während des Studiums gründeten sie ihr Unternehmen, das sie BioServiX nannten. Ungefähr zu dieser Zeit kam Matthias auch wieder mit seiner Jungendliebe Marina zusammen. BioServiX entwickelte sich fantastisch. Als die beiden endlich ihr Studium abschlossen, hatten sie bereits gut ein halbes Dutzend Mitarbeiter, die sie aus ihren Kursen und Seminaren an der Uni rekrutiert hatten.

Jetzt konnten sie endlich Vollgas geben – und das taten sie auch. Die Auftragslage für unterstützende Dienstleistungen, Projekte und Studien war in der ersten Biotech-Euphorie der späten Neunzigerjahre bombastisch. Und BioServiX lieferte: Sie waren schnell, freundlich, kompetent und – da das Gros der Mitarbeiter noch zur Uni ging – konkurrenzlos günstig. Andreas hatte ein ausgesprochen gutes Gespür für Personal-Rekrutierung und Akquise, Matthias den schwarzen Gürtel für Projekt- und Prozessmanagement. Gemeinsam hatten sie eine ausgesprochene Stärke darin, neue Services zu entwickeln und anzubieten. Die beiden ergänzten sich perfekt, und wenn man heute mit ihnen redet, erklären sie nach wie vor übereinstimmend, dass es ohne den anderen nie gegangen wäre.

350 000 … 1 Million … 2,5 Millionen … 3,2 Millionen … 4,3 Millionen D-Mark – BioServiX knackte Jahr für Jahr einen Umsatzrekord nach dem anderen. Auch die Margen waren an sich ansprechend. BioServiX erzielte zwar kaum Gewinn, da die beiden fast jede Mark in neue Dienstleistungen sowie neue Mitarbeiterinnen investierten, aber anders als die meisten anderen Start-ups, die sie kannten, verbrannten sie auch kein Geld.

Mitte 1999 rief der CEO eines der wichtigsten Kunden des Unternehmens bei Matthias an, um ihn und Andreas zum Abendessen einzuladen. Es war Prof. Thomas Zeitler persönlich, *der* Prof. Thomas Zeitler – eine Legende, Gründer, Mehrheitseigentümer und genialer Kopf von BX Biotech, dem vielleicht hippsten Start-up in Hamburg. Start-up traf es wohl nicht mehr so ganz traf: BX Biotech war Ende 1998 an die Börse gegangen, der Kurs hatte sich seitdem verfünffacht. Entsprechend schwamm nicht nur Prof. Zeitler, sondern auch seine Firma im Geld, und genau darum ging es in dem Gespräch zwischen Prof. Zeitler und den beiden. Zeitler wollte investieren, sprich: BioServiX kaufen.

»Machen Sie sich keine Gedanken«, meinte Zeitler, als er sah, wie sich Andreas und Matthias etwas fremdelnd in dem piekfeinen und etwas konservativen Lokal umschauten. »Heute sind Sie mein Gast.« Das Essen und vor allem der großzügig nachgeschenkte Wein waren hervorragend, und so wurden Andreas und Matthias nach und nach etwas lockerer. Als Zeitler im Laufe des Gesprächs mal eine ungefähre »Hausnummer« in den Raum stellte, gelang es vor allem Matthias erstaunlich gut, sich nichts anmerken zu lassen. Nach einer kurzen Pause antwortete er scheinbar gelassen: »Ich gehe mal davon aus, dass das erst mal eine grobe Richtung ist, oder? Wichtiger wäre uns heute noch einmal mehr, zu erfahren, was Ihre Pläne mit BioServiX sind und welche Rolle wir dabei in Zukunft spielen sollen. Die Zahlen analysieren wir dann in Ruhe, aber ich denke, wenn es insgesamt sinnvoll ist, dann werden weder Sie noch wir es am Geld scheitern lassen.«

Als die beiden, nachdem Prof. Zeitler sich um zehn verabschiedet hatte, zu zweit und etwas angeschickert auf der Straße standen, brach es aus Andreas heraus: »F ü n f u n d z w a n z i g M i l l i o n e n! Nee, oder?! Wenn jetzt gleich der Wecker klingelt, sag ich zu Marina: ›Lass mich einfach noch ein bisschen weiterträumen, es lohnt sich für uns beide.‹« Andreas senkte seine Stimme und versuchte, Matthias zu imitieren: »Wenn es insgesamt sinnvoll ist, dann werden weder Sie noch wir es am Geld scheitern lassen – wo zum Teufel hast du das denn gelernt?« »Habe ich vor ein paar Jahren mal in einem Film mit Al Pacino gehört.« »Ich werde Ihnen ein Angebot machen, das Sie nicht ablehnen können«, prustete Andreas. Beide klatschten sich ab, nahmen sich in den Arm und gingen zwei Straßen weiter in eine Kneipe, in der sie sich deutlich wohler fühlten als in dem noblen Restaurant und in der sie schon zu Studienzeiten ab und zu versumpft waren. Und genau das taten sie jetzt auch.

Ende 1999 wurde der Kaufvertrag unterschrieben. BX Biotech kaufte BioServiX für 32 Millionen D-Mark – für den mehr als sechsfachen

Jahresumsatz. Das war an sich eine irre Unternehmensbewertung, doch für eine Transaktionen während der Tech-Blase um die Jahrtausendwende war es fast ein Schnäppchen. Unter unterschiedlichen Optionen, wie der Kaufpreis gezahlt werden sollte, hatten sich Matthias und Andreas für die Version mit dem höchsten »Upside« entschieden: Nur ein kleiner Teil wurde in cash bezahlt, gerade mal genug, um die Steuern zu bezahlen. Der Löwenanteil floss in Aktien der BX Biotech. Der Clou: Der Preis für eine BX-Biotech-Aktie wurde heute schon auf 75 Euro[4] festgelegt, obwohl die Aktie bereits jetzt bei gut 100 Euro notierte. Der einzige Pferdefuß war die sogenannte Lock-up-Frist: Andreas und Matthias durften ihre Aktien frühestens in zwei Jahren verkaufen. Das jedoch würde man abwarten können.

»Der Arctic Internetfonds war seiner Zeit weit voraus.«

Vertriebsdirektorin Anja D. (43) kommentiert rückblickend das Scheitern ihres ehemaligen Lieblingsfonds, der nach über 90 Prozent Verlust 2003 geschlossen wurde (Juni 2006).

Als Anfang 2000 bezahlt und die Aktien auf den Depots der beiden eingebucht wurden, kostete eine Aktie schon 180 Euro, wenig später stieg sie auf knapp 200 Euro, genau: 199,85 Euro. Die beiden hielten auch diese Kursgewinne für den Lohn ihres unternehmerischen Risikos. Dass die Idee, sich fast alles in Aktien bezahlen zu lassen, nur eine riesige und unglaublich dumme Wette gewesen war – davor hatte sie niemand gewarnt. Um sie herum schossen ja fast alle Kurse durch die Decke. Zeitler galt – in den Worten seines engeren Stabs – als »gottverdammtes Genie«. BX Biotech forschte an Medikamenten sowohl gegen Krebs als auch gegen HIV und stand, so Zeitler, kurz vor dem Durchbruch. Wer hätte ihnen da erklären sollen, dass sie das unternehmerische Risiko ihres Käufers nicht im Geringsten beurteilen konnten? Bei BioServiX hatten sie im Fahrersitz gesessen, kannten das Unternehmen in und auswendig, hatten selbst entscheiden können. Bei BX Biotech saßen sie in einem sehr großen Bus in der vorletzten Reihe und konnten nur aus dem Fenster blicken, um zu ahnen, wohin die Reise ging.

Dass BX Biotech im Verkaufsprozess wesentlich mehr Ressourcen für professionelle Beratung hatte als Matthias und Andreas, war offensichtlich. Deshalb war es auch kein Wunder, dass die M&A[5]-Berater von BX Biotech im Sinne ihres Mandanten ein lebhaftes Interesse daran hatten, dass Matthias und Andreas lieber in (virtuellen) Aktien als in harten D-Mark bezahlt wurden. Die eher mittelmäßigen Anwälte und Steuerberater von BioServiX zumindest erkannten das Problem nicht oder fühlten sich für wirtschaftliche Fragen nicht zuständig. Schlimmer noch: Christian Schneider, der Steuerberater der beiden, bot sogar an, bei der Anlage des verfügbaren Cashs zu »helfen.« Er empfahl ihnen seinen guten Studienfreund Wolfgang Beutel, einen sogenannten unabhängigen Vermögensberater aus Blankenese, der sich auf Jungunternehmer spezialisiert habe. »An sich macht der das erst ab fünf Millionen, aber wenn ich den frage, dann macht er das schon auch so. Da löse ich mal Bonuspunkte für Sie beide ein, der Beutel sieht ja auch selbst, was für ein Potenzial Sie haben ...«

Andreas, der in diesen Dingen etwas phlegmatischer war, unternahm erst mal nichts – ein Umstand, der ihm am Ende den totalen finanziellen Zusammenbruch ersparen sollte. Matthias dagegen traf sich mit Beutel bereits in der folgenden Woche. Beutel war freundlich und offenbar gut informiert, was die neuesten Trends am Markt anging. Er kannte nicht nur die wesentlichen Player im Bereich Biotech, sondern fühlte sich auch im Bereich Internet und Hightech zu Hause.

Es war schon auch die Gier, die Matthias antrieb, aber nur zu einem kleineren Teil. Ebenso wie seine Frau Marina war er in einem Umfeld groß geworden, das in finanzieller Hinsicht von Bescheidenheit und Sparsamkeit geprägt war. Sein Vater hatte als Schneider, seine Mutter als Altenpflegerin in Teilzeit jede Mark zusammengespart, um in ihrer holsteinischen Heimat ein Grundstück zu erwerben, auf das sie dann ein kleines Häuschen bauten. Und das im wörtlichen Sinne: Wenn der Vater abends von der Arbeit heimkam, zog er sich kurz um, um dann die nächsten drei Stunden auf der Baustelle mitzuhelfen. Das nannte man Muskelhypothek.

Hauptsächlich wollte Matthias das lästige Thema erledigt haben, das Beste aus seinen Möglichkeiten machen und den Kopf frei haben für Wichtigeres: seinen Job und seine inzwischen hochschwangere Frau. Am Ende hatte er einfach mit einem schlechten Berater zu einem sehr schlechten Zeitpunkt eine sehr schlechte Antwort auf eine ziemlich schlechte Frage gefunden: »Wie mache ich aus dem Geld am schnellsten mehr Geld?«

Innerhalb der ersten Monate des Jahres 2000 investierte Matthias sein verfügbares Kapital. Er hielt es dabei für besonders klug, nicht nur im Bereich Biotechnologie zu investieren – obwohl er sich damit ja am besten auskannte –, sondern mit Beutels Hilfe auch »breit gestreut« in andere »Zukunftsbranchen«. Um das Risiko weiter zu senken, kaufte er keine einzelnen Aktien, sondern Fonds. So fühlte er sich gut abgesichert. Denn – so Beutel – »es ist ja durchaus möglich, dass sich ein heute sehr Erfolg versprechendes Unternehmen auch mal nicht so gut entwickelt und vielleicht sogar pleitegeht«. Was Matthias besonders überzeugte, war, dass Beutel »völlig unabhängig von einzelnen Produktanbietern« beriet und ihm nur von renommierten Ratingagenturen ausgezeichnete Manager empfahl – Manager, die in der Vergangenheit »extrem erfolgreich« gewesen waren. Und das nicht nur für den deutschen »Neuen Markt«, sondern auch für die USA und sogar für Asien. Matthias unterschrieb die nötigen Papiere, überwies 2,9 Millionen D-Mark und war erleichtert, dass sich dieses lästige Thema so schnell erledigt hatte.

Auch Beutel war zufrieden: 116 000 D-Mark Provision und jedes Jahr ein »Kickback«[6] von 21 500 D-Mark von den Fondsgesellschaften hatte er mit gerade mal zwei Gesprächen à 45 Minuten verdient. Er würde Schneider dringend wieder mal für ein Männerwochenende nach Dubai einladen müssen. Da durfte er nicht rumgeizen.

Als die Tech-Bubble im März 2000 platzte, ging alles Schlag auf Schlag: Der Kurs der BX Biotech brach in sich zusammen: im April 2000 von knapp 200 Euro auf 120 Euro, bis zum Oktober 2000 auf 60 Euro. Na ja, viel war noch nicht passiert, Matthias musste halt noch ein Jahr durchhalten. Im Januar 2001 war eine BX-Biotech-Aktie noch 20 Euro wert. Was noch beunruhigender war: Die Investoren der BX Biotech wurden erst langsam ungeduldig, dann nervös. Entsprechend zögerlicher und zurückhaltender waren sie, weitere Kapitalerhöhungen mitzugehen. Und die wenigen Abteilungen der BX Biotech, die Geld verdienten und nicht nur verbrannten – wie etwa die, die einmal BioServiX gewesen war –, litten an einer sehr dürren Auftragslage. Doch nicht nur

BX Biotech kam unter die Räder. Die Kursgewinne der gesamten Technologie-Euphorie lösten sich in Luft auf, was Matthias eins zu eins an seinem Depot ablesen konnte: Von seinen 2,9 Millionen D-Mark waren nach einem Jahr noch knapp 520 000 Euro vorhanden.

Hatte sein »Berater« Beutel ihm die letzten Monate abwechselnd empfohlen, durchzuhalten oder in derzeit *noch* aussichtsreichere Investments zu wechseln, war er seit ein paar Wochen faktisch nicht mehr zu erreichen. Sein Steuerberater Schneider, der Beutel ja empfohlen hatte, zuckte nur mit den Achseln. Er hatte mit Matthias jetzt noch ein wesentlich dringenderes Problem. Anfang 2001 flatterte nämlich auch der Steuerbescheid zum Verkauf der BioServiX bei Matthias ins Haus: rund 2,8 Millionen D-Mark respektive 1,43 Millionen Euro. Ohne einen Verkauf seiner Aktien der BX Biotech war das nicht zu bezahlen – und das war frühestens in einem Jahr möglich. Ärgerlich genug: Er würde sich von Aktien trennen müssen, die nicht mal mehr ein Drittel von dem wert waren, was einmal die Grundlage des Kaufpreises gewesen war. Aber was soll's, es würde immer noch ein stattlicher Betrag übrigbleiben. Er musste also nur mit dem Finanzamt reden, dass die ihm noch ein bisschen Zeit gaben.

Die gute Nachricht: Das Finanzamt war einverstanden, die Steuerzahlung so lange zu stunden, bis die Lock-up-Frist abgelaufen sein würde. Die schlechte Nachricht: Der Kurs der BX Biotech verfiel immer weiter: 10 Euro, 5 Euro, 3 Euro. Als Matthias endlich verkaufen konnte, war eine BX-Biotech-Aktie weniger als einen Euro wert und sein Aktienpaket von in der Spitze 37 800 000 Euro auf 189 000 Euro zusammengeschnurrt. Es tröstete ihn wenig, dass er kein Einzelfall war, sondern dass es sehr vielen (ehemaligen) Start-up-Millionären während der Tech-Blase so erging.

Im Gegenteil, das kollektive Elend des gesamten Technologie-, Internet- und Biotech-Sektors schlug voll auf seine persönliche Situation durch. Und dieses Elend war immens: Im Juni 2003 sah sich die Deutsche Börse gezwungen, ein ganzes Marktsegment – den Neuen Markt – aus Imagegründen wieder zu schließen. Der entsprechende Index »Nemax 50« hatte seit seinem Höchststand zwischenzeitlich *im Durchschnitt* über alle enthaltenen Aktien hinweg bis zu 96 Prozent verloren – und Matthias war voll mit dabei gewesen. Seine Fonds waren keine 120 000 Euro mehr wert.

Wenn das Finanzamt wenigstens bereit gewesen wäre, auf die erdrückenden Zinszahlungen zu verzichten, dann hätte Matthias vielleicht noch eine Chance gehabt. Aber annähernd 6 000 Euro Zinsen pro Monat – das war Anfang 2002 deutlich mehr, als er überhaupt verdiente.

Der letzte Hoffnungsschimmer bestand darin, die Reste der einst stolzen BioServiX von der BX Biotech zurückzukaufen. Im Sommer 2002 gelang das Andreas und Matthias schließlich mit der Hilfe zweier Investoren. Endlich konnten sie wieder selbst entscheiden und neue Kunden suchen, ohne auf Firmenpolitik und andere Hindernisse Rücksicht zu nehmen. Das neue Unternehmen, das sie XY Bio tauften, stand von Anfang an unter Druck. Das einfache Misserfolgsrezept: zu viele Angestellte, zu wenige Kunden, zu viele von BX Biotech geerbte Verpflichtungen. Dennoch feierten Matthias und Andreas jeden kleinen neuen Auftrag. Rückblickend hatte diese Unternehmung vermutlich von Anfang an keine realistische Chance gehabt, auch wenn die beiden das lange nicht wahrhaben wollten – bis zu jenem denkwürdigen Abend, als Andreas seine Ansprache vom sinkenden Schiff hielt, Matthias keinen Ton mehr herausbekam und ihn die schwangere Marina daheim freudestrahlend mit einer Flasche Sekt empfing.

Die Magie des Geldes

Geld ist logisch, mathematisch, objektiv. Wenn irgendetwas ein harter Fakt in unserem Leben ist, dann ist es Geld. Oder?

Schon im ersten Jahr lernen die neuen Banklehrlinge die wesentlichen drei Funktionen von Geld: Geld ist erst mal ein universelles Tauschmittel, das beliebig in Waren und Dienstleistungen konvertiert werden kann. Zweitens dient es als Aufbewahrungsmittel, als Wertspeicher, um ebendiesen Tausch zu einem beliebigen Zeitpunkt in der Zukunft durchführen zu können. Und drittens hat Geld offenbar die Eigenschaft, sich (auf wunderbare Weise) selbst zu vermehren, wie es in der klassischen Bankenwerbung heißt: »für Sie zu arbeiten«, seinen Tauschwert parallel zum Vergehen von Zeit erhöhen.

Geld scheint so unemotional zu sein wie sonst nur Naturgesetze. Sein Wert wird überwacht von hochkomplexen Zentralbanken mit topausgebildeten Volkswirten und Finanzmathematikern. Geldmengen werden kalkuliert und gesteuert, Inflationsraten verfolgt, Zinssätze definiert, und auch die Kapitalmärkte sind dabei so unbarmherzig wie logisch und effizient.

Doch diese Rationalität ist nur die eine Seite der Medaille: Geld hat ein Janus-Gesicht – es hat zwei widersprüchliche, nein, sich komplementär ergänzende Seiten. Was sollte man von einer Sache, die lange Zeit nur als Münze im Umlauf war, auch anderes erwarten? Die postulierte Rationalität von Geld ist im Grunde nur ein Gegengift, ein Psychopharmakon, das verschleiern soll, wie das Thema Geld, ja Geld selbst, vermint ist mit Dutzenden irrationalen, emotionalen und sich widersprechenden (Wert-)Vorstellungen.

Das beginnt damit, dass das Geld als solches ja nichts anderes ist als eine kollektive Fiktion: ein Stück weitgehend wertloses Metall mit dem Bild eines Gottes oder eines Kaisers. Ein Blatt Papier, versehen mit der Garantie des Staates und einer Strafandrohung an etwaige Fälscher: »Wer Banknoten nachmacht oder verfälscht, oder nachgemachte oder verfälschte sich verschafft und in Verkehr bringt, wird mit Freiheitsstrafe nicht unter zwei Jahren bestraft.« So stand das früher auf jedem D-Mark-Schein. Doch staatliche Sanktionen sind bei Weitem nicht alles: »In God we trust« heißt es auf der Dollarnote, was nichts anderes bedeutet, als dass das Auge von Gott selbst über den Wert des Geldes wacht. Diese Garantie wird umso brüchiger wird, je laizistischer unsere Gesellschaft wird und je mehr sich das Geld in einen virtuellen Raum von Buchgeld, von Nullen und Einsen zurückzieht.

Die religiöse Metaphorik im Umfeld von Geld ist unübersehbar. Die ersten Bankenpaläste – etwa die New York Stock Exchange in der Wall Street – sahen aus wie Tempel. Dekorierte Volkswirte und Experten, auch als »Auguren« tituliert, haben mit ihren Wirtschafts- und Börsenprognosen die Rolle der delphischen Pythia und anderer antiker Seher übernommen – inklusive einer ritualisierten, oft animistischen Rhetorik respektive Liturgie. Und nicht zu vergessen der (Priester-)Ornat – dunkelblauer Anzug mit weißem Hemd, dunkelroter Krawatte und goldenen Manschettenknöpfen –, der Wohlanständigkeit und Professionalität ausstrahlt.

Wenn die Geld- und Welterklärungsmodelle von Volkswirten und Notenbankern in der Ersatzreligion Kapitalismus an die Stelle heiliger Texte und schamanischer Rituale getreten sind, dann ist es auch kein Zufall, dass sich schamanische und volkswirtschaftliche Erzählungen und Modelle frappierend ähneln. Schamanen wie Wirtschaftsweise versuchen, anhand komplexer, weitgehend fiktionaler Gedankenkonstrukte, eine feindliche, kaum begreifbare Welt verstehbar und damit erträglich zu machen. Sollten Amulette, die Jahrtausende gegen Geister und Hexen geschützt haben, nicht wenigstens in der Lage sein, die Inflation unter Kontrolle zu halten? Teilweise mit den gleichen grafischen

Mitteln? Einen Hinweis darauf sehen Sie in den beiden folgenden Abbildungen. Ich habe ihn wie so vieles Andreas Beck zu verdanken.

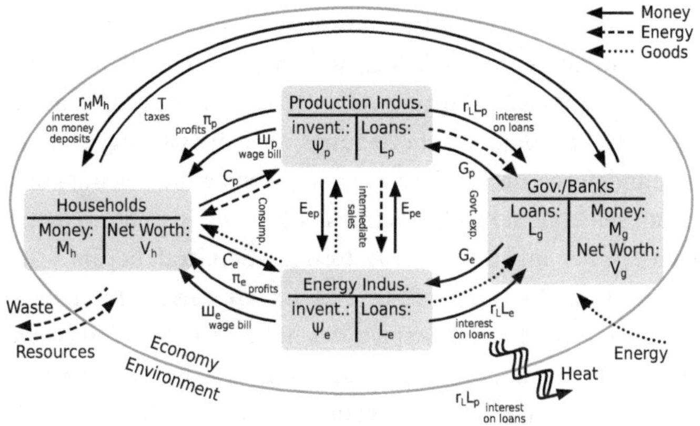

Abbildung 1: SFC-Modell nach Berg/Hartley und Richter
Quelle: Matthew Berg, Brian Hartley, Oliver Richters, 2015.[7]

Abbildung 2: Weltmodell – Sami-Mythologie
Quelle: Wikipedia[8]

Kein Zufall auch, dass sich das Wort »Kredit« vom lateinischen *credere* (deutsch: glauben) ableitet – wenn es sich auch nicht um den Glauben an das eigene Seelenheil handelt, so doch um den Glauben an die durch die EZB garantierte Stabilität des Geldes, konkreter: den Glauben daran, das eigene Geld in ferner Zukunft irgendwann wiederzubekommen.

Denn Vertrauen in den Wert des Geldes ist das A und O des Funktionierens einer Währung: Solange alle fest daran glauben, dass Geld existiert und funktioniert, solange zumindest alle fest daran glauben, dass genügend andere Menschen fest daran glauben, ist alles in Ordnung. Und so wird das Funktionieren des Geldes nicht nur durch Gott, den Staat und die Hohepriester der Währung garantiert, sondern gleichsam durch das Kollektiv der Gläubigen beziehungsweise der Gläubiger. In diesem Sinne befindet sich im Psychopharmakon Geld relativ wenig konkreter Wirkstoff, seine Heilkraft ist vielmehr die eines Placebos, eines Schadenszaubers, der auf kollektiver Autosuggestionskraft beruht.

Doch die religiös informierte und strukturierte Fiktionalität von Geld selbst ist lediglich ein Aspekt der hohen emotionalen Aufladung von Geld. Die Magie des Geldes reicht weiter. Schauen wir uns daher die drei Funktionen des Geldes laut dem Textbuch für den Banklehrling an noch mal genauer: Wertspeicher, Selbstvermehrung und universelles Tauschmittel.

Als Wertspeicher ist Geld selten einfach nur Geld, ein Wintervorrat, der Konsum – potenziell bis nach unserem Tod – in die Zukunft verschiebt. Es ist stets auch eine Chiffre, ein Symbol, ein Gradmesser, erklärt durch sein Vorhandsein – ebenso wie durch seine Abwesenheit – zumindest teilweise, wer wir sind. Es definiert und konserviert unseren Status, unseren Erfolg, unsere Macht, was wir *wert* sind.

Dies reicht bis in die Sprache hinein: Englisch, die Muttersprache des Kapitalismus, ist da meist ein Stück deutlicher und brutaler als Deutsch: »Mr. Miller has a net worth of $ 5 million« heißt nicht nur: »Mr. Miller hat ein Nettovermögen von 5 Millionen US-Dollar«, es heißt wörtlich ebenso: »Mr. Miller ist (netto) fünf Millionen US-Dollar wert.« Das funktioniert nicht nur mit dem Geld, das bereits als Vermögen vorhanden ist, und es funktioniert beileibe nicht nur im Englischen: »I *earn* 5 000 Euro«, zu Deutsch: »Ich *verdiene* 5 000 Euro«, heißt ja nicht einfach: »Ich bekomme für meine geleistete Arbeit 5 000 Euro« – ich *verdiene* sie, »I *earn* it«, und dadurch, dass ich sie *verdient* habe, bewertet der Zahlungsstrom nicht nur meine Leistung, er bewertet auch mich selbst, meinen Selbstwert. Was, wenn ich 5 500 Euro verdienen würde? Wäre ich dann nicht 10 Prozent mehr wert?

So wird die komplexe Bewertung eines Menschen durch das, was er ist, erst ersetzt durch das, was er tut – was wesentlich einfacher ist –, dann durch das, was dieses Tun monetär gemessen wert ist, um schließlich den Wert eines Menschen im schlimmsten Fall auf eine mit einem Währungszeichen versehene Zahl zu reduzieren. Haben statt Tun, Tun statt Sein. Nicht zufällig heißt *Vermögen* ja auch *die Fähigkeit, etwas zu tun.*

So toxisch diese Bewertung von Menschen durch ihr Vermögen auch ist, so besitzt sie nicht nur für Vermögende mitunter eine Eigendynamik, der man schwer widerstehen kann. Während sich die Frage, was »genug« ist, kaum beantworten lässt, verengt sich die Antwort auf die Frage, wie viel Geld man haben möchte, schnell auf eine Vokabel: »Mehr.« Denn wäre Mr. Miller mit 10 Millionen US-Dollar nicht doppelt so viel wert als mit 5? Und da die unbegrenzte Geldvermehrung zumindest im Diesseits irgendwann ja keinen Sinn mehr ergibt, knüpft sich an Vermögen oftmals auch der Traum, nach dem eigenen Tod ein Vermächtnis zu hinterlassen, etwas, das bleibt, ein kleines Stück säkulare monetäre Unsterblichkeit. Wenn am Geld also nicht nur die unmittelbare Finanzierung meines Lebens hängt, sondern mein Selbstwert und ein Stück Unsterblichkeit – ist es dann verwunderlich, dass der Umgang des Menschen damit so von Ängsten geprägt ist? Braucht er auch deshalb die Amulette einer nur bedingt belastbaren Finanz- und Wirtschaftswissenschaft, damit er sich im Dunkeln nicht so sehr vor den Gespenstern seiner Existenz fürchtet?

Angst und die Kehrseite der Angst – die Gier – prägen auch die Funktion des Geldes, Werte nicht nur zu speichern, sondern auch den wundersamen Umstand, dass Geld sich (angeblich) aus sich selbst heraus vermehren kann. Eine Magie, die offenbar insbesondere die Finanz-Alchemisten der Finanzmärkte beherrschen, um aus Geld immer mehr Geld zu machen – unbegrenzt und immer schneller. Diese Logik hat ihre diversen Nebenwirkungen und Kippmomente: zum einen, weil der Versuch, sein Vermögen möglichst schnell zu maximieren, häufig in den Verlust ebendieses Vermögens mündet. Geld muss nämlich ekelhafterweise seinen Tauschwert über die Zeit gar nicht erhöhen, sondern kann ihn – nicht nur durch die Inflation – auch wieder verlieren.

Zum anderen, weil sich bei der Fixierung auf Geldvermehrung auch die Besitztumsverhältnisse schnell umdrehen: Dann gehört das Vermögen nicht mehr uns, sondern wir dem Vermögen. Es nimmt im wörtlichen Sinne Besitz von uns.

Blicken wir zuletzt auf die Funktion des Geldes als universelles Tauschmittel. Auch hier setzt sich die Magie des Geldes fort. Wenn der Kapitalismus in unserer säkularen Welt in weiten Teilen an die Stelle der Religion getreten ist, dann ist das Geld darin logischerweise das Geheimnis des Glaubens: ein Medium, in dem eine immer fortwährende magische Wandlung stattfindet. Das ist für uns ebenso angsteinflößend wie bezaubernd. Und aus der Perspektive der Religion erweist sich der Generalverdacht gegenüber dem Mammon mehr als berechtigt. Was für eine lästige, mächtige und vor allem moralfreie Konkurrenz!

Geld kann in weit mehr eingetauscht werden als einfach nur in Waren und Dienstleistungen. Es tauscht sich (zumindest bedingt) in so unterschiedliche und flüchtige Dinge wie Erinnerungen, Beziehungen, Freiheit, Sicherheit, Status, Identität, Zufriedenheit, (Aus-)Bildung, ja sogar Zeit, genauso aber auch in Hass, Angst, Neid, Einsamkeit oder Macht über andere. Dabei funktioniert die Transaktion nicht nur in eine Richtung: Wenn man Geld etwa durch die Finanzierung einer Ausbildung oder eines Studiums in Bildung verwandeln kann, so knüpft sich daran ja fast immer auch die Erwartung eines monetären Return on Investment.

Ähnlich sieht es bei der Verwandlung von Geld in Beziehungen aus, sei es die Einladung eines Mandanten zum Mittagessen, die Bestechung eines Beamten in der Baubehörde oder der Besuch im Bordell. Dabei gestaltet sich auf beiden Seiten der Transaktion die Gewichtung von Beziehungs- und monetären Interessen unterschiedlich: Für den einen tauscht sich Geld in Beziehung, für den anderen Beziehung in Geld. Und wenn ich mir keine Liebe kaufen kann, dann doch zumindest die Illusion davon oder die Beschleunigung meines Bauantrags.

Am trügerischsten ist die Transaktion von Geld in Zeit. Denn während Geld zumindest theoretisch unbegrenzt und dauerhaft zur Verfügung steht, ist die menschliche Lebenszeit begrenzt und ihre Dauer ungewiss, sodass der Versuch, die zu Geld gefrorene Zeit im Alter wieder aufzutauen, immer wieder scheitert: Wir sind nicht mehr die gleichen, unser soziales Umfeld ist nicht mehr das gleiche, die Gesundheit brüchig und im schlimmsten Fall sind wir selbst schlicht nicht mehr da.

Am Ende erweist sich Geld als eine Art flüssiger Energie, als geronnene, nicht realisierte Möglichkeit. Es wirkt wie ein Brandbeschleuniger, ein großer Ermöglicher oder eben auch als großer Verhinderer. Solange Geld nicht durch eine Transaktion in einen anderen Zustand gewandelt wird, ist es als solches eigentlich erst einmal wertlos: Was ist die zu Geld gefrorene Zeit, wenn sie nicht wieder aufgetaut wird? Erst in der Transaktion entfaltet sich die enorme, oft konstruktive und ebenso häufig zerstörerische Kraft des Geldes. Geld ähnelt in diesem Aggregatszustand in gewisser Weise dem Feuer: Man kann damit ein Haus ebenso heizen wie niederbrennen. Geld ist damit im wahrsten Sinne brandgefährlich, und es ist absolut fahrlässig, wie naiv und unreflektiert die meisten Menschen damit umgehen und somit sich und andere gefährden.

Wir sollten daher dringend genauer beobachten und reflektieren, was wir mit Geld machen, vor allem aber sollten wir verhindern, dass Geld etwas *mit uns* macht. Dass es Besitz von uns ergreift, Macht über uns bekommt. Die meisten Menschen lassen sich zwar von der Magie des Geldes verzaubern – den wenigsten gelingt es allerdings, diese Magie für sich selbstbestimmt zu nutzen. So ist es alles andere als verwunderlich, dass wir angesichts des irrationalen, fiktionalen und emotionalen Dickichts, das Geld umgibt, angesichts der eigenen Sprech- und Denkunfähigkeit bei einem der zentralsten Themen unseres Lebens überfordert sind. Wie Sie schon in der ersten Geschichte gesehen haben: Es geht nicht in erster Linie um unser Geld, es geht um unser Leben. Schauen wir uns das weiter an.

Start-up II

Sechs Jahre

Vier Monate nach der Insolvenz der XY Bio gründeten Matthias und Andreas mit den letzten Euros, die sie noch auftreiben konnten, Metago-Bio. Sie starteten mit drei Mitarbeitern und den letzten verbleibenden treuen Kunden. Für zwei, eher drei Jahre lebten sie von der Hand in den Mund. Andreas gelang es, noch einmal einen größeren Kredit von der Bank zu bekommen, um damit die Steuerschulden zu bezahlen, für die der Cash-Anteil aus dem Unternehmensverkauf nicht mehr ausreichte. Matthias dagegen fuhr finanziell endgültig an die Wand. Nach zwei qualvollen Jahren am Ende ergebnisloser Verhandlungen mit dem Finanzamt meldete er Privatinsolvenz an. Die Folge: Bis zur gesetzlichen Pfändungsfreigrenze wurde Matthias' Gehalt gepfändet, und er musste sich sechs Jahre zu sogenanntem Wohlverhalten verpflichten. Jeder zusätzlich verdiente Euro ging an seine Gläubiger, und die Familie durfte buchstäblich keinen einzigen Euro neue Schulden machen.

Dass Matthias vermutlich pleitegehen würde, war ja bereits bei der Gründung von Metago-Bio absehbar gewesen. Um das Unternehmen vor diesem Fall zu schützen, hatten Andreas und Matthias deshalb schon damals vereinbart, dass in diesem Fall alle Anteile des Unternehmens allein an Andreas fallen würden. Eigentlich ein Standardverfahren bei jeder Unternehmensgründung. Was nicht Standard war, war das Gentlemen's Agreement der beiden, das in Andreas' Worten vereinfacht so aussah: »Wenn alles vorbei ist, Matthias, dann kriegst du die Teile irgendwann schon irgendwie wieder.« »Irgendwann schon irgendwie« –

das war nicht wirklich viel, wenn man für eine relativ ferne Zukunft ein Stück Hoffnung brauchte.

Die nächsten sechs Jahre waren für Marina und Matthias finanziell sehr hart. Jeder Euro wurde zweimal umgedreht, ihr Sohn Louis trug die Kleidung seiner großen Schwester Paula auf. Ein Ausflug ins Kino alle drei Monate fühlte sich wie purer Luxus an. Am schlimmsten jedoch war der permanente Druck, bloß nicht auch nur einen einzigen Euro auf dem Konto ins Minus zu kommen, sonst wäre das Privatinsolvenzverfahren gescheitert. Beide sind überzeugt, dass es die finanzielle Prägung aus ihrer Kindheit, die damals gelernte und gelebte Sparsamkeit war, die sie diese Belastung dauerhaft durchhalten ließ.

Rückblickend gibt es keinen Grund, diese Zeit zu idealisieren oder zu verkitschen. Dennoch erinnern sich Marina und Matthias nicht voller Bitterkeit an diese Zeit. Auch weil sie sich bemüht haben, es ihren Kindern, Paula, Louis und ab 2008 auch Max, trotz allem so schön wie möglich zu machen – den finanziellen Stress, soweit es ging, von ihnen fernzuhalten. »Die Urlaube, die wir damals gemacht haben, waren vielleicht die schönsten unseres Lebens. Wir haben einen uralten Bulli notdürftig immer wieder repariert und sind damit bis Korsika, durch ganz Italien und sogar bis nach Griechenland gefahren sind. Irgendwo haben wir dann meist wild gecampt, uns auf dem Gaskocher irgendwas warm gemacht oder uns im Supermarkt ein Picknick für den Strand eingekauft. Die Bilder, wie die drei mit Max' Gummidrachen Norbert auf Korsika im Meer planschen, gehören bis heute zu den wertvollsten Erinnerungen meines Lebens«, erzählten mir Matthias und Marina Jahre später. Das ist vermutlich Matthias' größte Leistung: im Moment seines völligen beruflichen Scheiterns seine Ehe nicht an die Wand gefahren zu haben und weiter ein guter Vater für seine Kinder gewesen zu sein. Eine Aussage, die er selbst so kommentiert: »Klingt schön, aber ohne meine Frau hätte ich das nicht geschafft. Es ist also unser beider Leistung.«

> **»Was sind wir ohne unser Unternehmen und was ist das Unternehmen ohne uns?«**
>
> Klaus H. (63) beim Gedanken daran, sein Unternehmen in Zukunft zu verkaufen (Juni 2021).

Am 27. Mai 2011 endete Matthias' Wohlverhaltenspflicht, die restlichen Schulden wurden ihm erlassen. Einen Tag später rutschte das Konto der Familie zum ersten Mal mit 38,50 Euro ins Minus. Punktlandung. Metago hatte sich in der Zwischenzeit moderat, aber insgesamt gut entwickelt: Das Unternehmen hatte inzwischen wieder zwölf Angestellte, einen Jahresumsatz von knapp 1,5 Millionen Euro und erzielte nach einem bescheidenen Geschäftsführergehalt für Andreas und Matthias rund 250 000 Euro Gewinn. Auch wenn die glorreichen Zeiten des Neuen Marktes vorbei war – 1,5 oder eher 2 Millionen Euro war das Unternehmen mittlerweile allemal wert.

Es war Zeit für Andreas, sein Versprechen zu halten und Matthias seinen Anteil »irgendwann schon irgendwie« zurückzugeben. Andreas hätte es jetzt nur ein müdes Grinsen und ein Achselzucken gekostet, die ganze Firma zu behalten. Viele Freunde hatten Matthias immer wieder gewarnt oder zumindest milde gelächelt, wenn dieser im Brustton der Überzeugung stets davon ausgegangen war, dass sein alter Freund und Partner ihn nicht hängenlassen würde. Er war überzeugt davon, dass es sich für ihn lohnen würde, die ganze Energie in ein Unternehmen zu stecken, das ihm nicht mehr gehörte und von dessen Gehaltszahlungen der Löwenanteil an seine Gläubiger ging. Doch wie sagt der Volksmund? »Beim Geld hört die Freundschaft auf.« Letztlich hatte neben Matthias nur seine Frau Marina nie den geringsten Zweifel an Andreas' Treue gehabt – zu Recht. Einige Monate später gehörte die Metago-Bio Andreas und Matthias wieder zu gleichen Teilen, ohne Haken und Ösen, ohne eine einzige Diskussion und ohne Abstriche.[9]

In den nächsten acht Jahren starteten die beiden noch einmal voll durch. Sie optimierten ihre Prozesse und rekrutierten hoch qualifizierte Mitarbeiter direkt von der Uni, die sie dann selbst ausbildeten. Vor allem aber entwickelten sie laufend neue Geschäftsfelder. Kurz gesagt: Sie steigerten konsequent den Unternehmenswert der MetagoBio. Am 17. Oktober 2020 verkauften Andreas und Matthias zum zweiten Mal in ihrem Leben ihr gemeinsames Unternehmen. Die MetagoBio ging für rund 40 Million Euro an eine niederländische Aktiengesellschaft. Diesmal investierten sie im Vorfeld viel Geld in eine professionelle Beratung. Sie verpflichteten mit Dr. Frauckner einen hervorragenden Anwalt, der in der Verhandlung darauf achtete, dass die beiden Haftungsrisiken so weit wie möglich ausschlossen und auch nach dem Verkauf weiter eine entscheidende Rolle im Unternehmen spielen würden. Frauckner stellte ebenfalls sicher, dass sie diesmal statt eines (rückblickend wertlosen) Gutscheins in Form von Hightech-Aktien auch tatsächlich »harte« Euros für ihr Unternehmen erhielten.

15 Million ließ sich jeder in cash auszahlen, nur etwas mehr als ein Viertel des Kaufpreises floss in eine Rückbeteiligung an der übernehmenden Firma. Nicht nur finanziell fällten Matthias und Andreas diesmal wesentlich bessere Entscheidungen. Andere Kaufinteressenten hatten ihnen auch deutlich mehr geboten, doch sie haben sich bewusst für das niederländische Unternehmen entschieden. Mit den Worten von Matthias: »Wir haben auch eine Verpflichtung gegenüber unseren Mitarbeitern und uns am Ende für den Verkäufer entschieden, der am besten zu unserer Unternehmenskultur passt und mit dem wir selbst gern weiterarbeiten werden.«

Auch die Fragen, die sich Matthias zu seinem neu erlangten Reichtum stellte, waren jetzt deutlich besser als vor rund zwanzig Jahren, vermutlich auch deshalb, weil sich Marina diesmal auf Augenhöhe einmischte. »Wie wollen wir in Zukunft leben?« – »Wir haben unsere Kinder ganz gut vor der Armut beschützt, wie beschützen wir sie vor dem Reichtum?« – »Was macht das mit unseren Kindern, wenn die auf einmal merken, wie viel Geld da ist?« – »Wie lernen sie, damit umzugehen und in welcher Dosis?« – »Gibt es für Matthias ein Leben nach der MetagoBio?« – »Muss er nicht jetzt langsam damit anfangen, wie ein Leistungssportler abzutrainieren?« Ich bin mir sicher, dass sie in der Lage sind, gute Antworten auf diese Fragen zu finden.

> Zum Feiern mit uns sind Marina und Matthias erst dann gegangen, als auch sämtliche Steuern ans Finanzamt überwiesen waren.

> Matthias ist – ebenso wie Andreas – nach wie vor Geschäftsführer der MetagoBio. Schrittweise weniger zu arbeiten, ist ihm zumindest im ersten Jahr (noch) nicht gelungen.

> Im nächsten Sommer planen sie, nach Korsika zu fahren; der Gummidrache Norbert bleibt dann aber vermutlich zu Hause.

Geld und Leben

Erfolg

»I've failed over and over and over again in my life.
And that is why I succeed.«
Michael »Air« Jordan

20 Prozent

Woran lässt sich Erfolg, der Wert der eigenen Arbeit, leichter messen als an Geld? Misst es nicht, wie wir oben schon gesehen haben, die Leistung, ja den Wert eines Menschen bis auf die Nachkommastelle genau? Ist eine erfolgreiche Karriere, ein erfolgreiches Unternehmen ohne finanziellen Erfolg überhaupt denkbar – und wie weit gilt das für einen erfolgreichen Menschen, ein erfolgreiches Leben? Den Wert der eigenen Leistung, gar der eigenen Person an der Höhe der gezahlten Vergütung festzumachen, ist in mehr als einer Hinsicht brüchig und irreführend – und dennoch können sich die wenigsten Menschen davon freimachen.

Leistungsorientierte Bezahlung bietet sich insbesondere dort an, wo die Ergebnisse klar messbar sind. Es gibt Berufe, in denen es (scheinbar) eine direkte Verbindung zwischen Leistung und pekuniärer Belohnung gibt, etwa die klassische Akkord-Arbeit oder der Produktverkauf im sogenannten Multi-Level-Marketing. Wer zehn Tupperdosen, Anti-Aging-Cremes oder Bausparverträge verkauft, verdient doppelt so viel wie der, der nur fünf an den Mann oder die Frau bringt. Insbesondere in einer ganzen Reihe eher parasitärer Berufe funktioniert das wunderbar, beispielsweise beim Vertrieb von Finanzprodukten und Immobilien.

Während das Messen von Absatzahlen zumindest innerhalb einer Branche oder eines Betriebes eine gewisse Fairness bietet, weisen andere Formen der leistungsorientierten Vergütung geradezu absurde Formen auf: Trader, die im Eigenhandel von Banken im Erfolgsfall siebenstellige Boni einfahren und sich im Misserfolgsfall mit einer satten Abfindung vom Acker machen; Fondsmanager, die sich – nachweislich auf Zufall beruhende – Überrenditen vergolden lassen, während die erhöhten Risiken allein der Kunde trägt; Hedgefonds-Manager, deren Nutzen für die Volkswirtschaft – sagen wir mal – eher begrenzt ist; Immobilienmakler, die sich für das Weiterreichen einer Telefonnummer die Taschen vollmachen.

Aber auch da, wo durchaus eine solide und hoch qualifizierte Leistung erbracht wird, gibt es Formen der Bezahlung, die letztlich kaum mehr zu rechtfertigen sind, zumal die persönlichen Risiken meist übersichtlich sind. Man denke an Notare, Spitzenanwälte, Konzernvorstände, Topmanager und Vermögensverwalter. Nicht missverstehen: Ich gönne das jedem, zumindest, solange er, ohne zu meckern, seine Steuern zahlt und zur Gemeinschaft beiträgt. Vielleicht komme ich sogar selbst mal in diese angenehme Situation. Aber um den Wert der eigenen Leistung zu messen – taugt da Geld wirklich noch, wenn es gewisse Relationen verlässt?

Eine weitere Tücke ist, dass der monatliche Zahlungsstrom im Regelfall ja gerade *nicht* als Bestätigung des eigenen Wertes, sondern häufig als Bestätigung des eigenen *Un*wertes, als mangelnde *Wert*schätzung wahrgenommen wird: Der Kollege bekommt mutmaßlich 20 Prozent mehr, obwohl er weniger kann, aber weil er Teil einer funktionierenden Seilschaft ist, sich besser vermarktet, lauter jammert oder einfach, weil er das richtige Geschlecht hat – im Regelfall also ein Mann ist. Die Studienfreundin hat sich bei einer Unternehmensberatung durchgeboxt und schiebt jetzt höhere Boni ein als das eigene Grundgehalt bei einem langweiligen Mittelständler, und der immer belächelte Klassenkamerad hat nach seinem mittelmäßigen BWL-Studium doch noch eine erstaunliche Konzernkarriere hingelegt, während man als mit summa cum laude promovierter Literaturwissenschaftler Stadtführungen macht. In all diesen Fällen wird der monatliche Zahlungsstrom eher zur Bestätigung einer Demütigung als zu einem Erfolgserlebnis.

Gesellschaftlich relevant wird das, wenn sich ganze Berufsgruppen aufgrund einer übersichtlichen Bezahlung als nicht ausreichend wertgeschätzt fühlen, ja, sich in Ballungsräumen schlicht das tägliche Leben kaum mehr leisten können, wie Krankenschwestern, Polizisten und

Altenpfleger. Dann noch mal vielen Dank für den vielen Applaus während der Corona-Krise. Die bloße Befriedigung, eine sinnvolle Tätigkeit auszuüben, ist dann doch etwas dünn, wenn die nächste Mieterhöhung droht. Wo es an die Substanz einer einigermaßen komfortablen Lebensqualität geht – wie soll sich da Erfolg ohne eine vernünftige finanzielle Entlohnung noch definieren lassen?

Ähnliches gilt für Menschen, für die sich Erfolg eben primär gerade nicht am verdienten Geld festmacht: Sportler, Musiker, Künstler, Schauspieler, Autoren. Nur für einen Bruchteil dieser Menschen mündet der sportliche oder künstlerische Erfolg in einen ökonomischen Erfolg – wenn dann auch manchmal in fast ebenso absurden Ausmaßen wie bei einem Hedgefonds-Manager. Geld ist hier in den seltensten Fällen ein verlässlicher Indikator für Erfolg. Ist ein faktisch unbezahlter Olympiasieger im Florettfechten weniger erfolgreich als ein gut verdienender Fußballprofi in der zweiten Bundesliga? Umgekehrt: Kann es sein, dass ein Kunstwerk wirklich genial ist, wenn es keinen Käufer findet? Ja, es kann.

Doch so brüchig die Bewertung des eigenen Erfolges, der eigenen Person durch Geld ist: Besteht nicht doch der Beweis, dass eine Unternehmensgründung erfolgreich war, darin, dass das Unternehmen Gewinn generiert – und zwar möglichst viel? Je mehr, umso besser? Beweisen nicht starkes Wachstum und der ökonomische Erfolg, dass das, was wir tun, richtig ist? Umgekehrt: Kann eine Dienstleistung etwas wert sein, wenn sie kaum einem Menschen (finanziell) etwas wert ist? Erfährt man nicht auch eine hohe persönliche Befriedigung durch die eigene Tätigkeit, ja die eigene Identität, indem sich das eingegangene unternehmerische Risiko auch finanziell ausgezahlt hat?

Ich weiß, dass diese Überlegungen im Grunde genommen falsch sind. Ich weiß, dass es jede Menge hoch profitable, aber absolut toxische und unethische Business-Modelle gibt – gerade im Finanzbereich. Und dass es auf der anderen Seite Kolleginnen gibt, die ehrliche Dienstleistungen anbieten und dabei finanziell nur schlecht verdienen. Ich weiß, dass am Ende Glück, Pech und Zufall weit mehr zu unternehmerischem (Miss-)Erfolg beitragen, als uns lieb ist einzugestehen. Und auch wenn mir das Gelingen unseres eigenen Unternehmens, das Umsetzen einer

Business-Idee, die wirksam und relevant ist, eine tiefe Befriedigung gibt: Am Ende ist es mir unmöglich, mich davon freizumachen, den eigenen Erfolg, ja meine eigene Person maßgeblich am finanziellen Erfolg des eigenen Unternehmens zu messen. Verrückt. Wären nicht andere Währungen – etwa Zeit – sinnvoller als Geld? Liegt das nur an meiner eigenen finanziellen Prägung in der Kindheit, oder ist das ein freier Entschluss? Könnte ich anders, wenn ich nur wollte?

Wie auch immer, Geld ist mein Beruf, ich mag Geld. Vielleicht ist das ja dann doch in Ordnung, solange man sich darüber im Klaren bleibt, wie fragil das alles ist, und vor allem eine Binsenweisheit nicht vergisst: Die Selbstdefinition allein über den beruflichen und finanziellen Erfolg ist tödlich. Fällt der Erfolg weg, steht man in jeglicher Hinsicht vor einem riesigen materiellen, aber vor allem psychischen Loch. Man ist buchstäblich nichts mehr wert. Der japanische Finanzphilosoph Ken Honda wendet diese Erkenntnis ins Positive und rät explizit zu einem sorglosen und freigiebigen Umgang mit dem eigenen Geld. Solange man ein solides Sicherheitsnetz aus zwischenmenschlichen Beziehungen hat, könne einem im Grund nichts passieren, selbst wenn Erfolg und Geld einmal weg sind.[10]

Christian in der Zombiestadt

5 000 Euro

Seit fünfeinhalb Jahren musste Christian nun schon mit Ralf zusammenarbeiten, ob er wollte oder nicht. Mit jedem Tag ging ihm der Kollege ein Stück mehr auf die Nerven. Fachlich war Ralf eine Koryphäe, keiner verstand so viel vom Leasinggeschäft wie er. Kein Wunder also, dass Ralf in seiner Abteilung die höchsten Tantiemen einfuhr und, wenn es um fachliche Fragen ging, von jedem als Instanz geachtet wurde. Menschlich aber wurde Ralf mehr und mehr zu einer Zumutung.

Ralf hatte fast 30 Jahre bei einem kleinen schwäbischen Mittelständler gearbeitet, als dieser von der Leasing-Tochter von Porsche – inklusive Ralf – übernommen wurde. Von Anfang an hatte er sich mit den großen Konzernstrukturen schwergetan und den glorreichen alten

Zeiten hinterhergetrauert. Inzwischen eckte Ralf überall an, und seine chronisch schlechte Laune und sein – trotz bester Bezahlung – permanentes Gejammer waren kaum noch auszuhalten.

Aber das war es nicht, was Christian am meisten an Ralf und an seinem Job störte. Was Christian, der gerade letzten Monat 35 geworden war, am meisten beschäftigte, war, ob Ralf nicht so etwas wie Christians eigene Zukunft war. Würde er auch mit 55 immer noch Leasingverträge für Porsche verkaufen – fürstlich bezahlt, aber zunehmend verbittert? Andererseits war die Stelle bei Porsche eine sichere Angelegenheit, der Arbeitgeber okay, und wenn er daran dachte, wie knapp das Geld bei seinen Eltern immer gewesen war, dann war finanzielle Sicherheit als solche für ihn viel wert. Beide Gedanken machten ihm inzwischen zu schaffen, ja sogar Angst: der Gedanke, zu kündigen, genau wie der Gedanke, auf Dauer bei Porsche-Leasing zu bleiben. Ihm war klar, dass er sich jetzt endlich entscheiden musste.

Vor drei Jahren hatte er mit seinem alten Studienfreund Robert eine kleine GbR gegründet, und seitdem versuchten sie, Sportswear von coolen, international aber noch völlig unbekannten Labels über das Internet zu verkaufen. Der ursprüngliche Plan, Kleidung generell im großen Stil über das Netz zu vertreiben, hatte sich sehr schnell als illusorisch erwiesen. Zu groß war die Konkurrenz von Amazon, Zalando und Co. Aber in der Nische hofften sie, vielleicht doch noch das große Geschäft zu machen. Und richtig schlecht lief es ja auch nicht – aber eben auch nicht wirklich gut. Immer wieder blieb Ware beim Zoll hängen. Insbesondere auf Kleidung, die aus Kolumbien kam, musste man oft Monate warten. Dazu kam eine sehr hohe Retourenquote, die jede Menge Geld und Arbeitszeit kostete.

Auf Dauer war es einfach nicht möglich, von 8:30 bis 16:00 Uhr in der Leasingfirma und dann jeden Abend bis weit in die Nacht für den eigenen kleinen Onlineshop zu arbeiten. Dafür warf der Laden auch schlicht zu wenig ab. Was Christian und Robert zusammen erwirtschafteten, reichte vielleicht für eine halbe Person – aber sicher nicht für zwei.

Von seinen Zweifeln angetrieben und von Robert ein Stück weit geschubst, entschloss sich Christian, ein sechsmonatiges Sabbatical zu nehmen. Lieber es einmal vernünftig ausprobieren und scheitern, als mit Ansage so zu enden wie Ralf, dachte sich Christian. Er hatte rund 18 000 Euro angespart. Das reichte bei seinem sehr bescheidenen studentischen Lebensstil, um eine Weile durchzuhalten und ein bisschen was in die Firma zu investieren.

Als Erstes änderten Robert und Christian ihre Strategie. Sie entschieden sich, deutlich günstigere und wesentlich kleinteiligere Waren zu handeln, in der Hoffnung, damit die mörderische Retourenquote ein Stück weit nach unten zu drücken. Wenn ein Artikel nur ein paar Euro kostete – so ihre Hoffnung –, würde ein unzufriedener Kunde vermutlich den Aufwand scheuen, alles zurückzuschicken, und sie nicht damit beschäftigen. Gleichzeitig konnte man in diesem Segment anfangen, ohne größere Summen zu investieren, und die Margen waren ausgesprochen ansprechend.

> **»Wenn ich das jetzt so durchlese, klingt es selbst für mich wie eine Piraten-Story. Aber genauso war es. Kaum zu glauben, dass ich damals den Schritt gewagt habe.«**
>
> Feedback von Christian, nachdem er erstmals seine Geschichte gelesen hatte (Juni 2022).

Ihr erster Versuch war zunächst ein phänomenaler Reinfall. Wie mir Christian noch heute lachend berichtete, bestellten sie über das Internet zu einem Spottpreis ein größeres Konvolut an Lederarmbändern aus China. Als diese geliefert wurden, waren sie nicht nur mit einem abfärbenden weiß glitzernden Disco-Spray besprüht, sondern rochen auch noch unerträglich nach Katzenpipi. An einigen von ihnen hingen Hundezähne oder andere – zumindest nach westlichem Verständnis – eher schräge Schmuckelemente. Während es den beiden gelang, trotz der eher umstrittenen Ware und trotz alles andere als professionell geschossener Fotos wenigstens einen Teil dieser Armbänder über Ebay zu verkaufen, verschimmelte der größere Teil im Keller von Roberts Eltern – vermutlich noch heute.

Stundenlang recherchierten die beiden nun im Internet, wie und wo sie an geeignete Ware kommen könnten. Ihr Ziel war es, möglichst den Zwischenhandel auszuschließen und direkt mit den Produzenten in Kontakt zu kommen. Dabei waren sie stets auf der Suche nach möglichst preisgünstigem, aber einigermaßen ansprechendem Modeschmuck oder Accessoires. Das war schwieriger als erwartet, da für die beiden bei ihrer Netz-Recherche »Piratengeschichten«, unsinnige Informationen und seriöse Quellen kaum zu unterscheiden waren. Schließlich gelang es Christian, im Netz eine Agentin aus Yiwu zu finden, die ihm – nach welchen Kriterien auch immer – irgendwie seriös vorkam. Ihr Name war Jinjin Lan, was wohl »goldene Orchidee« bedeutete. Wenn das kein gutes Zeichen war.

Christians und Roberts Kampfkasse betrug zu diesem Zeitpunkt noch genau je 6 000 Euro. Die ersten 1 000 Euro investierten sie in einen Flug nach Shanghai, die restlichen 5 000 Euro steckten sie sich in die Hosentasche. Sie hatten nämlich in irgendeinem Internetforum gelesen, dass man als Neukunde mit Chinesen nur ins Geschäft käme, wenn man in bar zahlt – am besten in US-Dollar oder Euro.

Irgendwann im Herbst 2015 landeten beide spät am Abend in Shanghai. Nach langwierigen Formalitäten am Zoll ergatterten sie schließlich ein Taxi, das sie ins drei bis vier Stunden entfernte Yiwu bringen sollte. Die Fahrt erwies sich als Albtraum. Ihr Taxifahrer war vollkommen übermüdet und kämpfte mühsam gegen den Sekundenschlaf. Laut Christian muss er auf der Strecke Shanghai – Yiwu ein Dutzend Red Bull in sich hineingekippt haben, um irgendwie wach zu bleiben. Christian und Robert wechselten sich dementsprechend ab, um Wache zu schieben und die Augen ihres Chauffeurs über den Rückspiegel permanent im Blick zu haben.

Als die beiden morgens um drei in Yiwu ankamen, hatten sie das Gefühl, in einer Zombiestadt gelandet zu sein. Die Stadt war nicht einfach nur ruhig, wie man das von einer Millionenmetropole um die Uhrzeit erwarten würde. Sie war völlig ausgestorben, wie ein Gewerbegebiet am Rand einer deutschen Kleinstadt, nur hundertmal so groß und ausgesprochen schäbig. Zu allem Überfluss hatten die beiden bei ihrer Hotelbuchung die Zeitverschiebung nicht richtig mitberücksichtigt und standen nun buchstäblich ohne Dach über dem Kopf da.

Mühsam gelang es ihnen zumindest, eine notdürftige Unterkunft zu finden. Ich kenne Christian relativ gut. Er ist jemand, dem nur wenig an Komfort liegt. Er verbringt seinen Urlaub lieber im Wohnmobil als in einem schicken Hotel und lebte bis vor drei Jahren noch in seinem ehemaligen WG-Zimmer im Stuttgarter Osten. Aber selbst an seinen niedrigen Standards gemessen, war die Unterkunft in dieser ersten Nacht in Yiwu grenzwertig. Es gab keine Heizung, einen Vorhang statt einer Zimmertür und eine etwas bessere Bastmatte statt einer Matratze. Am nächsten Morgen waren Christian und Robert wie gerädert. Als sie den Vorhang am Fenster zur Seite schoben und hinausblickten, trauten sie ihren Augen nicht: Die Zombiestadt war zum Leben erwacht. Durch die Straßen schoben sich so viele Menschen, dass Christian und Robert im ersten Moment dachten, es müsste heute ein Volksfest geben. »Und da haben wir uns ins Getümmel geschmissen.«

Am Vormittag trafen die beiden die Agentin Jinjin Lan, die ausgesprochen überrascht reagierte, als die beiden am Ende des Gesprächs in ihre Hosentaschen griffen und in bar zahlen wollten. Robert und Christian entschlossen sich schließlich, Waren im Gegenwert von 2000 Euro zu bestellen und es einfach mal auszuprobieren. Den Betrag haben sie überwiesen, als sie wieder zurück in Deutschland waren.

> Christian kehrte nie wieder in seinen Beruf als Leasingberater zurück. Sein und Roberts Unternehmen hat inzwischen zwölf Angestellte in Deutschland und vier in China. Ihr Jahresumsatz hatte bereits im zweiten Jahr die Eine-Million-Euro-Marke geknackt.

> Seinen bescheidenen Lebensstil hat Christian im Wesentlichen beibehalten, vielleicht ein wenig modifiziert. Was er am meisten an seinem Unternehmertum schätzt, ist nicht der finanzielle Erfolg, sondern das Gefühl, »sich wieder mehr zu spüren und einfach lebendig zu sein«.

> Bis heute arbeiten Christian und Robert erfolgreich mit Jinjin Lan zusammen. Den wichtigsten Erfolgsfaktor bringt Christian so auf den Punkt: »Ohne Robert hätte ich es nie geschafft, ich hätte es nicht einmal versucht.«

Verde Mare

JA172

Als sich Franz Langer am Montag, den 16. Februar 1948, von der Schule auf den Heimweg machte, hatte er schon eine ganze Weile wieder so etwas wie Lebensmut gefasst. Vor etwas mehr als drei Jahren – genau am 7. Februar 1945 – war der damals gerade achtzehnjährige Langer einer von nicht einmal 70 Soldaten einer gut 280 Mann starken Alarmeinheit gewesen, der die hoffnungslose Verteidigung des Oderdamms gegen die Rote Armee zumindest diesen einen Tag überlebt hatte. Spätestens damals war Franz' einst so fester Glaube an den Endsieg ernsthaft erschüttert gewesen – ebenso sein glühender Wunsch, seinen Bruder Wolfgang zu rächen, der im Oktober 1943 mit gerade einmal neunzehn Jahren an der Ostfront gefallen war. Dass er den Krieg einmal wie ein großes Abenteuer betrachtet hatte, fand er mittlerweile unbegreiflich. Franz wollte nur noch eines: überleben. Noch 2009 erzählte Franz, dass es vor allem die Bilder sind, die er nicht vergessen wird: die Reste »eines völlig in Rot getauchten Kameraden«, dessen Körper in einer Schubkarree zum Feldlazarett transportiert wurde; in einer Scheune gestapelte Leichen gefallener Soldaten aus seiner Einheit; dieselbe Scheune, die nach einem Artillerietreffer in die Luft flog, nur zwei Minuten, nachdem Langer sie verlassen hatte.

Einen Tag nach dem blutigen Kampfeinsatz, den gerade mal ein Viertel seiner Kameraden überlebt hatte, wurde Franz bei einem Gefecht am Oderdamm so schwer an seinem linken Bein verwundet, dass es drei Monate später in einem Lazarett in Bayern amputiert werden musste. Damals hatte er gerade mal noch 35 Kilo gewogen. Es war rückblickend ein Wunder, dass er das alles überlebt hatte. Im April 1946 kehrte er, nachdem er aus amerikanischer Kriegsgefangenschaft entlassen worden war, zu seinen Eltern nach Dresden zurück.

Jetzt erwies es sich als Glück, dass diese einen Fleischereibetrieb und daher die nötigen Mittel hatten, um ihn wieder aufzupäppeln. Nachdem Franz eine weitere OP an seinem Beinstumpf über sich hatte ergehen lassen und gesundheitlich einigermaßen wieder hergestellt war, begann er ab Sommer 1947, sein Abitur nachzuholen – an einer örtlichen Oberschule, die einen eigenen Lehrgang für ehemalige Frontsoldaten mit Reifevermerk anbot.

Die Atmosphäre in der Sowjetischen Besatzungszone war angespannt, es gab immer wieder Gerüchte über angebliche Säuberungen. Witze über die Russen oder die örtlichen »Vortänzer« der Kommunisten machte man, wenn überhaupt, nur hinter vorgehaltener Hand. Aber an sich war Politik für den inzwischen zweiundzwanzigjährigen Langer – ähnlich wie während der Nazizeit – weit weg. Daher beunruhigte es Franz auch wenig, dass sein Freund Wolf Gruber seit letzter Woche nicht mehr zur Schule kam und dessen Schwester Langer erklärte, Wolf sei abgeholt worden. Ein Missverständnis – das würde sich klären lassen. Wichtig war: Er war im Gegensatz zu so vielen seiner Kameraden noch am Leben, und er hatte wieder eine Perspektive. »Hinfallen, wieder aufstehen, weitermachen – und ich stehe noch, zwar auf einem Bein, aber ich stehe«, beschönigte er seine Situation.

Als Franz an diesem Abend mit seiner Familie beim Abendessen saß, wurde auch er abgeholt. Eine Einheit des NKWD, des sowjetischen Innministeriums stürmte das Wohnzimmer, und Franz wurde mit vorgehaltener Waffe abgeführt. Was folgte, waren endlose nächtliche Verhöre, Stockschläge und psychische Einschüchterungen. »Wir wissen es ohnehin schon, gib es einfach zu.« Nach zwei Tagen in einem Keller in Magdeburg kam Franz für mehrere Monate in das berüchtigte Gefängnis in der Potsdamer Leistikowstraße. Dort ging es weiter. Der einzige Ausgang aus der Zelle führte in den Verhörtrakt. Wobei es »Ausgang« nicht wirklich traf, denn Franz wurden sowohl seine Prothese als auch seine Krücken weggenommen – aus »Sicherheitsgründen« –, und so hüpfte er jede Nacht zu seiner Folter: Ohrfeigen, erzwungene Geständnisse, die Drohung, die Mutter nach Sibirien zu bringen, Schlafentzug, eine Scheinhinrichtung und immer wieder das, was Franz später ebenso humorvoll wie sarkastisch den »sowjetischen Striptease« nannte. Es bedeutete, sich nackt auszuziehen, zur Leibesvisitation.

Franz' gesundheitliche Situation war inzwischen durch die Mangelernährung deutlich angeschlagen, als er im Spätsommer 1947 von einem Ferngericht in Moskau zu zwanzig Jahren Arbeits- und Erziehungslager verurteilt wurde. Warum Franz Langer? Was wurde ihm konkret vorgeworfen? Das wusste auch Franz – wie die meisten anderen politischen Gefangenen – bis zu seinem Tod nicht. Der stalinistische Terror hielt sich mit solchen Detailfragen in der Regel nicht auf.

Im Oktober 1948 wurde Langer, jetzt Häftling JA172, mit 64 anderen Verurteilten in einem Güterwagon Richtung Osten gebracht. Die Verpflegung: rohe Kartoffeln; die Toilette: ein Loch in der Wagonwand. Die Schikanen und Strapazen, von denen er später fast lapidar berichtet, sind kaum vorstellbar. Fünf Tage stand der Wagon an der polnischen Grenze; die Zellen, in denen die Gefangenen beim Umladen untergebracht waren, waren hoffnungslos überfüllt. In den unterschiedlichen Lagern von Novosibirsk über Krasnojarks bis Taischet litt Franz nicht nur unter unerträglicher Kälte, Schneestürmen und Mangelernährung. Schlimmer war für ihn, dass er keinerlei Kontakt zu seinen Eltern hatte und diese nichts über sein Schicksal wussten, nicht einmal, ob er noch am Leben war.

»Ich kann es immer noch nicht fassen, wie viel Glück ich in meinem ganzen (!) Leben immer (!) gehabt habe.«

Franz Langer (83), Amtsrat in Rente (April 2009)

Dazu kam, dass die politischen Gefangenen ganz bewusst im Lager für Kriminelle untergebracht wurden und in der teils mörderischen Hackordnung des Lagers ganz am unteren Ende rangierten. Immer wieder erlebte Franz, dass Kameraden an Krankheiten, genauer gesagt an mangelnder medizinischer Versorgung starben. Zweimal wurde er Zeuge eines Mordes durch kriminelle Häftlinge. Auch nur ein Bein zu haben, war im Lager alles andere als ein Startvorteil. Doch Franz tat das, was er am besten konnte: Er überlebte, wobei ihm sein Organisationstalent, sein Charisma und seine Fähigkeit halfen, schnell die russische Sprache zu erlernen. Schnell schaffte er Allianzen, fand in einem Lager sogar eine freundschaftliche Verbindung zum Kopf der Berufskriminellen und bekam wegen seiner Sprachkenntnisse häufig Verwaltungsaufgaben.

Erst fünf Jahre später, nach Stalins Tod im März 1953, verbesserte sich die Situation deutlich. Anfang Dezember desselben Jahres wurde Franz über mehrere Durchgangslager zurück nach Deutschland transportiert. Am 20. Januar 1954 kam er mit 28 anderen politischen Häftlingen in einem Güterwagon in Frankfurt an der Oder an – beim Aussteigen wurde klar, dass einer der Mitgefangenen den Transport nicht überlebt hatte. Erst hier durfte Franz zum ersten Mal seit sechs Jahren ein Telegramm an seine Eltern schicken. Zwei Tage später stand er in Dresden vor der Haustür. »Da bin ich wieder.« Rückblickend kommentiert er die Situation so: »Das war natürlich furchtbar, es bekam ja keiner ein Wort raus.«

Da stand er nun wieder, achtundzwanzig Jahre alt, tief traumatisiert, um seine Jugend, seine Perspektiven und – scheinbar – auch um sein Leben betrogen: ohne Schulabschluss, ohne Berufsausbildung, ohne Bein und als ehemaliger politischer Gefangener in der DDR – nicht mal ein Jahr nach dem Volksaufstand vom 17. Juni 1953 – ein ständiger Verdachtsfall. Dafür hatte er den Kopf voller Bilder und Geschichten: sterbende Kameraden, Morde, Hunger, Krankheiten, Folter, Gewalt, unerbittliche Kälte. Es gab weit mehr als einen Grund, aufzugeben, seine Not im Alkohol zu ertränken, sich vor einen Zug zu werfen.

Doch Franz ließ sich nicht unterkriegen. Nach ein paar Wochen bei seinen Eltern setzte er sich mit einer Aktentasche und einem Stück Seife als Gepäck – ohne jegliches Geld – über Berlin in den Westen ab. In einer Auffangstelle für Kriegsheimkehrer wurde er mit dem Nötigsten versorgt: etwas Kleidung, ein bisschen Bargeld und einem größeren Verpflegungspaket. Noch fast sechzig Jahre später strahlen seine Augen, wenn er erzählt, wie er sich von den paar Mark Unterstützung in einer Konditorei den Bauch vollgeschlagen hat: »Ich habe mir gleich drei Torten bestellt und dann noch einen Eisbecher mit drei Sonnenschirmen.« Er war so glücklich über seine privilegierte Situation, dass er sein Verpflegungspaket einem Obdachlosen schenkte.

Nach ein paar Wochen bei seinem Onkel in München besorgte ihm die Frau eines Lagerkameraden, der immer noch in Sibirien ausharrte, eine Arbeit als Praktikant bei Wacker Chemie in Burghausen. Wenig später begann Franz mit achtundzwanzig Jahren eine kaufmännische Ausbildung. Die verlorenen Jahre schlugen sich jetzt eins zu eins auf seine beruflichen Perspektiven, sein Einkommen und seine Lebensqualität durch. Während seine Altersgenossen nach Abitur, Studium und ersten Berufsjahren bei Wacker mit 600 bis 800 D-Mark nach Hause gingen, verdiente Franz Langer ganze 214 D-Mark. Als er sich darüber beschwerte, kam ihm sein Chef nach ein paar Wochen strahlend mit einer Gehaltserhöhung entgegen – um 20 D-Mark. »Das schlug mir endgültig vom Fass den Boden ins Gesicht«, ärgerte sich Franz noch Jahre später.

> **»Ist es nicht furchtbar, wie viele Faulpelze und Ausländer ich mit meinen Steuern durchfüttern muss – in was für einer Welt leben wir eigentlich?«**
>
> Dagmar M., (73), millionenschwere Erbin und Pensionärin, die ihr Leben lang nie gearbeitet hat (April 2009).

Viel erfreulicher entwickelte sich Franz' Privatleben. Bei Wacker verstand er sich von Anfang an mit einem Kollegen hervorragend, der in vielerlei Hinsicht zu ihm passte. Während Franz das linke Beine fehlte, hatte Ludwig sein rechtes Bein verloren. Als die beiden auf die Idee kamen, gemeinsam zum Pantoffelkaufen zu gehen – Franz brauchte ja nur den rechten, während Ludwig der linke reichte –, war das der Beginn einer langen Freundschaft. Ludwig nahm Franz immer wieder mit zu sich nach Hause und seinen fünf Geschwistern, wo er dessen jüngere Schwester Elke kennen lernte. Dass Männer nicht immer alle Beine haben, war sie ja von ihrem Bruder gewöhnt, und so verliebte sie sich bald in den charismatischen Franz – und er sich in sie. Auch für Elke war das in mehr als einer Hinsicht eine glückliche Fügung. Die Liebe zu Franz war für sie auch die Gelegenheit, einem lieblosen Zuhause zu entfliehen, in der eine gefühlskalte und immer noch nationalsozialistisch gesinnte Mutter ein hartes Regiment führte.

1959 heirateten die beiden. 1960 kam ihre erste Tochter Andrea auf die Welt. Es wurde Zeit, die Familie finanziell auf solidere Beine zu stellen. Franz, der bei Wacker inzwischen wenigstens 508 D-Mark verdiente, fing noch einmal von vorne an. Am 2. Mai 1960 begann er eine Beamtenlaufbahn im gehobenen Dienst der Bundesbahn und absolvierte parallel eine dreijährige Ausbildung zum Verwaltungsbetriebswirt. Sein Einstiegsgehalt als Inspektoranwärter waren 400 D-Mark. Über die Jahre stieg Franz über die Ränge eines Inspektors, Oberinspektors und Amtmanns bis zum Amtsrat auf. Seine Besoldung lag zu seinem Karriereende Mitte der 1980er Jahre mit A12 bei über 6 000 D-Mark pro Monat.

Mit der Sicherheit einer Verbeamtung im Rücken führte Franz mit seiner Familie ein Leben in bescheidenem Wohlstand. Innerhalb von zehn Jahren gelang es ihm, das erworbene Haus abzuzahlen, und obwohl das Geld immer knapp war, bekamen die drei Töchter wenig davon mit. Ihnen war schon klar, dass gespart werden musste, aber Stress gab es deswegen kaum. Im Gegenteil: Sobald es irgendwie ging, fuhr die Familie dreimal im Jahr in den Urlaub: im Sommer zwei Wochen in ein Ferienhaus im italienischen Badeort Bibione, Ostern in die DDR zu den Eltern und als Höhepunkt Pfingsten an die Adria nach Viserba ins Hotel Verde Mare. Dort erwarteten sie vierzehn Tage Vollpension, Rundum-Verpflegung mit großartiger italienischer Hausmannskost bei einer unglaublich netten italienischen Familie, zwei Liegen und Sonnenschirm inklusive. Es war der Inbegriff des (klein-)bürgerlichen Konsumversprechens der Wirtschaftswunderjahre: Urlaubsglück am Teutonengrill. Für Franz' und Elkes Töchter ist das bis heute ihre liebste Erinnerung in ihrer liebevollen und behüteten Kindheit.

Nach fünfundzwanzig Jahren ging Franz Langer mit neunundfünfzig Jahren in Frühpension. Seine unverminderten Altersbezüge erlaubten ihm und seiner Frau Elke ein finanziell sorgenfreies Leben. Wenn es Menschen gibt, die vielleicht das größte Rätsel in Bezug auf Geld, Karriere und Erfolg gelöst haben, nämlich herauszubekommen, was »genug« bedeutet, dann sind es Elke und Franz Langer.

> Bis zu Franz' Tod im Jahr 2015 fuhren Langers regelmäßig ins Verde Mare, oft begleitet von ihren inzwischen erwachsenen Töchtern und ihren Enkeln.

> Mein ältester Sohn kann sich bis heute daran erinnern, wie er mit rund zehn Jahren Franz Langer kennengelernt hat und wie beeindruckt er von (einer kindgerechten Version) der Geschichte von dessen fehlendem Bein gewesen war.

> Auch wir sind nach der Bekanntschaft mit Langers Töchtern immer wieder ins Verde Mare gefahren. Es ist bis heute immer noch im Großen und Ganzen die Verkörperung des deutschen Italiens der 1960er Jahre.[11]

Orest

1992

Dr. phil. Karsten Hansen war seit seiner Schulzeit davon überzeugt gewesen, dass die Deutungsmuster der antiken Götterwelt der Wirklichkeit viel eher gerecht werden als Christentum oder Aufklärung: übellaunige, untreue und unberechenbare Götter, menschliche Hybris, ein rächendes und schwer durchschaubares Schicksal, das die Akteure noch für die Schuld der Väter und Großväter zur Rechenschaft zog. Musste das nicht zwangsläufig dazu führen, dass die meisten Geschichten mit einer fast deterministischen Zwangsläufigkeit in eine Katastrophe mündeten?

Und so wunderte es ihn rückblickend nicht weiter, dass sein eigener Lebensweg in weiten Teilen den Gesetzmäßigkeiten einer attischen Tragödie gefolgt war. Was für ein Zynismus! Hatte das Thema seiner Promotion nicht gelautet »Schuld in der Tragödie? Zum freien Willen in den Orestie-Dramen (Aischylos: Orestie; Sophokles: Elektra; Euripides: Elektra)«?

Wenn man ihn noch heute fragt, warum er damals im Februar 1992 seinem Vater auf den Leim gegangen war, bekommt man zur Antwort: »Hybris. Wenn man nach seiner Promotion das Gefühl hat, eine Sache mit so viel Leidenschaft so sehr von allen Seiten durchdrungen zu haben, dann glaubt man, zu wissen, wie der Hase läuft. Dann hat man keinen Zweifel, dass man in der Lage ist, sich richtig zu entscheiden.« Und so fuhr Dr. phil. Karsten Hansen, nachdem ihm eine Habilitationsstelle in Athen angeboten worden war, zurück zu seinem Vater Dirk nach Lübeck, um mit ihm über seinen weiteren Lebensweg zu sprechen. Sollte er eine wissenschaftliche Laufbahn einschlagen oder lieber in das väterliche Unternehmen einsteigen und dieses später übernehmen? Es war ein offenbar profitables und renommiertes Textilunternehmen mit rund 250 Mitarbeiterinnen.

»In meiner Vermessenheit habe ich mir das Unternehmen nicht richtig angeschaut. Ich dachte ja, das kenne ich seit meiner Kindheit. Ich habe da ja seit meiner Schulzeit immer wieder mitgearbeitet. Aber viel schlimmer: Ich habe meinen Vater Dirk nicht verstanden, nein, nicht gekannt. Ich bin der Lebenslüge, die er sich und seinem gesamten Umfeld erzählt hat, aufgesessen. Es war die Geschichte eines willensstarken Mannes, der aus kleinbäuerlichen Verhältnissen stammend, ohne Vater mittellos aufgewachsen, ein solides Unternehmen aufgebaut hatte, das nun in der nächsten Generation zu weiterem Glanz geführt werden sollte. Und schnapp, machte die Falle zu.«

Diese Geschichte konnte man schon so erzählen, aber sie hatte deutliche Brüche. Denn das Unternehmen von Dirk Hansen war alles andere als solide. Dirk zog, wo er konnte, jede Mark aus dem Unternehmen, um seinen Lebensstil – inklusive einer Zweitfrau mit zwei weiteren Kindern – zu finanzieren. Geld bedeutete für Dirk Hansen Freiheit, und Freiheit bedeutete für ihn: Freiheit für Dirk Hansen – und für niemand anderen sonst. So wollte Dirk Hansen von vornherein einfach Cashflow erzeugen und keinen Unternehmenswert. Zufällig war er in der Textilbranche gelandet, nicht etwa aus Überzeugung. Doch das Ansehen als renommierter Unternehmer schmeichelte ihm, und er nutzte es für seine Geschichte.

Entsprechend war die Funktion seines Sohnes Karsten nicht, die Firma zu einem Imperium für die nächsten Generationen aufzubauen, Dirks Lebensleistung zu perpetuieren, sondern die eines nützlichen Idioten, der die Versorgung des Vaters mit Geld möglichst lange sicherstellen und den etwaigen Zusammenbruch des Unternehmens herauszögern sollte. Erst 1998 sah Karsten Hansen zum ersten Mal, dass es zu den offiziellen Bilanzen auch Ergänzungsbilanzen gab. Erst 2001, nachdem er mit der Drohung, alles hinzuschmeißen, durchgesetzt hatte, dass er Geschäftsführer wurde, sah er, dass die Eigenkapitalquote der Hansen-Textil-Gruppe bereinigt bei gerade mal bei 1 Prozent lag. Und jetzt, da die Banken mit ihm sprachen und nicht mehr mit seinem Vater, verstand Karsten Hansen, dass es seit Jahren schlicht ums Überleben ging.

Erst zu dieser Zeit erfuhr Karsten, dass die Lebensgeschichte von Dirk Hansen mehr war als die übliche Geschichte eines klassisch gefühlskalten, distanzierten Nachkriegsvaters, der kaum emotionale Nähe zu seinen Kindern zuließ. Mehr als die Erfolgsgeschichte einer traumatisierten Generation von in den letzten Kriegsjahren eingezogenen jungen Erwachsenen respektive Kindern, die, um Armut und

Gewalt zu verdrängen, eine unglaubliche Energie in ihren beruflichen und finanziellen Erfolg steckten.

1938 war der Kleinbauernsohn Dirk Hansen einer von nur 30 Schülern des Gaus Ostpreußens gewesen, die für die neu gegründeten Adolf-Hitler-Schulen ausgewählt wurden. Das war ein stolzer und glücklicher Tag, nicht nur für den damals zwölfjährigen Dirk Hansen, sondern auch für seine Mutter. Für ihren Sohn zeichnete sich nach einer sechsjährigen Schulzeit eine goldene Zukunft in der Verwaltung des Großdeutschen Reiches ab. Welch ein sozialer Aufstieg. Ab diesem Tag wurde Dirk Hansen intensiver denn je auf die NS-Ideologie eingeschworen: Rasse, Feind, Führung, Gehorsam, Disziplin.

Mit dem Vorrücken der Ostfront änderte die NS-Elite ihre Prioritäten für ihre Eliteschüler und begann ab Ende 1943, ihre zukünftige Verwaltungselite für militärische Spezialeinsätze auszubilden. Wer eignete sich besser als Einzelkämpfer für Himmelfahrtskommandos hinter den feindlichen Linien als die Nachwuchselite, die fest auf Führer, Volk und Nation eingeschworen war, so wie Dirk Hansen? Und sie haben fraglos gehorcht – bis in den Tod. Kaum einer seiner Mitschüler hat den Einsatz überlebt. Hansen wurde mehrfach für seine Einsätze ausgezeichnet, bis er noch im Mai 1945 schwer verletzt wurde – wenige Tage vor Kriegsende. Er war immer noch vom Endsieg überzeugt.

Wie durch ein Wunder überlebte Dirk Hansen und kam nach drei Jahren Kriegsgefangenschaft in Sibirien Mitte 1948 zurück nach Deutschland und landete schließlich in Krefeld. »Für mich ist die Geschichte meines Vaters heute die eines Kindes, das sich nie von der Gehirnwäsche der NS-Ideologie und dem Trauma von Krieg und Lagerhaft befreien konnte. Im Grunde ist er immer ein Einzelkämpfer geblieben, ohne Freunde, ohne funktionierende familiäre Beziehungen – nicht mehr im Dienst von Führer, Volk und Vaterland, sondern nur noch im Dienst für sich selbst. Wenn mein Vater für mich eine Zumutung war, so sind meine beiden Halbgeschwister völlig an ihm zerbrochen«, resümiert Karsten heute.

»Erst als ich selber für das Unternehmen verantwortlich war, konnte ich sein Verhalten mit seinen Erlebnissen verbinden. So kollabierte die Geschichte eines erfolgreichen Familienunternehmers für mich endgültig: Der Erfolg war nur Mittel zum Zweck, es ging nicht um die gemeinsame Mission eines Familienunternehmens. Und auch den angeblichen Masterplan, als Einziger in einer angeschlagenen Branche zu überleben, hatten wir uns schlicht eingeredet. Eben wie in einer griechischen Tragödie: Der Protagonist stolpert in ein Geschehen, dessen tiefe Beweger er nicht versteht, die er erst im Laufe der Geschichte kennen lernt, und schließlich begreift, dass sie sein Schicksal werden, ihn vermutlich kleinmahlen und umbringen.«

Als Karsten in den Folgejahren die alleinige Verantwortung übernahm, gelang es ihm, das Ruder ein Stück herumzureißen. Bis Ende 2008 hatte die HansenTextil wieder eine Eigenkapitalquote von knapp 20 Prozent. Im Drama nennt man das »retardierendes Moment«: eine Szene, die nach dem Höhe- und Wendepunkt – hier die Übernahme des Unternehmens als Geschäftsführer – das Ende der dramatischen Handlung hinauszögert, indem sie kurzzeitig einen anderen Ausgang als erwartet möglich oder wahrscheinlich macht. Dadurch steigt die Spannung vor dem dennoch unweigerlichen Ende erneut an.[12]

> »Daß nicht zu hoch sich heben soll des Menschen Stolz. [...] hütet euch, [...] denn wahrlich, allzu übermüt'gen Sinnens ist ein Rächer Zeus und fordert strenge Rechenschaft.«
>
> Aischylos, *Die Perser*[13]

Für dieses Ende sorgte die Finanzkrise 2008. Sie beschleunigte den endgültigen Tod einer Branche, die schon davor in Deutschland kaum lebensfähig gewesen war, und erst recht den Tod von HansenTextil. Während einige Textilfabriken das Ende ihres Geschäftsmodells erfolgreich durch massive Investitionen in Automatisierung, Technik und Massenproduktion herauszögerten und so der Billigkonkurrenz aus Fernost noch weiter trotzen konnten, blieb dieser Weg der ständig klammen HansenTextil verschlossen. Jedenfalls kollabierte in der Krise die Nachfrage nach qualitativ hochwertigen und teilweise noch handwerklichen Leistungen im Textilbereich fast vollständig. »Das ist das Erste, woran die Leute sparen.«

Auch Karsten Hansen wurde ab den 1990er Jahren ein Fachmann darin, Prozesse zu optimieren, Abläufe zu automatisieren und vor allem darin, Mitarbeiter und Mitarbeiterinnen zu entlassen. Doch mit der besser mit Kapital ausgestatteten Konkurrenz konnte er auf diesem Feld nicht mithalten. Das Erfolgsfeld der HansenTextil blieb die Fähigkeit, für qualitativ hochwertige Ansprüche handwerklich hoch qualifizierte Lösungen anzubieten. Doch während das zur Zeit von Karsten Hansens Einstieg im Jahr 1992 noch mehr als 60 Prozent der Wertschöpfung ausmachte, waren das im Moment der Insolvenz 2015 nicht mal mehr 10 Prozent. »Wenn der Teil der Leistung, in dem wir unsere Kompetenz ausspielen können, nur noch 10 Prozent ausmacht – dann ist das Ende absehbar.«

Die letzten Jahre der HansenTextil waren für Karsten, dem sein Beruf vom ersten Tag an keine Freude bereitet hatte, ein einziger Horror. Karsten schlief nachts selten länger als vier Stunden, nie länger als sechs. Seine Gesundheit und seine nervliche Belastbarkeit verschlechterten sich deutlich: Ohne dass er es damals schon richtig zuordnen konnte, entwickelte Karsten ein lebensbedrohliches Vorhofflimmern.

Die Insolvenz war dagegen fast eine Erleichterung. Mental ging es ab da nur noch um Trauerarbeit – nicht Trauer um das Unternehmen, sondern Trauer um den eigenen falsch eingeschlagenen Lebensweg. Ökonomisch verschlechterte sich seine Situation dagegen massiv: Da er zum Teil persönliche Bürgschaften gegeben hatte, ließ sich die Privatinsolvenz nicht verhindern. »Das musst du einfach aushalten«, sagte er sich immer wieder. »Aber wenn ich eines gelernt habe, dann das: aushalten.«

Ob ihm die Rolle als Unternehmer – immerhin über zwanzig Jahre Teil seiner Selbstdefinition – nicht fehlt? »Wenn Unternehmer sein heißt, anderen – Banken, Mitarbeitern, Kunden, der eigenen Familie und manchmal auch mir selbst – eine Geschichte von der glänzenden Zukunft eines untergehenden Schiffes zu erzählen, dann bist du auch einfach froh, dass du nicht mehr lügen musst. Dass Papa pleite ist, ist natürlich für meine Frau und die Kinder belastend, insbesondere meine fünfzehnjährige Tochter Marie hat sich fürchterliche Sorgen um die Zukunft gemacht. Am Ende aber waren alle froh, dass ich nicht mehr dauernd rumschreie und rumlaufe wie eine lebende Leiche.«

Wenn sich Karsten heute in das Jahr 1992 zurückdenkt, kommt er zwangsläufig auf das Thema seiner Dissertation zurück sowie auf die

Frage, ob die Akteure in der griechischen Tragödie einen freien Willen haben: »Natürlich bin ich kein willenloses Opfer, ich habe mich selbst frei für diesen Weg entschieden. Aber ich bin einer Geschichte aufgesessen, die vermutlich von Anfang an darauf hinauslief, sich selber zu falsifizieren und sich zu zerstören. Im Rückblick gibt es zumindest nur noch diese eine Wirklichkeit, die Geschichte des Scheiterns. Ob mir, wenn ich 1992 anders abgebogen wäre, eine akademische Karriere gelungen wäre, werde ich nie erfahren – sehr wahrscheinlich ist das vermutlich nicht.«

> 2016 wurde Karsten Hansen wegen seines Vorhofflimmerns am Herz operiert. Dass er zuvor keinen Schlaganfall erlitten hat, verdankt er vermutlich dem Umstand, dass er seit über zwanzig Jahren als Ausgleich täglich Aikido trainiert und meditiert. Er hat inzwischen den Meistergrad des 2. Dan erreicht.

> Dirk Hansen ist mittlerweile weit über 90. Ein eiserner Wille und eine gute genetische Disposition halten ihn am Leben. »Insofern hat die Knabenlese der NSDAP im Fall meines Vaters bestens funktioniert.« Mit seiner NS-Vergangenheit hat ihn Karsten Hansen erstmals vor ein paar Jahren konfrontiert – ohne sichtbaren Erkenntnisgewinn. Die beiden haben keinen Kontakt mehr.

> Die drei Kinder von Karsten Hansen finden ihren Papa inzwischen wesentlich cooler als vorher. »Aber vielleicht ist auch das wieder nur Ausdruck meiner Hybris«, schmunzelt er selbstironisch.

Der letzte Gentleman[14]

350 000 US-Dollar

Sehr geehrter Doktor Brown,
falls irgendwie der Eindruck entstanden sein sollte, dass Alberto ein Snob und Hochstapler gewesen wäre – das war er ganz und gar nicht. Nein, er war ein echter Gentleman, »a man who kept his form« und ein Fitzcarraldo vor dem Herrn. Man muss ihn sich als eine Mischung aus Michelle Piccoli, dem argentinischen Nationaltrainer und Kettenrau-

cher Menotti und Jeff aus La Grande Bellezza vorstellen. Ein eleganter Typ mit unendlich viel Stil, wie aus einem Fellini-Film, der einen Raum nicht nur mit seinem Zigarettendunst, sondern vor allem mit seiner Präsenz füllen konnte.

Ich bin Alberto Perotti in der zweiten Hälfte der Neunziger an einem herbstlichen, sonnigen Tag auf einem winzigen Golfplatz, eher einer Driving Range, mitten im Hinterland von Mailand vorgestellt worden. Hinterland ist übrigens ein Begriff, den die Italiener aus dem Deutschen übernommen haben. Der Golfplatz an sich besteht aus vier Löchern, das erste ist zwölf Meter lang: elf Meter über einen Teich und dann ein Grün von einem Quadratmeter – wirklich schwierig anzuspielen. Alberto ist dort nur sonntags und nur zum Mittagessen hingefahren, denn die Signora war bekannt für ihr fantastisches Essen, das es nur sonntags gab: Pasta, gebratenes Kaninchen, dünn aufgeschnitten, und dazu einen Landwein. Er saß also an einem Tisch mit noch vier oder fünf Männern und war in eine heftige Diskussion verwickelt, als mich die Signora an den Tisch dazusetzte. Für die nächsten zwei Jahre waren wir unzertrennlich. Alberto konnte auch etwas Deutsch, weil er den Heidegger im Original lesen wollte und zudem mal mit einer superreichen Schweizer Industriellen verheiratet gewesen war.

Unsere Büros waren zufällig in derselben Straße, und wir trafen uns jeden Mittag zum Essen. Wir waren in keinen teuren Restaurants, aber wir haben immer fantastisch gegessen. Wenn Alberto etwas wusste, dann das: wo man angemessen speisen konnte. Er konnte stundenlang komische Geschichten erzählen, und jede Geschichte hatte eine Pointe. Er war der unterhaltsamste Mensch der Welt und zugleich ein Visionär und Fantast.

Zu der Zeit gab es die ersten Internet-Broker: ETRADE, Charles Schwab – die anderen Namen fallen mir nicht mehr ein. Ich war damals Daytrader. Abgesehen davon, dass das generell keine wirklich gute Idee war, hatte Alberto definitiv viel zu wenig Geld, um damit zumindest theoretisch genug zu verdienen. Um schneller an Geld zu kommen, hatte er es deshalb mit Optionen probiert, was natürlich nach kurzer Zeit schiefging.

Alberto war kein Hochstapler, sondern er erzählte die Geschichten auf seine Weise. Beispielsweise wollten die Leute von ihm immer wissen, wo sein Sohn gerade sei, und er antwortete: »Er ist in Oxford.« Auf meine Nachfrage, was er dort studiere, meinte er, dass er gar nicht studiere, es sei genug, in Oxford zu feiern. Er war auch an einem Factory-Outlet an der Grenze zum Tessin beteiligt. Anfangs bestand das Outlet nur aus einem Laden, über den sie Outlet geschrieben hatten. Nachdem der Laden so gut lief, bauten sie schließlich auch die Factory dazu.

Eines Tages tauchte Marinella beim Mittagessen auf. Marinella war so Ende 30 und eine hoch talentierte Zeichnerin bei einem bekannten italienischen Designer, für den sie die Kollektionen gemalt hatte. Alberto hatte nun die Idee, ein Internetportal zu bauen, auf dem man Kleider bestellen kann. Aber das allein war Alberto viel zu primitiv. Seine Einsicht: Kleidung ist immer nur im Kontext zu verstehen. Also ein Smoking wirkt zum Beispiel auf einer Baustelle lächerlich, bei einem Abendempfang dagegen völlig normal. Was auf einer Strandparty gut aussieht, ist bei einem Business-Meeting unangebracht. Seine Idee war nun, dass man zuerst den Kontext wählt und dann die entsprechende Kleidung vorgeschlagen bekommt. Das war der erste Teil der Idee.

Der zweite Teil bestand darin, dass man sich einmal per Laser vermessen lässt und für den Rest seines Lebens auf diese Daten zugreift und praktisch maßgeschneiderte Kleidung bekommt – Personalisierung in ihrer Endform. Mitte der Neunziger war Alberto, der Visionär, seiner Zeit damit um Lichtjahre voraus. Die meisten Menschen hatten bis dato kaum mitbekommen, dass es so was wie das Netz überhaupt gab. Dazu fand Alberto auch noch einen Ingenieur, der einen Laser, den man auf Baustellen einsetzt, so umbauen wollte, dass man einen Menschen digitalisieren kann. Wie beim guten Schuhmacher das Holzmodell. Alles, was noch fehlte, war Geld.

Da erinnerte sich Alberto an einen alten Schulfreund, Marco de Santi, der CEO einer großen Möbelkette geworden war. Dem hat er dann einen Internet-Konfigurator für individualisierte Einbaumöbel und -küchen versprochen. Alberto dachte sich dabei: »Wenn es mit

Menschen und Kleidung funktioniert, dann geht es auch mit Einbaumöbeln.« De Santi wiederum, der das Geld – als Großauftrag deklariert – aus der Firmenkasse abgezweigt hatte, war das Projekt weitgehend egal. Was ihn interessierte, war, wie er für sich und seine »Freunde« ordentlich Kickback aus dem Auftrag abzweigen konnte. Und weil de Santi schon irgendwie ahnte, dass Alberto nicht ganz mit offenen Karten spielte, war er sich sicher, dass er dabei ziemlich großzügig zulangen konnte.

So flossen schließlich 2 Millionen US-Dollar an eine obskure Offshore-Firma, die mit der Entwicklung des Konfigurators beauftragt wurde. Albertos Freude war allerdings etwas geteilt, denn schon am nächsten Tag tauchte der erste »Berater« auf, der für 20 Minuten Kaffeetrinken 50 000 US-Dollar für »ein strategisches Technikprojekt AOL-Anbindung« in Rechnung stellte. Wir mussten Visitenkarten abnehmen – 20 000 US-Dollar für 100 Stück – und Business-Pläne bezahlen, die wir vorher selbst geschrieben hatten. Bezahlt wurden die Berater mit Verrechnungsschecks, die dann über Umwege irgendwann auf einem Schweizer Nummernkonto und damit wieder bei Marco de Santi landeten – natürlich nachdem jede Menge Zwischenwirte und Helfer ihren Anteil abgebissen hatten. Ich natürlich auch ein bisschen. Das ging immer so weiter, bis die erste Million wieder beim Sponsor des Projekts gelandet war.

»Als reicher Mann war Allmen ein überaus großzügiger Gläubiger gewesen. Und jetzt, in seiner Rolle als Schuldner, erwartete er die gleiche Geduld und Großmut von seinen Gläubigern. […] Er hatte keine Schulden. Er hatte offene Posten, Ausstände, Saldi, Pendenzen. Gläubiger und Schuldner begegneten sich mit dem Respekt, den jene sich zollen, die aufeinander angewiesen sind.«

Martin Suter, *Allmen und die Libellen*[16]

Die zweite Million und damit der Großauftrag interessierte de Santi danach relativ wenig – für ihn war das Geschäft jetzt schon gelungen. Wie bei allen Internetfirmen war unsere Burn-Rate enorm. Denn mein Freund Alberto hatte neben dem Ingenieur und Marinella auch mehrere Berater aus der Modebranche engagiert, dazu vermeintliche Internet-Gurus und zwei Assistentinnen. Nach vier Monaten waren nur noch 400 000 US-Dollar übrig, als man tragischerweise bei Marinella Knochenmarkkrebs feststellte. Unheilbar, außer es würde sich ein Knochenmarkspender finden. Nach ein paar Tagen hatte Alberto in den USA einen Spender, einen 150 Kilo schweren Amerikaner aufgetan, dessen Knochenmark passen würde und der bereit war, zu spenden. Die ganze Aktion sollte inklusive Flügen, Behandlung und Klinikaufenthalt unglaubliche 350 000 US-Dollar kosten – 210 000 US-Dollar allein für den Spender, der sich damit seine Großzügigkeit und die zu erwartenden wohl höchst unangenehmen Schmerzen vergolden ließ.

Alberto hat dann alles Geld der Firma zusammengekratzt und dem Amerikaner überwiesen. Und da de Santi mit seinem Teil des Deals hoch zufrieden war und den Auftrag in seinem bestens geschmierten Unternehmen geräuschlos abschreiben konnte, kam Alberto mit diesem liberalen Umgang mit den Firmengeldern ungeschoren davon. Marinella kehrte nach einigen Monaten zurück, zwar ohne Haare, aber lebendig. Die Firma musste allerdings Insolvenz anmelden, ohne jemals irgendetwas Vorweisbares hervorgebracht zu haben … aber in jedem Fall etwas Sinnvolles. Alberto hat sich dann seinem nächsten Projekt gewidmet.

Ich habe ihn noch öfter getroffen. Letztlich war er wie schon zu der Zeit, als ich ihn kennen lernte, immer klamm. Aber über Geld, auch über die Pleite seines Mode-Start-ups, hat er sich nie wirklich erregt. Ich habe ihn überhaupt nur einmal hoch emotional und erbost erlebt – als er sich mit meiner damaligen Frau Emilia über die richtige Zubereitung des traditionellen Neujahrsessens »Cotechino con Lenticchie«[15] dermaßen in die Haare geriet, dass er anschließend Hausverbot bekam. In den Jahren nach der Rettung Marinellas habe ich ihm immer wieder mal ein paar Tausend Euro »geliehen« oder ihm einen Auftrag zukommen lassen, den er dann nicht wirklich abwickelte.

Vier Jahre später trafen wir uns noch einmal in seinem Golfclub in der Nähe von Como. Dort hat man ihn freundlichst und mit großem Respekt behandelt, obwohl er wohl seit zehn Jahren seinen Clubbeitrag nicht mehr bezahlen konnte. Aber irgendwie ist es dort ein bisschen so wie beim verarmten englischen Landadel: Man kann so pleite sein, wie man will, letztlich gehört man immer noch dazu. Wir haben fantastisch gegessen und uns die edelsten Weine aus dem Keller kommen lassen. Die Rechnung haben wir dann anschreiben lassen, und irgendwer aus seiner Schweizer Familie wird sie wohl übernommen haben. Ja, ökonomisch war Alberto gescheitert, aber in seiner Haltung und Lebensart war er immer vornehm. Wie gesagt, er war sicher kein Hochstapler und auch kein Snob, sondern ein Visionär, Lebenskünstler und Gentleman, vielleicht der Letzte seiner Art.

Mit besten Grüßen
Jörg Mühlbauer

> Anfang der 2000er erwarb Alberto einen verfallenen Palazzo auf Sardinien, um ihn in ein Boutique-Hotel umzuwandeln. Mangels Budgets kaufte er zunächst nur die erste Etage. Das Projekt scheiterte, da der ehemalige Inhaber und Besitzer des Erdgeschosses sich weigerte, Alberto die Nutzung des gemeinsamen Treppenhauses zu gestatten.

> 2008 verstarb Alberto völlig verarmt an einem Gehirntumor. Er wurde achtundsechzig Jahre alt.

> Ein Angehöriger aus seiner hochvermögenden Verwandtschaft übernahm schließlich den Palazzo und erwarb auch das Erdgeschoss. Er betreibt dort heute ein sehr gefragtes Luxusresort.

Toxische Glaubenssätze I: Misserfolg sicherstellen

Glaubenssätze zum Thema Geld haben immer einen wahren Kern und insofern auch ihre Berechtigung.[17] Das Problem ist, dass sie fast immer absolut genommen und selten hinterfragt werden. Im Juli 2022 haben uns viele Leser unseres Blogs ihre persönlichen Glaubenssätze zugeschickt. Einige habe ich in dieses Buch aufgenommen. Sie erkennen sie an der Datierung auf Juli oder August 2022.

WIE MAN SOZIALEN AUFSTIEG VERHINDERT

»Wir Grammüllers haben nie Glück mit Geld gehabt.«
Elke G. (42) zu Renate G. (9) (Mai 1969).
Renate G. (25) nach ihrem Studium im Oktober 1985.
Renate G. (62) sieht sich und ihre Mutter angesichts drohender Altersarmut bestätigt (Oktober 2022).

»Oper ist was für Bonzen.«
Meike N. (8) (Dezember 1977).

»Habt ihr den Hund eigentlich, damit er auf euer vieles Geld aufpasst?«
Meike N. (8) (Juli 1978).

»Des han Bessane, des is ka gscheide Freindin füa di.«
Magda K. (42) sorgt dafür, dass ihre Tochter Meike keine Freundschaften außerhalb der eigenen Schicht schließt (September 1988).

WIE MAN VERMÖGENSBILDUNG BLOCKIERT

»Geld muss fließen.«
Sebastian F. (21), Zivildienstleistender (August 1993); Sebastian F. (50), technischer Leiter (August 2021).

»Easy come, easy go.«
Magda F. (42), Malerin (März 2009).

»Last in, first out.«
Heike L. (52), Journalistin (August 2022).

Reichtum

»Es gibt Reichtümer, an denen man zugrunde geht, wenn man sie nicht mit anderen teilen kann.«[18]
Michael Ende, Momo

75 000 Euro p. a.

Wenn Geld als universales Tauschmittel in fast alles getauscht werden kann, dann scheint es logischerweise erstrebenswert, möglichst viel davon zu haben. Von der Lottowerbung über Gespräche am Stammtisch bis hin zu mehr oder minder albernen Ratgebern – etwa *Rente mit 28*[19] oder Bodo Schäfers Klassiker *Der Weg zur finanziellen Freiheit. Ihre erste Million in 7 Jahren*[20] –, alle bedienen die Annahme, man müsse einfach nur genug Geld haben, um ohne Arbeit leben zu können, und alle Probleme lösten sich in Luft auf. Wir alle wissen letztlich, dass das eine reichlich naive Annahme ist, dass etwa die meisten Lottomillionäre nach wenigen Jahren wieder pleite sind – nur dann meist ohne Job und ohne Freunde. Und dennoch verliert das Sehnsuchtsland »Reichtum« dadurch kaum an Strahlkraft.

Ein Leitmotiv des Strebens nach Reichtum ist dabei die Annahme, Geld sei knapp, man befände sich in einem Verteilungskampf, einem Nullsummenspiel. Wenn man die Nullsummenlogik überspitzt, heißt sie: »Was du hast, hast du mir weggenommen, und was ich will, muss ich dir wegnehmen.« Wenn also die einen immer reicher werden, müssen dann nicht die anderen immer ärmer werden? Die Zahlen sind ja auch niederschmetternd: So besaßen 2019 nach einer Studie von Oxfam die 26 vermögendsten Menschen der Welt genauso viel Geld wie die ärmsten 50 Prozent der Weltbevölkerung.[21]

Jenseits der knallharten materiellen Ebene der sozialen Ungleichheit hat die daran geknüpfte konfliktträchtige Nullsummenlogik eine Reihe unangenehmer mentaler Nebenwirkungen: Aufseiten der Vermögenden führt sie bei den einen zu einem latent schlechten Gewissen und bei den anderen zu einer Wagenburg-Mentalität – der permanenten Angst bis hin zur Paranoia, man könne ihnen etwas wegnehmen, gekoppelt an eine gewisse Gier, nichts teilen zu wollen.

Aufseiten derer, die sich als weniger privilegiert wahrnehmen, führt die Nullsummenlogik zu Neid. Dazu kommt der Klassiker unter den moralisierenden Annahmen, dass Geld den Charakter verdirbt: »Die Reichen« seien schlechte Menschen. Dahinter verbirgt sich eine fast mythische Vorstellung von der negativen Kraft des Geldes. Geld selbst sei schlecht, ja böse. Die religiösen Wurzeln dieses Denkens sind in unserer weitgehend säkularisierten Welt etwas verschüttet, die Denkmuster aber weitgehend erhalten: »Eher geht ein Kamel durch ein Nadelöhr, als dass ein Reicher in das Reich Gottes gelangt.«[22] – »Man kann nicht gleichzeitig Gott dienen und dem Mammon.«[23] Dieses Motiv zieht sich nicht nur durch linke und mitunter rechte Kapitalismuskritik, sondern reicht weit in die Mitte der Gesellschaft. Eine kulturpessimistische Konsumkritik, eine ausgesprochene Skepsis gegenüber ökonomischem Erfolg sowie eine gewisse Idealisierung von Armut bis hin zum Sozialkitsch sind klassische literarische Motive von Kinderbüchern, Groschenromanen und auch gehobener Literatur. Moralisierende Haltungen, etwa, dass wir alle viel weniger konsumieren, mehr zu uns selbst finden und mit weniger Wachstum klarkommen müssten, sind letztlich gesellschaftlicher Konsens.

Wenn aber »die Reichen« daran schuld sind, dass ich arm bin, und Geld mich gleichzeitig zu einem schlechteren Menschen macht, dann blockieren genau diese Gedanken schon allein den Versuch, man könne sich auch selbst um sein ökonomisches Fortkommen kümmern. Das Identifizieren eines Schuldigen und einer überzeugenden Ursache erspart hier – wie so oft – das Suchen nach einer Lösung. Zumal selbst vermögend zu werden, nach dieser Logik auch bedeuten würde, selbst ein moralisch verwerflicher Mensch zu werden.

Der japanische Finanzphilosoph Ken Honda sieht in diesem blockierenden Knappheitsdenken und der negativen moralisierenden Abwertung von Geld die eigentliche Ursache von ökonomischem Misserfolg.

Sie finden Geld nicht wichtig? Na, dann ist es auch kein Wunder, dass Sie keines haben.[24] Er schlägt daher ein Mindset vor, von einer Welt auszugehen, in der Geld im Prinzip im Überfluss vorhanden ist, wenn man es nur zulässt. Für die, die (noch) nicht genug haben, eröffne diese Einstellung den Weg zu mehr Wohlstand. Und für die, die bereits vermögend sind, ermögliche diese Einstellung, den mit der Zunahme von Reichtum oft einhergehenden gesteigerten Egoismus[25] zu bekämpfen, großzügig mit seinem Vermögen umzugehen und immer wieder Teile zu verschenken. Es sei ja ohnehin mehr als genug da.[26] Im Kontext absoluter Armut, Hunger und blanker ökonomischer Ausbeutung erscheint Ken Hondas Rat irgendetwas zwischen abgehoben und zynisch. Für viele Menschen, die in einem an sich privilegierten Umfeld ihr Potenzial nicht nützen, weil sie sich selbst im Weg stehen, ist er dagegen absolut vernünftig.

Bleibt die Frage, ob Geld überhaupt glücklich oder zumindest zufriedener macht. Während diese Frage schwierig zu beantworten ist, ist eine Sache in diesem Zusammenhang ziemlich offensichtlich: Kein Geld zu haben, macht unglücklich. Es schließt von sozialer Partizipation sowie Bildung aus und senkt die Lebenserwartung – und das mitunter deutlich.[27]

Umgekehrt führt mehr Geld nicht einfach unbegrenzt zu mehr Glück und Zufriedenheit. Ab einem gewissen Punkt verschiebt sich einfach nur die Reizschwelle. Verzicht und Knappheit sind ja die Voraussetzung dafür, dass wir Reichtum überhaupt spüren und genießen können. Der Impuls für ein durch Geld ausgelöstes Glücksgefühl muss also mit zunehmendem Wohlstand immer stärker werden. Die Kurve »Mehr Zufriedenheit durch mehr Geld« wird also langsam immer flacher. Dieses Phänomen wird »Wohlstandsparadox« genannt. Auch wenn das Erreichen dieser Grenze je nach Kulturraum und Untersuchung schwankt – irgendwo jenseits 75 000 Euro jährlichem Einkommen pro Kopf ist Schluss.[28] Geld hat nicht nur einen abnehmenden Grenznutzen. Bei ganz hohen Vermögen fällt die Lebenszufriedenheit sogar wieder ab und führt irgendwann potenziell zu Isolation: »Je größer die Villa, umso höher der Zaun.«[29] Insofern ist es nicht rational, einfach immer mehr Geld anzuhäufen – vor allem, wenn man dafür immer mehr Zeit investiert.

Ein weiterer wesentlicher Faktor bei der Frage nach Geld, Glück und Zufriedenheit ist der, dass Reichtum immer relativ ist. Menschen neigen stark dazu, sich zu vergleichen – im Regelfall nicht mit dem Obdachlosen an der UBahn-Station oder Mark Zuckerberg, sondern mit ihrem direkten sozialen Umfeld, also Geschwistern, Freunden und Bekannten. Meist sind das Menschen, denen es (scheinbar) ein klein bisschen besser geht als ihnen selbst. Die Folge daraus ist oft Neid, eine mehr oder minder offen nagende Unzufriedenheit. Das hat zur Folge, dass Menschen zufriedener in einem Umfeld sind, in dem sie 50 000 Euro im Jahr zur Verfügung haben, jeder andere aber nur 40 000 Euro, als in einem Umfeld, in dem sie 75 000 Euro hätten, aber jeder andere 100 000 Euro.[30] Insofern ist es am Ende auch folgerichtig, dass die offiziellen Armutsstatistiken der EU und des Statistischen Bundesamtes Armut als eine negative Abweichung von mehr als 40 Prozent vom durchschnittlichen Einkommen (präziser Median) der Bevölkerung definieren und keine absoluten Zahlen oder Lebensstandards zugrunde legen.[31]

Beim Thema Reichtum, Glück und Zufriedenheit sind also zwei Dinge entscheidend. Erstens: Referenzpunkte und Vergleiche bestimmen maßgeblich über unsere (Un-)Zufriedenheit. Und zweitens: Einfach immer mehr zu verdienen und anzuhäufen, macht nicht automatisch zufriedener. Die eigentlich spannendste Frage in Bezug auf Reichtum bleibt trotz dieser Eingrenzung – zumindest für mich – weiter ungelöst: Was ist genug?

Deus ex machina

480 000 Euro

Seit über zwanzig Jahren unterhalte ich mich mit Menschen über Geld. Gut, die ersten sieben Jahre in der Großbank waren das meist Verkaufsgespräche, und auch heute ist manches eher technisch, bezieht sich auf Vermögensstrukturen, Investmentlösungen und – gähn – Kapitalmärkte. Aber seit vielen, vielen Jahren geht es in jedem Gespräch immer auch um Werte und Lebensentwürfe. Und so habe ich über die Jahre

Dutzende von Lebensgeschichten gehört und was Geld dabei für eine Rolle spielt. Trotzdem habe ich keine einzige heitere Geschichte gehört, in der Geld »auf einmal« da war und alle – oder zumindest die meisten – Probleme gelöst waren.

Natürlich gibt es viele wunderbare Geschichten, in denen Menschen Erfolg hatten, etwa mit einer großartigen Business-Idee, und damit auch vermögend wurden. Doch da liegt das tiefere Glück ja letztlich im Gelingen des Unternehmens. Aber wenn Geld quasi wie ein »deus ex machina« – als Lottogewinn oder Erbschaft – vom Himmel schwebt, gehen die Geschichten, die ich dazu kenne, eher anders aus: Entweder hatte der plötzliche Reichtum eine eher toxische Wirkung, oder der Beglückte hatte davor schon sein Leben im Griff und das Geld machte es ihm dann noch ein Stück angenehmer. Katrin Shaikhs Geschichte kommt, bei aller Tragik, wohl einer Geschichte am nächsten, in der Geld auf einmal ziemlich viele Probleme löst.

Manche Geschichten sind so abgeschmackt, dass man sie nur deshalb erzählen kann, weil sie genau so passiert sind. Als Katrin in der Früh um 6:30 Uhr am 2. November 1997 mit ihrem knapp einjährigen Sohn Amal ins Flugzeug nach Bombay stieg, um nach Indien auszuwandern, kam es ihr im Rückblick wie ein böses Vorzeichen vor, was dann geschah. Wie irgendetwas zwischen antiker Tragödie und Arztroman. Kaum hatte die 747 den deutschen Luftraum verlassen, fing ein Triebwerk an zu brennen und die Maschine musste umdrehen. War es ein Zeichen der Götter, besser umzukehren? Und wenn ja: Hätte das etwas geändert?

Drei Stunden später, immer noch reichlich unter Schock, saß Katrin mit Amal wieder im Flieger, und die beiden kamen diesmal ohne weitere Zwischenfälle an. Um kurz vor Mitternacht fiel Katrin entnervt, aber auch überglücklich und unglaublich aufgeregt ihrem Mann Rahul in die Arme und fuhr mit ihm in ein kleines, aber feines Anwesen der Familie in Malabar Hill. In diesem Moment fühlte sich alles wie ein Happy End an. »Und wenn sie nicht gestorben sind, dann …« Nur zwölf Stunden später stand Katrins Welt auf dem Kopf. Sie fand Rahul tot im Badezimmer, gestorben an einem angeborenen Herzfehler, der nie diagnostiziert worden war.

1986 lernte die damals neunundzwanzigjährige Sport- und Kunstlehrerin Katrin den fünf Jahre älteren Rahul Shaikh kennen. Rahul, jüngster Sohn einer wohlhabenden indischen Kaufmannsdynastie, war neben seinem zielstrebigen Bruder Nadi so etwas wie der Luftikus der Familie – Lebenskünstler, mit einem gewissen Erfolg bei Frauen und vor allem sehr sportlich. Als professioneller Squash-Spieler verdiente er sich damals in Hannover ein paar Euro als Trainer dazu, als er sich Hals über Kopf in Katrin verliebte – und sie sich in ihn.

»Vor vier Jahren habe ich innerhalb von drei Monaten 2,5 Millionen Euro geerbt und hatte danach kein einziges Problem weniger.«

Tobias L. (39), Mediziner, Vater zweier Töchter (2) und (4), Krebspatient (August 2019).

Was folgte, war eine fast zehnjährige Beziehung mit jeder Menge religiöser und kultureller Hindernisse, in der beide ein halbes Dutzend Mal für mehrere Wochen in Indien gewesen waren. Auch um das möglich zu machen, hatte Katrin schon zuvor ihre Beamtenstelle aufgegeben und sich als Fitness-Coach selbstständig gemacht. Trotz aller potenziellen und tatsächlichen Konfliktlinien kam Katrin bestens mit Rahuls Familie aus – insbesondere mit dessen Bruder Nadi. Im Dezember 1995 heirateten Katrin und Rahul. Als sie wenig später schwanger wurde, diskutierten die beiden immer ernsthafter, die Zelte in Deutschland abzubrechen und nach Bombay zu ziehen.

Ein paar Monate später kam Amal auf die Welt, und jetzt – keine zwei Jahre später – saß Katrin in einem kleinen Herrenhaus in Malabar Hill, war mit 41 Witwe und alleinerziehende Mutter. Und so nett Rahuls Familie war: Der Stellenwert von Frauen im Allgemeinen und Witwen im Besonderen war in Indien auch in ausgeprägt westlich orientierten Familien nicht berauschend. So erbte etwa der kleine Amal das gesamte Vermögen seines Vaters, während seine Mutter mittellos blieb. Ihre Möbel waren irgendwo in einem Container zwischen Hannover und Bombay, ihre deutsche Wohnung hatte sie aufgelöst, ihre Beamtenstelle schon vor Jahren aufgegeben und ihre ehemaligen Kunden längst an andere Trainer empfohlen.

Nach neun Monaten stand Katrin wieder am Flughafen in Hannover. Nadi hatte ihr etwas geholfen, die Flüge bezahlt, dafür gesorgt, dass die Möbel zurückgeschickt wurden, und die Kaution für die Mietwohnung übernommen. Katrin begann, sich wieder einen erst kleineren, dann größeren Kundenkreis aufzubauen und sich durchzuschlagen. Gerade am Anfang war es finanziell immer wieder richtig eng. Aber auch, als das Geschäft besser lief, wuchsen die Bäume nicht in den Himmel. Solange Amal klein war, war Katrin immer bereit, eher einem Kunden abzusagen, als ihren Sohn hängen zu lassen. Viele Extras waren nicht drin: Ausflüge ins Umland, Nachmittage im Kino, irgendwann ein kleineres Auto. Der größte Luxus war ab und zu ein Urlaub in Indien – dort konnten sie ja relativ gut umsonst bei Nadi unterkommen.

Dennoch wurde Katrin alles andere als verbittert, ich habe selten eine so lebensbejahende und optimistische Frau kennengelernt. Sie meint heute: »Ich glaube, das hat irgendwie auch etwas mit einer Sportlermentalität zu tun, dass wenn man hinfällt und wenn es richtig wehtut, dass man wieder aufsteht und weitermacht.« Im Januar 2009 kam Katrin in das Büro meines damaligen Arbeitgebers und erzählte mir, dass sie im Lotto gewonnen habe: 480 000 Euro. Mein erster Impuls war, sie zu warnen: »Frau Shaikh, Sie wissen schon, in drei Jahren sind Sie statistisch wieder pleite.« Ihre Antwort: »Nein, statistisch in zwei Jahren. Aber mir passiert das nicht.« Dann erzählte sie mir ihre Geschichte – und ich verstand sofort warum.

Da war er, der Mensch, dem ohne eigenes Zutun – bis auf das Ausfüllen eines Lottoscheins – Geld wie ein »deus ex machina« in den Schoß fiel und das Leben signifikant verbesserte. Sie hatte nun weniger Druck mit Kunden, schöneren und mehr Urlaub, eine bessere medizinische Versorgung für Amal und finanzielle Reserven, um sie ins eigene Geschäft zu investieren. Zumindest war es ein vorläufiges Happy End. Und mir fällt kaum ein zweiter Mensch auf der Welt ein, dem ich es so gegönnt hätte wie Katrin.

> Amal leidet unter demselben Herzfehler wie sein Vater Rahul. Er hat einen implantierten Defibrillator, der seine Lebenserwartung drastisch erhöht. Diese Behandlungsmethode existierte auch schon 1997 und hätte Rahul das Leben gerettet, wenn man nur von der Erkrankung gewusst hätte.

> Katrin und auch Amal haben bis heute ein freundschaftliches, ja liebevolles Verhältnis zu Rahuls Bruder Nadi Shaikh.

> Ich kenne Nadi selbst seit gut zehn Jahren und schätze ihn sehr als klugen und reflektierten Gesprächspartner, liebevollen Patriarchen und unverwüstlich optimistischen Geschäftsmann.

Rebeccas Reichtum

200 Metical

An dem Tag im Sommer 2008 waren die Männer zum dritten Mal in diesem Monat zu dem kleinen Steinhaus am Dorfrand gekommen. Dieses Mal waren es mehr denn je, und sie wirkten entschlossener als je zuvor. Insgesamt sieben waren es, die sich in das kleine Haus drängten und Rebecca aufforderten, endlich zu verschwinden. Hinter ihr kauerten ihre beiden Brüder Kovu und Kita im Lehm und wimmerten.

Rebeccas Schicksal war typisch für so viele Kinder in Subsahara-Afrika. Ihren Vater hat sie wohl nie gekannt, ihre Mutter war 2005 an Aids verstorben. Ab da war die elfjährige Rebecca faktisch die Mutter ihrer beiden Geschwister. »Child-headed household« nennt man das. Die Realität dahinter: Kinderarbeit, Prostitution, Missbrauch, Gewalt, Kindersoldaten.

Nichts Ungewöhnliches in Mosambik, einem der ärmsten und finstersten Länder der Welt. in dem es bei rund 31 Millionen Einwohnern auch heute noch 1,5 Millionen Waisen gibt – 470 000 davon Aids-Waisen.

Die nächsten zwei Jahre tat Rebecca das, was die meisten elternlosen Mädchen in dem Ort taten: Sie prostituierte sich an der Autobahn an Lkw-Fahrer, um wenigsten ab und zu ein Stück Brot für sich und ihre Geschwister zu bekommen. Ob sie ihre HIV-Infektion von der Mutter übertragen bekommen hat oder durch die Prostitution, lässt sich nicht mehr klären.

An dem Tag, als die Männer aus dem Dorf sie endgültig vertreiben wollten, war Rebecca an ihrem Tiefpunkt angekommen: vom Vater verlassen, durch den Tod der Mutter traumatisiert, durch den sexuellen Missbrauch, die Krankheit und den Hunger körperlich und seelisch am Ende und von der Verantwortung für ihre Geschwister erdrückt. Und vor allem eines: ohne jegliche Hoffnung.

»Herr Dr. Braun, wenn ich nicht meine Praxis verkauft hätte (für 2,5 Millionen Euro) und meine Immobilien (Verkehrswert 3,8 Millionen Euro, mit circa 10 000 Euro Miete pro Monat), dann hätte ich jetzt nur 8 000 Euro Rente. Stellen Sie sich das mal vor, davon können Sie doch nicht leben!«

Dr. Peter M. (58), Schönheitschirurg, über seine (fast) prekären finanziellen Verhältnisse, (Oktober 2010).

Bis heute ist Rebecca überzeugt davon, dass es nicht einfach Zufall, sondern die Kraft ihrer Gebete gewesen war, die dafür sorgte, dass genau in diesem Moment Adao an ihrem Haus vorbeikam. Adao lebte seit seiner Geburt in dem Dorf an der Autobahn, die von Beira in Mosambik bis nach Simbabwe führte. Er war Mitte 30 und arbeitete seit gut einem Jahr als Careworker für die kleine NGO Hands at Work. Seine Aufgabe bestand darin, eine Art Ersatzvater für einige der zahllosen Kinder aus dem Ort zu sein, die durch die Aids-Epidemie der 1990er und frühen 2000er Jahre ihre Eltern verloren hatten. Er sorgte dafür, dass sie zum Feeding-Point im Dorf kamen, ihre Medikamente nahmen und in die kleine Schule gingen, die erst vor wenigen Wochen ihren Betrieb aufgenommen hatte.

Als Adao an Rebeccas Haus vorbeikam, verstand er die Situation sofort: Das Haus mit dem kleinen Feld dahinter war zwar ärmlich – es bestand im Grunde genommen nur aus einem Raum mit einem Lehmboden –, aber für viele Dorfbewohner immer noch relativ attraktiv. Eine Vierzehnjährige und ihre beiden elf- und achtjährigen Brüder zu vertreiben, um es sich unter den Nagel zu reißen, sollte deshalb die Mühe wert sein. Es war ohnehin schon erstaunlich, wie zäh sich Rebecca bis dahin zu Wehr gesetzt hatte.

Adao forderte die Männer auf, für heute zu verschwinden, und klärte mit dem Ortsvorsteher, dass Rebecca in Zukunft unter seinem und dem Schutz der NGO stand. Er besuchte die drei Kinder immer wieder und sorgte dafür, dass Rebecca und ihre Brüder ab einer gewissen Zeit täglich zum Feeding-Point an der Schule kommen durften. Rebecca und ihre Geschwister waren, als Hands at Work die Arbeit in dem Dorf aufnahm, nicht vergessen worden. Es gab einfach viel zu viele Aids-Waisen, und die NGO hatte kaum Kapazitäten für fünfzig von ihnen.

Ab jetzt erhielten Rebecca und ihre Geschwister regelmäßig Essen, Medikamente und eine Schulbildung, die zumindest Lesen, Schreiben und die Grundrechenarten vermittelte. Dazu ein entscheidendes Symbol, dass sie etwas wert waren: eine leuchtend gelbe Schuluniform, die die drei Kinder Tag und Nacht trugen. Und was noch viel wichtiger war: Menschen, die sich um sie kümmerten, die sie wahrnahmen. Die Kosten dafür: insgesamt 15 Euro pro Kind pro Monat.

Im nächsten Frühjahr zeigte Adao Rebecca und ihren Brüdern, wie man auf dem kleinen Feld hinter dem Haus Gemüse und Salat anbaut, und erklärte ihnen, warum es sich lohnt, nicht das Saatgut aufzuessen. Als die erste Ernte kam, war das nicht viel, aber gemessen an dem, was die Kinder bis dahin gewohnt waren, der Himmel auf Erden. Diesmal legten sie eine ganze Menge Saatgut zur Seite, und schon ein Jahr später ernteten sie dreimal so viel, sodass ein Teil der Ernte übrigblieb. Adao organisierte für Rebecca für umgerechnet 10 Euro ein uraltes Fahrrad, mit dem sie auf den Markt ins dreißig Kilometer entfernte Lamego fahren konnte, um den Überschuss zu verkaufen. Die verdienten 200 Metical (MZN), umgerechnet knapp 5 Euro, waren für Rebecca ein unfassbares Vermögen: unendliche Möglichkeiten, Sicherheit, ein Zeichen, dass es für sie wieder Hoffnung gab, und ein Stück Geld gewordene persönliche Würde. Rebecca, die noch vor zwei Jahren ihren Körper verkauft hatte, war jetzt sichtbar etwas wert.

Zwei Jahre später fuhr eine deutsche Unterstützerin von Hands at Work in das kleine Dorf in Mosambik. Eine ihrer Aufgaben als Trauma-Therapeutin war, mit den Kindern Bilder zu malen, wie sie sich ihre Zukunft vorstellen. Dieses Bild hat sie am meisten beeindruckt. Es ist von Rebecca:

Quelle: Private Aufnahme B.E. 2010

Ihre verstorbenen Eltern in ihrem Herzen, Gott, Engel und ihre Geschwister als ihren Körper, stellt sie sich vor, später Medizin zu studieren und als erste Afrikanerin ein Heilmittel gegen Aids, also die Krankheit zu finden, der neben Millionen anderen auch ihre Eltern zum Opfer gefallen sind.

> Ich weiß nicht, was aus Rebecca geworden ist. Vermutlich hat sie nicht Medizin studiert, und ich glaube nicht, dass sie heute in einem Labor an einem Aids-Medikament forscht. Im schlimmsten Fall ist ihr Dorf von Rebellen oder dem IS überfallen worden und sie lebt gar nicht mehr.

> Was ich weiß, ist, dass Adaos Zuwendung und die großartige Arbeit einer NGO für den lächerlichen Preis von 15 Euro pro Monat plus ein paar weiteren Euros für Saatgut und ein altes Fahrrad dazu führen können, einem vollständig hoffnungslosen jungen Menschen wieder Würde zu verleihen und Mut zu machen.

> Wenn Sie Hands at Work unterstützen wollen, spenden Sie gern an deren deutsche Fundraising-Organisation, die Peppercorn-Stiftung: IBAN: DE 5270 0205 0037 5066 0066. Wenn Sie »Geld oder Leben« in den Verwendungszweck schreiben, dann freue ich mich, wenn ich sehe, dass dieses Buch auch direkt etwas bewirkt hat.[32] Machen Sie es doch gleich, Geld zu verschenken, tut auch Ihnen gut.

Magdas Erbe

3 000 000 Euro

Im Spätherbst 2012 besuchte ich eine neue Interessentin in Nürnberg. An sich mache ich das nicht gern. Ich komme mir immer ein bisschen vor wie ein Staubsaugervertreter auf Dienstreise. Mir ist es viel lieber, wenn Menschen zu uns ins Büro kommen. Aber in dem Fall kam ich irgendwie nicht drumherum. Ein langjähriger, sehr netter Kunde hatte mich empfohlen und gebeten, die Dame zu besuchen: Sie sei relativ überfordert, bräuchte dringend Orientierung – und was nicht ganz schlecht klang: »Es würde sich im Falle eines Falles sicher lohnen.« Na dann. So stieg ich morgens in München in den Zug.

Ich war relativ früh dran, deshalb nahm ich den Bus und gondelte eine Weile durch Nürnberg, bevor ich in einem eher uncharmanten Viertel der Stadt landete. In den Worten der Webseite Urbanister eine Gegend, »wo man schmucklose Wohnwürfel in den mit Autos zugestapelten und unbegrünten Betonschluchten, also in ihrer natürlichen Umgebung, beobachten kann«[33]. Hier wohnte Magda, Realschullehrerin, alleinstehend, in einer bescheidenen Zweieinhalbzimmerwohnung. Mit Mitte fünfzig hatte sie drei Millionen Euro von ihrem Stiefvater geerbt. Das war erst die erste Tranche. Doppelt so viel sollte in kurzer Zeit folgen.

Auch wenn ich keine Details erfahren habe, aber das Verhältnis von Magda zu ihrem Stiefvater Eberhard, dessen Ansprüchen sie nie genügen konnte, war hoch problematisch. Er war ein klassischer Patriarch gewesen und hatte sich täglich ausführlich mit seinen Investitionen und seinem Vermögen beschäftigt. Stundenlang saß er hinter seinem Computer, las das *Handelsblatt* und die *Börsen-Zeitung*, verfolgte Kurse und analysierte Aktien. Permanent war er dabei, seine Finanzen zu optimieren, und da er exzellent verdiente und keine größeren Fehler machte, erwarb er sich nach und nach ein beträchtliches Vermögen.

Mit diesem Vermögen regierte er die Familie regelrecht, indem er Wohlverhalten belohnte oder Fehlverhalten sanktionierte. In den Worten einer Freundin der Familie, mit der ich mich später unterhalten habe: »Geld war in dieser Familie nicht einfach Geld, es war immer ein Synonym für Wertschätzung und Liebe.« Eberhard hatte seinen Kindern generell nie viel zu- und finanziell auch nie viel anvertraut. Zu Lebzeiten hatte er – wenn überhaupt – Geld nur in der Dimension von Taschengeld weitergegeben und keinen seiner Angehörigen in seine Überlegungen oder gar Entscheidungen einbezogen.

Wenn der Mandant, der mich als Berater empfohlen hatte, meinte, Magda sei heillos überfordert, dann war das heillos untertrieben. Seit ihrer Erbschaft saß Magda in jeder freien Minute am Computer. Eurokrise, Hyperinflation, Bankenpleiten, Dutzende Meinungen von seriösen Experten bis zu indiskutablen Verschwörungstheoretikern – alles fuhr ununterscheidbar in ihrem Kopf Karussell. Sie versuchte, ganz offensichtlich erfolglos, die Verhaltensweisen ihres Stiefvaters zu reproduzieren. Denn Magda tat ja nicht das Gleiche wie Eberhard, sie imitierte nur das, was sie bei Eberhard gesehen hatte. Rückblickend erinnerte mich ihr Verhalten ein Stück weit an meine eigene Kindheit – wie wir selbst im Kindergarten gespielt hatten, Arzt, »Polizeimann« oder Astronaut zu sein. Mit einem Unterschied: Wir hatten damals jede Menge Spaß. Magda jedoch definitiv nicht. Ihr »Spiel« war genauso pathologisch wie ihre Beziehung zu Eberhard.

Entsprechend unstrukturiert waren ihre Fragen an mich: »Soll ich alles verkaufen und in Gold anlegen? Mein Geld in bar abheben und in den Tresor legen? Brauche ich mehr Technologie-Aktien? Sind Seltene

Erden das Gold von morgen? Wäre es besser, die Aktien zu einer Schweizer Bank zu übertragen? Kennen Sie Flossbach und der Storch?«

Ich hatte einen sehr schlechten Tag und habe versucht, mit ihr auf der Sachebene über ETFs und Portfoliostrukturen zu reden. Geduldig, dann weniger geduldig und schließlich einigermaßen entnervt, versuchte ich, eine Frage nach der anderen zu beantworten. Erwartungsgemäß kam ich damit nicht weit, denn kaum hatte ich ein Thema auch nur zur Hälfte erläutert, prasselten die nächsten drei Fragen auf mich ein. Egal, ob ich versuchte, ihr zu erklären, dass die Welt vermutlich nicht untergehen wird, wie Märkte funktionieren, warum es nicht sinnvoll ist, auf Rohstoffe oder einzelne Werte zu wetten, oder warum geniale Fondsmanager gar nicht genial sind, sondern einfach nur Glück haben – alles prallte an ihr ab beziehungsweise lief durch sie hindurch.

> **»Ich habe irgendwann gemerkt, dass es mir nicht guttut, wenn ich mich zu viel mit meinem eigenen Geld beschäftige.«**
>
> Dr. Gerhard K. (48), ehemaliger Private-Equity-Unternehmer (Juli 2012)

Letztlich drang ich nie zu ihr durch, um mit ihr über ihren Stiefvater, ihre Lebenssituation und ihre Träume zu sprechen und zu verstehen, woher diese unglaubliche Angst kam, das Geld, das sie nun auf einmal hatte, wieder zu verlieren. Eigentlich wäre es ja meine Aufgabe gewesen, herauszubekommen, wie Magda zumindest eine Art »Waffenstillstand« mit diesem Vermögen hätte erreichen können. Vielleicht hätte es eine Möglichkeit gegeben, sich irgendwie vom Gespenst ihres Stiefvaters zu befreien, aufzuhören, wie eine Besessene den Vater, den sie letztlich nie gehabt hat, in dem Geld zu suchen.

Lag es daran, dass Magda ein besonders schwerer Fall war – vielleicht gar nicht »therapierbar«? Vermutlich. Das ändert aber nichts daran, dass ich eher früher als später dringend aus diesem sinnlosen Gespräch hätte aussteigen müssen. Vielleicht hätte es geholfen, Magda zu sagen, sie solle sich ein Jahr lang von ihrem ungeliebten Beruf beurlauben lassen, auf eine Weltreise gehen und sich Gedanken darüber machen, wie sie die ersten 50 000 oder 500 000 Euro verschenken könnte. Ich hätte ihr wenigstens raten sollen, sich erst mal eine nettere Wohnung zu kaufen.

Phobiker, also Menschen, die sich um ihr und letztlich vor ihrem Geld fürchten, sind gar nicht so selten. Laut einer Studie von Russ Alan Prince aus dem Jahr 2005 machen sie 11 Prozent unter den Vermögenden aus.

Mogule sind leider auch relativ verbreitet. Immerhin 8 Prozent der Vermögenden nutzen laut Russ Alan Prince ihr Geld primär, um andere zu beherrschen.[34]

Am Ende war es für beide von uns ein verlorener Tag: für Magda, weil ich ihre Ängste eher bedient habe, als sie ihr ein Stück weit zu nehmen. Für mich, weil ich Magdas Ängste eher bedient habe, als sie ihr ein Stück weit zu nehmen. Wir haben unsere Zeit damit vergeudet, eine Antwort auf die falsche Frage zu finden: »Wie soll ich mein Geld anlegen?« Die richtigen Fragen wären gewesen: »Warum macht Geld mich unglücklich?« – »Was müsste ich ändern, damit das nicht mehr so ist?« – »Wie kann Geld dazu beitragen, dass ich ein zufriedeneres Leben führe?« Oder: »Warum ist Geld wichtig für mich?«

Zurück zum Bahnhof nahm ich mir ein Taxi, um möglichst rasch die mit Autos zugestapelten und unbegrünten Betonschluchten verlassen zu können.

> In den folgenden Jahren entbrannte ein heftiger Streit zwischen Magda und ihrem Bruder Christian um das Erbe. Der Konflikt darum, wen Mama und vor allem Papa wohl lieber gehabt hatten, wer wie viel von der in Euro und Cent hinterlassenen »Zuwendung« bekommen würde, beschäftigt bis heute die Gerichte (Stand: März 2022).

> Magda lebt nach wie vor allein in ihrer kleinen Wohnung in Nürnberg. Sie ist ausgesprochen sparsam und hortet ihr Geld, das sie nach menschlichem Ermessen nicht wird ausgeben können. Seit dem Beginn der Corona-Pandemie hat sie sich von fast allen sozialen Kontakten zurückgezogen, weil sie sich weder impfen noch infizieren möchte. Ihr wichtigster emotionaler Bezugspunkt – wenn man von dem Rechtsstreit mit ihrem Bruder absieht – ist ihr Pferd, das sie täglich besucht. Es ist der einzige Luxus, den sie sich durch ihr Vermögen ermöglicht hat. Laut einer Bekannten ist sie damit offenbar nicht völlig unglücklich. Sie sei ein Mensch, der offenbar sehr gut allein sein könne.

> Wie und ob sie ihr Geld investiert hat, weiß ich nicht. Eine rationale und risikooptimierte Kapitalanlage ist aber, da bin ich mir sicher, das geringste Problem, das sie bis heute mit Geld hat.

Eine andere Welt

180 Euro

Mark lebt seit über 20 Jahren mit seiner Frau in München. Seine drei Kinder sind schon eine ganze Weile aus dem Haus und von der »Payroll«. Als er vor eineinhalb Jahren mit neunundfünfzig vorzeitig in Ruhestand gegangen ist, hatte er ein erstaunliches Vermögen aufgebaut: eine fast schuldenfreie Eigentumswohnung in Haidhausen, ein Wertpapierdepot aus Pensionsansprüchen in seiner englischen Heimat mit rund 1 Million Britischen Pfund, 2,5 Millionen Euro in Wertpapieren in Deutschland sowie zwei Grundstücke in den Walliser Bergen. Dazu gesellte sich eine ausgesprochen auskömmliche Rente. So weit die Fakten, wie sie Vermögensberater üblicherweise interessieren. Im folgenden Gespräch redet er mit seinem Berater Philipp Schwarz über seine Kindheit, seine finanzielle Prägung und wie er über Geld denkt.

Philipp: »Mark, es gibt eine Sache, die mich die letzten Monate immer wieder beschäftigt hat. Für mich war Ihre Geschichte bisher immer eine Erfolgsgeschichte – die Geschichte eines Menschen mit einem englischen Working-Class-Hintergrund, der durch Fleiß, harte Arbeit und Begabung einen unglaublichen sozialen Aufstieg geschafft hat. Was mich dabei am meisten beeindruckt hat, war, wie sehr Sie dabei immer Ihre Herkunft reflektiert haben und nicht abgehoben sind.«

Mark: »Was meinen Sie?«

Philipp: »Ich glaube, als wir uns gerade kennen gelernt hatten, haben Sie einmal gesagt: ›Wenn die Deutsche Bank mir durch schlechte Beratung 100 000 Euro vernichtet, sind das nur Zahlen auf einem Papier, das hat wenig mit mir zu tun. Aber wenn ich mir ein paar neue Schuhe kaufen soll und die kosten 180 Euro, dann denke ich an meine Schwester, die ihr Leben lang gebraucht hat, die 30 000 Pfund Schulden für den Kauf ihrer Wohnung abzuzahlen. Dann warte ich auf ein Sonderangebot.‹«

Mark: »Und woher kommt jetzt Ihre Irritation?«

Philipp: »Ich bin in einem finanziell ziemlich privilegierten Umfeld groß geworden. Mein Problem als Kind war eher, dass ich sozusagen das Kind des Klassenfeinds war. Wenn ich rebellierte oder mich schlecht benahm, dann erklärten sich das die Eltern meiner Freunde damit, dass meine Eltern eben relativ wohlhabend waren. Armut oder dass man sich irgendetwas nicht leisten konnte, das habe ich nie erlebt. Deshalb hatte ich naiv angenommen, dass man die Armut mit dem sozialen Aufstieg weitgehend hinter sich lässt. Deshalb war ich auch von meiner eigenen Naivität überrascht, als Sie mir beim letzten Mal erzählt haben, dass Sie die finanziellen Verhältnisse Ihrer Kindheit bis heute verfolgen. Darüber würde ich gerne mehr erfahren.«

Mark: »Mein Vater war Dreher und hatte es dabei zu einem Rang gebracht, den man im Deutschen wohl am ehesten mit dem eines Meisters oder Vorarbeiters vergleichen kann. Wir waren sechs Kinder daheim und hatten immerhin vier Schlafzimmer, Küche und Wohnzimmer. Gemessen an den Verhältnissen, aus denen meine Eltern kamen, oder auch gemessen an den Verhältnissen der meisten meiner Klassenkameraden, war das ziemlich okay. Meine Mutter etwa war die älteste von sieben Kindern, sie hat mit vierzehn nach dem frühen Tod ihrer Mutter ihre Geschwister großgezogen – Geld fehlte da an allen Enden.«

Philipp: »Haben Sie eine ganz konkrete Erinnerung an Geld aus Ihrer Kindheit?«

Mark: »Sie müssen sich das so vorstellen: In den Sechzigerjahren hatte in Liverpool kein Arbeiter ein Konto. Die Löhne wurden wöchentlich in Cash ausgezahlt, und dann standen die Frauen der Arbeiter am Hafen vor dem Werksgelände und versuchten, ihren Männern das Geld abzunehmen, bevor sie damit im Pub verschwanden. Bei meinen Eltern lief das nur unwesentlich anders. Mein Vater kam heim, mit seinem gerade verdienten Geld in der Brusttasche seines Hemdes, und meine Mutter streckte ihm die offene Hand entgegen.

Dann zog mein Vater einen Zehner raus und gab ihn ihr, dann nach einer kleinen Pause noch einen und nach der nächsten Pause noch einen und noch einen, so lange, bis es ihm zu viel wurde oder meine Mutter anfing zu lächeln. Der Kommentar meiner Mutter: ›Und da wunderst du dich, dass ich keinen Sinn für Humor habe.‹«

Philipp: »Haben Ihre Eltern viel über Geld gestritten?«

Mark: »Nein. Meine Eltern haben viel gestritten, aber das eigentliche Thema war Alkohol. 1941 überlebte mein Vater als junger Mann als Einziger seiner Freunde einen deutschen Luftangriff. Da hat irgendetwas in ihm Knacks gemacht, er hat seine Ausbildung zum Büroangestellten hingeschmissen, wurde Dreher – und er begann zu saufen.«

Philipp: »Was bedeutete das für die Familie?«

Mark: »Vater kam oft spät oder sehr spät nach Haus, wir rätselten dann, ob er diesmal vom ›Talking Stuff‹ getrunken hatte und sentimental daheim einlief oder ob er vom ›Fighting Stuff‹ getrunken hatte. Das passierte zwar nur jedes zehnte Mal, aber dann flogen die Fetzen und dann ging es dabei auch immer mal wieder um das viele Geld, das im Pub blieb, aber das war das sekundäre Problem.«

Philipp: »Wie knapp war Geld?«

Mark: »Wir hatten nie ein eigenes Haus, nie ein Auto, aber ich habe uns damals nicht wirklich als arm wahrgenommen. Aber wenn ich morgens in die Schule ging und unsere Mutter unser Frühstück machte, dann hatte sie davor schon zweieinhalb Stunden ihrer ersten Schicht als Putzfrau hinter sich. Nach dem Abendessen arbeitete sie dann bis in die Nacht als Bedienung in einer Cocktailbar. Von dem Geld hat sie sich und uns dafür immer wieder mal schöne und relativ teure Dinge gekauft, aus Läden für die Upper Class, Dinge, die wir uns eigentlich nicht leisten konnten.«

Philipp: »Wie hat sie es geschafft, dafür zu sparen und dass ihr das Geld nicht zwischen den Händen zerrann?«

Mark: »Es gab damals einen christlichen Laienorden in Liverpool, und ich glaube, auch im ganzen Vereinigten Königreich, der sich Providential nannte. Eine klassisch paternalistische Idee von Providential war, man müsse die im Grunde genommen unmündigen Arbeiter vor sich selbst schützen und zu besseren Menschen machen. Bezogen auf Geld ging das dann so: Man sparte elf Wochen lang je zwei Pfund, die man in bar ablieferte, und bekam dafür am Ende der Zeit einen Wohlfahrtsscheck über 20 Pfund.«

Philipp: »Halt, habe ich das richtig verstanden? Elf mal zwei ist doch nicht 20! Die zogen Ihre Mutter also mit einer Art Bearbeitungsgebühr oder Wucherzins ab, dafür, dass sie das eigene Geld vor der Konsumlust seiner Eigentümerin beschützten?«

Mark: »Korrekt. Mit so einem Scheck ist meine Mutter mit mir dann in Läden gegangen, die definitiv nicht für uns gedacht waren, hat im Sonderangebot Sachen – meist Kleidungsstücke – gekauft, die nicht für Leute aus der Working Class gemacht waren, und zahlte mit einem Scheck von der Wohlfahrt, der nicht für Einkäufe in solchen Geschäften gedacht war. Im übertragenen Sinne stand auf dem Laden, auf den gekauften Sachen und auf dem Scheck, mit dem sie zahlte, in großen leuchtenden Buchstaben: ›Du gehörst nicht hierher, das ist nicht für dich, du bist weniger wert als wir.‹ Das war sehr demütigend.«

Philipp: »Und daheim lebte dann die Demütigung – neben der Freude – in der mühsam erstandenen Kostbarkeit weiter?«

Mark: »Genau: als aufgestelltes Schmuckstück auf dem Kaminsims schaute es dich an, als kostbares Kleidungsstück trugst du die Botschaft mit dir rum: ›Schon schön, aber eigentlich nicht für dich.‹«

Philipp: »Was hat das mit Ihnen gemacht?«

Mark: »Einmal, dass ich es bis heute fast physisch nicht schaffe, mir teure Dinge zu kaufen, die nicht im Sonderangebot sind. Zum Zweiten, dass es für mich bis heute sehr wichtig ist, perfekt gekleidet zu sein. Wir treffen uns hier zum Mittagessen, wir kennen uns schon länger, es ist eine völlig informelle Atmosphäre, und ich habe heute trotzdem ganz genau darüber nachgedacht, was ich anziehe. Verrückt! Das Erste, was ich mit meinem selbstverdienten Geld gekauft habe, war ein sündhaft teures Jackett – natürlich im Sonderangebot. Für mich war es ein Symbol dafür, was ich erreicht hatte, und mein Versuch, dazuzugehören.«

Philipp: »Wie war Ihr Verhältnis zu Ihren Eltern?«

Mark: »Mein Vater war letztlich emotional sehr weit weg, meine Mutter gerade zu mir als Jüngstem sehr nett. Sie hat mich immer verteidigt.«

Philipp: »Abwesende Väter scheinen eine Art Leitmotiv unserer Generation zu sein. Wie wichtig war die Nähe zu Ihrer Mutter? Glauben Sie, dass Ihnen das die Stabilität gegeben hat, um später so erfolgreich zu sein?«

Mark: »Ich glaube nicht. Meine Mutter war zwar lieb, aber im Grunde genommen physisch fast genauso abwesend wie mein Vater. Mein ältester Bruder kam 1945 auf die Welt, die Zwillinge – also Kind vier und fünf – schon 1952. Ich war 1961, also neun Jahre später, ein ›Unfall‹. In den Siebzigern waren meine Geschwister aus dem Haus, meine Mutter begann sich stark in der Lokalpolitik zu engagieren, war viele Abende weg und ich war zwischen zehn und zwanzig viel allein.«

»Papa, *die* Turnschuhe von Nike für 180 Euro – das ist doch billig.«

Clara B. (15) aus München Bogenhausen (Juli 2021).

Philipp: »Das kann ich gut nachvollziehen. Mein Vater hat unglaublich viel gearbeitet, meine Mutter war weitgehend mit sich beschäftigt. Wie haben Sie darauf reagiert? Mit Rebellion?«

Mark: »Natürlich haben in meinem Umfeld viele Jugendliche rebelliert. Ich bin genau den gegenteiligen Weg gegangen. Ich war übermäßig konform – in der Schule der Beste, immer angepasst. Als ich mit sechszehn – also viel später als die meisten Jungs in meinem Umfeld – zum ersten Mal Alkohol getrunken habe und mich danach furchtbar übergeben musste, habe ich für über vier Jahre kein Bier mehr angerührt. An der Uni ging das so weiter: Ich wollte immer perfekt sein, mein Bestes geben. Die Erfolge waren eine Art, mir selbst zu bestätigen, dass ich etwas wert bin, sie haben mich validiert.«

Philipp: »Aus meiner Perspektive finde ich das sehr erstaunlich: Ich habe, bis ich ungefähr siebzehn war, permanent rebelliert, war immer kurz davor, aus der Schule zu fliegen. Und auch beim Thema Dresscode scheine ich das genau gegenteilige Verhalten von Ihnen gehabt zu haben. Ich war immer schlampig gekleidet, oft mit Flecken oder kleineren oder größeren Löchern in der Kleidung. Auch das war natürlich eine Botschaft, im Sinne von ›Ihr könnt mir gar nichts‹. Und auch das mache ich in gewisser Form bis heute. Bis heute gehe ich sehr ungern und sehr selten Kleidung einkaufen oder auch zum

Friseur. Ich bekomme regelrechte Fluchtreflexe. Aber dass einen Erfolg bestätigt, dass es eine regelrechte Sucht wird, dass die volle Punktzahl das Minimum ist, das kenne ich auch. Doch nun wieder zu Ihnen: Waren Sie der Einzige in Ihrem sozialen Umfeld, der einen Hochschulabschluss gemacht hat?«

Mark: »Ich habe vierzig Cousinen und Cousins ersten Grades, und ja, ich bin der Einzige, der studiert hat.«

Philipp: »Das ist doch großartig! Als ich auf die Welt kam, war klar, dass ich entweder in VWL oder Jura promovieren werde – na gut, wenn alle Stricke reißen, meinetwegen in BWL oder Medizin. Ein Realschulabschluss hatte in meiner Familie den Stellenwert einer Krebserkrankung, das war nicht eine irgendwie legitime Ausbildung, sondern ein Lebensunglück. Als ich meinen ersten Abschluss an der Uni absolvierte, kommentierte mein Vater das gegenüber Bekannten mit: ›Mein Sohn hat sein Studium beendet – mit Auszeichnung. Nur Geschichte, aber immerhin.‹ Ich beneide Sie. Das muss Sie doch unglaublich stolz gemacht haben.«

Mark: »Nicht wirklich. Ich hatte ein unglaubliches Imposter-Syndrom. In meinem Inneren hörte ich eine permanente Stimme: ›Du solltest nicht hier sein. Du gehörst nicht hierher. Du bist ein Hochstapler.‹«

Philipp: »Wann ging das weg?«

Mark: »Gar nicht. In meinen ersten Jahren im Job wurde das eher noch schlimmer. Ich hatte Maschinenbau studiert und machte jetzt aber was mit Halbleitern. Ich war zehn Jahre jünger als meine Kollegen und flog mit den ganz wichtigen Leuten als Junior im Schlepptau im Privatjet der Firma durch Europa. Ständig dachte ich, dass bald rauskomme, wer hier eigentlich nicht dazugehört. Das Imposter-Syndrom wurde irgendwann besser, aber ganz aufgehört hat das letztlich nie.«

Philipp: »Spannend. Als ich nach der Geschichtspromotion in der Bank anfing, ging es mir genauso. Vor allem, wenn die Revision zur turnusmäßigen Überprüfung kam, hatte ich immer Angst, dass jetzt rauskommt, das ich im Grunde keine Ahnung habe. Bei der Kundenberatung hat sich das Imposter-Syndrom relativ schnell gelegt, weil ich irgendwann gemerkt habe, dass das fachliche Niveau im Produktverkauf nicht gerade hoch war. Aber jetzt interviewen ja schon wieder Sie mich – statt umgekehrt. Also: Warum, glauben Sie, waren Sie beruflich so erfolgreich?«

Mark: »Da war auf der einen Seite mein großer Wille, mich anzupassen, dazuzugehören, meine Konformität. Dazu kam noch eine Sache, die mich, glaube ich, zu einer guten empathischen Führungskraft gemacht hat: Ich bin in einem Umfeld groß geworden, in dem es viel Gewalt gab: in Familien, auf dem Schulhof, auf der Straße. Da wirst du relativ gut darin, Situationen und Menschen zu lesen, du entwickelst eine hohe Sensitivität für Stimmungen, Empfindlichkeiten. Du musst es merken, bevor die Situation kippt, sonst geht es schlecht für dich aus. Insgesamt haben mich diese Konformität und Empathie zu einem perfekt funktionierenden ›Corporate Soldier‹ gemacht.«

Philipp: »Bei mir war das genau umgekehrt: Ich bin in einem ökonomisch sehr behüteten und gewaltfreien Umfeld groß geworden, und ich war als Kind und Jugendlicher sehr gut darin, andere so lange zu provozieren, bis sie aus der Rolle fielen. So habe ich gelernt, Menschen zu lesen und zu verstehen, wann Situationen kippen. Ihre Methode, das zu lernen, scheint mir wesentlich klüger. Aber vielleicht bin ich auch deshalb in der Corporate-Welt nie klargekommen, vielleicht habe ich ein eigenes Unternehmen letztlich nur deshalb gegründet, weil ich Hierarchien kaum ertrage.«

Mark: »Ihre Methode, soziale Intelligenz zu lernen, wäre in meiner Jugend zumindest sehr schmerzhaft gewesen, das hätte keiner lange durchgehalten. Trotzdem ist es sehr erstaunlich, dass wir beide irgendwie Erfolg hatten, bei ganz anderen Ausgangspositionen und Strategien.«

Philipp: »Welche Rolle spielte Geld – und nicht nur Erfolg – dabei, sich selbst zu definieren?«

Mark: »Geld ist eine sehr einfache Art, zu beurteilen, was man wert ist. Man kann es quasi auf die Nachkommastelle messen. Ist es nicht verrückt: Die Worte ›etwas wert sein‹ (*to be worth something*), ›etwas bewerten‹ (*to validate*), ›etwas verdienen‹ (*to earn*) und so viele mehr sind sowohl im Englischen als auch im Deutschen doppeldeutig. Sie haben eine finanzielle, aber eben gleichzeitig auch eine persönliche, ja moralische Dimension.«

Philipp: »Englisch ist in der Hinsicht fast noch brutaler: Die Formulierung: ›*He has a net worth of 3.5 Million Dollars*‹ – er hat ein Vermögen von 3,5 Millionen Dollar – er ist 3,5 Millionen Dollar wert –, das muss man erst mal verdauen. Erstaunlich, wie tief der Kapitalismus und Geld unser Denken prägen. Wenn Sie heute nach Liverpool zu Ihrer Familie und den alten Bekannten kommen, wie schauen die auf Sie? Mit Neid oder Bewunderung?«

Mark: »Weder noch – die finanziellen Dimensionen sind so unterschiedlich, dass eine Kommunikation über meine finanziellen Verhältnisse und erst recht meine finanziellen Sorgen schlicht nicht möglich ist. Schon ein Mensch, der 100 000 Pfund besitzt, ist für diese Menschen stinkreich – sein Reichtum kaum vorstellbar. Ich habe einem Freund erzählt, dass wir jetzt ein kleines Haus in Wales bauen, und er meinte: ›Wohnst du dann in einem Wohnwagen auf dem Grundstück, bis es fertig ist?‹ Dass ich meine Wohnung in München einfach behalte, war kaum sagbar. Am Ende bin ich durch meine unanständig hohe Bezahlung ein lebendes Beispiel für soziale Ungleichheit und Ungerechtigkeit. Was Geld angeht, lebe ich wie in einer anderen Welt.«

Philipp: »Lieber Mark, danke, dass Sie Ihre Geschichte mit mir geteilt haben.«

Mark: »Lieber Philipp, danke, dass Sie auch einen Teil Ihrer Geschichte mit mir geteilt haben.«

Philipp: »Stimmt, Sie haben mich fast genauso interviewt wie ich Sie – so viel zum Thema soziale Intelligenz.«

> Als die Thatcher-Regierung in den Achtzigerjahren begann, Sozialwohnungen im großen Stil zu privatisieren, kaufte Mark seinen Eltern das Haus, in dem sie wohnten, damit diese dort dauerhaft wohnen bleiben konnten.

> Nach dem Tod seiner Eltern bezahlte er das Haus (fast) noch ein weiteres Mal, als er seiner Schwester – die in das Haus gezogen war – half, die anderen Geschwister auszuzahlen.

> Für seine Eltern, wie auch später für seine Schwester wäre es nahezu unmöglich gewesen, ein paar Zehntausend Pfund Kaufpreis selbst abzuzahlen.

Toxische Glaubenssätze II: Moralisierende Verdächtigungen

WIE MAN GELD ALS UNMORALISCH DEFINIERT

»Geld ist schmutzig.«

»Geld ist die Wurzel allen Übels.«

»Beim Geld hört die Freundschaft auf.«

»Geld regiert die Welt und der Deivi die Leit.«

»Reichen Menschen fehlt es an Moral.«
Frank M. (48) (Juli 2022).

»Eher geht ein Kamel durch ein Nadelöhr, als dass ein Reicher in das Reich Gottes gelangt.«
Markus, 10 (25); Lukas, 18 (25); Matthäus 19 (24).

»Geld macht Streit.«
Nils B. (24), Freund von Mara D. (Mai 2021).

»Geld belastet Beziehungen.«
Mara D. (23), Freundin von Nils B. (Mai 2021).

»Wer viel Geld hat, ist sehr erfolgreich, ist skrupellos und hat nur so viel, weil er über Leichen gegangen ist, ist unanständig – kein Witz, hat mich Jahrzehnte begleitet.«
Patricia W. (62), Kunsttherapeutin (Juli 2022).

WIE MAN SEINE GIER SCHÖNREDET

»Geld muss man machen.«
Ludwig E. (42), Insolvenzverwalter (März 2021).

»Pecunia non olet« (deutsch: Geld stinkt nicht).
Vespasian (62), Kaiser (71).

Angst

»Crescentem sequitur cura
pecuniam maiorumque fames.«[35]
Horaz

10 000 v. Chr.

Angst ist eine tief in unserer DNA verwurzelte Emotion. Über Millionen von Jahren waren unsere Vorfahren Beutetiere – egal ob frühe Säugetiere, Australopithecus oder andere Vorformen des modernen Menschen. Die adäquate Reaktion auf eine lebensbedrohliche Situation war dementsprechend, sich totzustellen oder zu fliehen.

Angst als eine Art Leit-Emotion der Menschheit war im wörtlichen Sinne eine Frage des nackten Überlebens. Erst mal in Ruhe nachzudenken, war (und ist) angesichts des Angriffs durch ein Raubtier keine gute Idee. Entsprechend blockiert unser Hirn bis heute bei einer (vermeintlichen) Gefahr automatisch die Informationswege des rationalen Denkens. Stattdessen versorgt es uns mit dem Stresshormon Cortisol, macht uns hellwach und fokussiert unsere Aufmerksamkeit ausschließlich auf die Bedrohung. Zeitgleich sorgt eine Ausschüttung von Adrenalin dafür, unsere Kraft zu mobilisieren und unser Schmerzempfinden zu reduzieren.

Insbesondere nachdem unsere Vorfahren gelernt hatten, Waffen herzustellen, konnte es auch sinnvoll sein, Angst nicht in Flucht, sondern in Aggression zu kanalisieren. Aber auch bei der Option Angriff waren Fokus und Kraft gefragt – nicht Nachdenken. Insofern sind Angst und Mut nichts anderes als zwei Seiten derselben Medaille.

Nicht nur in akut lebensbedrohlichen Situationen gab es für unsere Vorfahren bis vor hundert, zweihundert Jahren in der Regel mehr zu verlieren als zu gewinnen. Jäger, die in der Hoffnung, zwei Hasen zu erlegen, keinen erlegten, sind ebenso aus dem Genpool verschwunden wie risikofreudige Bauern, die es in Aussicht einer vermeintlichen Rekordernte nicht über den Winter geschafft haben. Vorsichtig und ängstlich zu sein, war auch in diesem Sinne eine Frage des Überlebens. Das gilt für große Teile der Menschheit – nicht nur in Ländern des globalen Südens – im Großen und Ganzen bis heute. Wir sind also zwangsläufig die Nachkommen von Ängstlichen – die anderen haben sich nicht auf Dauer vermehrt.

Wenn Angst so tief in unserer DNA verankert ist, wenn sie im wörtlichen Sinne eine Frage des eigenen Überlebens war, dann ist es fast zwangsläufig, dass Geld durch und durch mit Angst besetzt ist. Wenn es ein Medium gibt, das wie kein zweites für das eigene Überleben steht, dann ist es natürlich Geld. Nicht nur, weil wir davon die tägliche Nahrung und unsere Unterkunft bezahlen. Auch mittel- und langfristig ist Geld ja nichts anderes als das moderne Äquivalent eines Wintervorrats: geronnene Zeit, (Über-)Lebensqualität in frostigen Zeiten, in denen es nichts mehr zu ernten beziehungsweise nichts mehr zu verdienen gibt. Die Sicherheit, die uns Geld gibt und in die wir Geld laufend konvertieren, ist dabei natürlich nichts anderes als die Kehrseite dieser Angst.

Die Facetten der Angst um Geld sind dabei vielfältig und reichen von einer – mal ganz realen, mal eher hypochondrischen – Existenzangst über die Angst vor Vermögensverlusten, Enteignung oder habgierigen Nachkommen bis zur Angst, etwas zu verpassen, kurz: FOMO – Fear of missing out. Die im Umgang mit Geld häufig beobachtete Gier ist also auch nur eine andere Facette des eigentlichen Leitmotivs: Angst.

Bei Menschen, die sich selbst maßgeblich über ihren finanziellen Erfolg und über ihr Vermögen definieren, kommt noch eine ganz andere Spielart der Existenzangst dazu. Denn für sie bedeutet der Verlust von Vermögen stets auch einen Verlust an Selbstwert – ihr Selbst verliert wortwörtlich an Wert. Auf der anderen Seite des Spektrums finden sich Menschen, die weniger Angst *um* als Angst *vor* (ihrem) Geld haben: Das Geld – respektive ihre eigene Inkompetenz im Umgang damit – ist ihnen so unheimlich, dass sie am liebsten gar nichts damit zu tun haben möchten: »Geld ist mir nicht wichtig.« Eine Abneigung, die dann oft auf

Gegenseitigkeit beruht: »Dann ist es ja auch irgendwie konsequent, dass du nicht damit klarkommst.«

Angst ist als Leitmotiv dem Überlebensmedium Geld also geradezu eingeschrieben. So ist es auch kein Wunder, dass sich »echte« Menschen bei risikobehafteten Finanzentscheidungen ganz anders verhalten, als es die Theorie eines rationalen Homo oeconomicus erwarten ließe. Im Regelfall nicht zu ihrem Besten, denn anders als bei der Begegnung mit einem Säbelzahntiger führt Angst im Umgang mit Geld zu massiven Fehlentscheidungen.

Ganz konkret messbar ist dabei, dass Gewinne und Verluste in gleicher Höhe bei Menschen unterschiedlich starke Emotionen auslösen. Verluste werden dabei in etwa doppelt so stark negativ empfunden, wie Gewinne positiv wahrgenommen werden.[36] Diese Verlustaversion ist nicht etwa Küchenpsychologie, sondern ein von der psychologischen Forschung gut untersuchtes Phänomen und Teil der Nobelpreis-gekrönten Neuen Erwartungstheorie, die die beiden Psychologen Daniel Kahnemann und Amos Tversky ab 1979 begründeten.

Die Folgen von Angst respektive Verlustaversion für die Lebensqualität von Menschen sind entsprechend durchschlagend und wenig ermutigend. Oft wird die Angst selbst zur Ursache des eigentlichen Desasters, etwa wenn Anleger während einer Kapitalmarktkrise *den ganz großen Fehler* machen und in der Panik ihre Aktien verkaufen. Und machen Sie sich dabei nichts vor: Die wenigsten Menschen verkaufen ihre Aktien in bewusster Panik. Menschen, die aus Verlustaversion in nackter Panik verkaufen, meinen meist, sie hätten eine ganz rationale Entscheidung getroffen. Psychologisch steht dahinter das Phänomen der sogenannten Rationalisierung. Eine in Sekundenbruchteilen emotional gefällte Entscheidung wird im Nachhinein mit logischen Argumenten unterfüttert, eben rationalisiert. Dies führt regelmäßig zu der Selbsttäuschung, man habe erst nachgedacht und sich dann entschieden.[37]

Sehr unschön ist auch, wenn Menschen bei Vermögensverlusten nicht rational nach einer Lösung, sondern im Modus »Angriff« einen Schuldigen suchen, zum Beispiel ihren eigenen Partner. Wenn der gemeinsame Wintervorrat in Gefahr ist, rüttelt das häufig an den Grundfesten des Zusammenseins. Aus einer gegebenenfalls temporären Schwankung des

Aktiendepots wird so im schlimmsten Fall eine dauerhafte Beziehungskrise.

Auch Gier beziehungsweise FOMO sind nur sehr selten der Hinweis auf ein wirkliches Problem. Im Regelfall verpasst man gerade gar nichts. Umgekehrt wird FOMO allerdings ganz schnell die Ursache gravierender Probleme: Und schon wird mit dem Geld, das eigentlich für die Altersvorsorge gedacht war, in ein »heißes« Steuersparmodell, die neueste Kryptowährung oder eine zweifelhafte Immobilie investiert.

Zu allem Überfluss befeuern eine toxische Finanzpresse – vulgo auch Finanzpornografie[38] genannt – sowie die Finanzindustrie mit ihren Kolonnen an Verkäufern keine Emotion so hingebungsvoll wie die Angst und ihre kleine Schwester, die Gier – etwa durch das unhaltbare Versprechen beim klassischen »Risikomanagement«[39], man könne Verluste regelbasiert begrenzen. Oder durch die These, man könne durch marktneutrale, »alternative« oder »defensive« Total-Return-Strategien oder Garantieprodukte und Versicherungen risikofreie regelmäßige Erträge generieren. Auf der anderen Seite bedienen Mode-Investments, heiße Tipps und immer wieder Steuersparmodelle die FOMO.

Am unappetitlichsten in diesem Spektrum ist dabei sicherlich die unsägliche Zunft der Crash-Propheten, die Ihnen erst den Weltuntergang und die Sintflut – zumeist in Form von Hyper-Inflation und dem Kollaps des Euro – predigen, um Ihnen später ganz altruistisch einen exklusiven Platz in der Arche zu verkaufen – meist in Form des selbst zusammengeschusterten Investmentfonds.[40]

Die Folge all dieser Versuche, aus der Angst der Menschen um ihr Geld Kapital zu schlagen, sind im besten Fall miserable Anlageergebnisse, im schlechtesten Fall zerstörte Lebensentwürfe.

Ein hoch interessantes Produkt: Edelmetall

1 200 000 000 Euro

Von: Harald.Dinser@Dinserharald.cc
Datum: Sonntag, 24. Juni 2018, um 13:33
An: Braun@wertpapiertreuhand.de
Betreff: Anfrage nach Beratung

Sehr geehrter Herr Dr. Braun,

gerne würde ich Sie und Ihren Beratungsansatz näher kennenlernen.

Zu uns und unserer Situation:

Wir sind 54 und 58 Jahre alt, verheiratet, zwei Kinder, wohnhaft in 84137 Vilsbiburg.

Neben einer selbstgenutzten Wohnimmobilie und vier vermieteten Eigentumswohnungen haben wir aktuell ein Barvermögen im mittleren sechsstelligen Bereich zur Verfügung.

Unsere Strategie war bisher ausschließlich auf den Aufbau von Immobilienbesitz ausgerichtet. Mit Ablauf der laufenden Finanzierungen 2024/25 möchten wir in der Lage sein, diese abschließend zu tilgen. Bis dahin möchte ich große Teile des Barvermögens sinnvoll und möglichst gewinnbringend am Finanz- und Wertpapiermarkt einsetzen. Eine sinnvolle Vermögensplanung in Richtung Ruhestand und eine steueroptimierte Übertragung der Werte an die Kinder liegen ebenfalls in unserem Interesse.

Gerne würde ich mich mit Ihnen darüber unterhalten, ob und wie wir zusammenkommen können.

Mobil: 0160/12345678

In den kommenden Tagen bin ich ab ca. 15:00 Uhr immer gut zu erreichen.

Mit freundlichen Grüßen
Harald Dinser

Von: Braun@wertpapiertreuhand.de
Gesendet: Montag, 25. Juni 2018 um 11:32
An: Harald.Dinser@Dinserharald.cc
Betreff: Re: Anfrage auf Beratung

Sehr geehrter Herr Dinser,

danke für Ihre freundliche E-Mail, das hat mich sehr gefreut.

Wir können uns gerne unterhalten. Eine Kapitalanlage kommt allerdings vermutlich nur bedingt in Frage, da Sie ja offenbar das Geld mittelfristig dringend benötigen – aber genau das schauen wir uns in Ruhe an.

Ich melde mich morgen oder Mittwoch nach 15:00 Uhr.

Mit freundlichen Grüßen
Nikolaus Braun

Von: braun@wertpapiertreuhand.de
Gesendet: Mittwoch, 28. Juni 2018 um 15:30
An: Harald.Dinser@Dinserharald.cc
Cc: heringer@wertpapiertreuhand.de
Betreff: Wegbeschreibung & Terminbestätigung, 13.07.2018, 11:00 Uhr

---

Lieber Herr Dinser,

schön, dass wir uns am Donnerstag in zwei Wochen sehen.

Sie finden uns, wenn Sie vom Odeonsplatz aus kommen, indem Sie …

Parkplätze finden sich in der Regel am Altstadtring oder in der Salvatorgarage.

Ich freue mich – bis dann.

Liebe Grüße
Nikolaus Braun

Auszüge aus der Gesprächsnotiz vom 11.07.2018

- *Was erwarten Sie von uns?*
  Unterstützung in einem für mich völlig undurchsichtigen Feld.
- *Welche Erfahrungen haben Sie bisher mit Finanzberatung gemacht?*
  Keine, habe mal eine Telekom-Aktie gekauft. Sonst ausschließlich Immobilien.
- *Warum ist Geld wichtig für Sie?*
  Wir wollen jetzt mal an uns denken, haben uns lange genug reingehängt im Beruf und für die Kinder. Mit 60 habe ich endgültig keine Lust mehr, zu arbeiten.
- *Für wen tragen Sie finanziell Verantwortung?*
  Zwei Kinder: Anna (26) BWLerin, arbeitet bereits; Erik (24), macht noch ein Jahr Master in Maschinenbau. Schwiegermutter müsste im Pflegefall vermutlich unterstützt werden.
- *Was machen Sie beruflich?*
  30 Jahre in Textilindustrie, viel Reisetätigkeit, vor allem in Asien, mit 49 keine Lust mehr darauf gehabt, dann sechs Jahre bei Onlinehändler. Jetzt bei neuem Arbeitgeber als Supply Chain Manager. Schlechter bezahlt als bisher (5 000 Euro), aber es reicht. Noch fünf Monate Probezeit. Einkommen Frau Dinser: 450-Euro-Job in Tierarztpraxis. Mieteinnahmen: 4 500 Euro/Zins- und Tilgung: 3 500 Euro.
- *Wie ist Ihr Vermögen strukturiert?*
  Zwei ETWs letztes Jahr für 600 000 Euro verkauft, wegen Drei-Objekt-Grenze keine weiteren Immobilienverkäufe in den nächsten acht Jahren. Jetzt noch selbstgenutztes Einfamilienhaus, vier Eigentumswohnungen, Verkehrswert 2 Millionen Euro, Restschuld 600 000 Euro; Laufzeit der Kredite 2024/25; Zinssätze 1,2–1,8 Prozent; Barvermögen 650 000 Euro.
- *Wie viel Risiko können Sie ertragen?*
  Meint, mit Rückschlägen bis 20 Prozent gut umgehen zu können (beim nächsten Mal weiter hinterfragen). Kaum praktische Erfah-

rungen. Anlagehorizont von fünf bis sechs Jahren grenzwertig kurz, um Kapitalmarktrisiken eingehen zu können. Rückschlag um 20 Prozent objektiv kaum verkraftbar.

- *Was sollten wir sonst noch wissen?*
  Überprüfung eines alternativen Investment-Angebots Ponzi-Surprise deluxe. Herr Dinser schickt Unterlagen. Er hatte dort am 25.06.2018 Termin.

- *Nächste Schritte?*
  Zusendung Gesprächsnotiz; Prüfung Investment-Angebot Ponzi-Surprise deluxe – Renditeversprechen???; Terminvereinbarung für Strategiegespräch Ende Juli.

Ein Ponzi-Schema ist eine Methode des Anlagebetrugs, die Anlegern hohe Renditen verspricht, diese Renditen aber gar nicht oder nur zum Teil mit dem investierten Kapital erwirtschaftet. Durch die hohen Renditen überzeugt, investieren die Anleger meist auch die vermeintlichen Gewinne erneut oder werben neue Anleger. Kunden, die ausgezahlt werden wollen, werden dabei mit den Geldern bedient, die die zuletzt geworbenen Kunden eingezahlt haben. Das Ponzi-Schema kollabiert in dem Moment, wenn dauerhaft mehr Kunden Geld aus- als einzahlen wollen.

Im Büro, Donnerstag, 13. Juli 2018, 12:30 Uhr

Stefan: »Wollen wir da echt weitermachen?«

Nikolaus: »Weiß nicht, der hat kaum Erfahrung und nur fünf Jahre Anlagehorizont, das wird vermutlich gutgehen, muss es aber nicht.«

Stefan: »Na ja, aber sich fünf bis sechs Jahre der Inflation ergeben, ist auch grenzwertig.«

Nikolaus: »Dann muss er halt im schlimmsten Fall in fünf Jahren maximal 100 000 Euro Kredit verlängern. Wenn ihm das wirklich klar ist, kann man das schon machen, oder?«

Stefan: »Dann warten wir aber mal auf alle Fälle mit dem Investieren ab, bis er die Probezeit bestanden hat.«

Nikolaus: »Na, dann schauen wir mal, das mit dem Ponzi-Surprise deluxe klang ja sehr schräg …«

Von: Harald.Dinser@Dinserharald.cc
Datum: Freitag, 14. Juli 2018, 10:33 Uhr
An: Braun@wertpapiertreuhand.de
Betreff: Unterlagen wie besprochen

Hallo Herr Dr. Braun,

hier nun das Basispaket der Ponzi-Surprise deluxe GmbH.

Dazu ergänzend wurde mir heute von Herrn Flitzpipe der Ponzi-Surprise deluxe folgende Referenzmitteilung übermittelt, die ich in diese Mail hineinkopiere, damit Sie nur eine Mail bekommen:

> Sehr geehrter Herr Dinser,
>
> anbei darf ich Ihnen nun auch die Kontaktdaten von Herrn Bruno Barth übermitteln, der ein Investor/Genussrechte-Inhaber bei Ponzi-Surprise deluxe ist und Ihnen gerne für ein persönliches Gespräch zur Verfügung steht:
>
> Hr. Bruno Barth
> E-Mail: Bruno.Barth@superschlauerinvestmentexperte.bse
> Mobil Tel.: +49 172 12 34 56 78
>
> Herr Barth hat jahrelang als Wertpapierhändler am Promenadeplatz bei der Super-Renommee-Bank gearbeitet. Später war er bei der Fürst-Barbarella-Gruppe und hat miterlebt, wie schnell dieses Geschäft bereits Mitte der 1980er-Jahre einen Milliardenbereich erreichen konnte. Er kann einerseits Auskunft darüber geben, dass man sehr hohe Renditen erwirtschaften kann, und andererseits bestätigen, dass es bei einem erfolgreichen Nachweis der Geschäftstätigkeit ein Leichtes sein wird, die geplanten Fonds zu füllen. Dies sind ja die wesentlichen Kriterien für den zukünftigen Erfolg von Ponzi-Surprise deluxe.

Ich bin gespannt, was Sie dazu sagen, Herr Braun.

Mit freundlichen Grüßen
Harald Dinser

Werbeflyer

Auszüge aus den Werbeflyern der Ponzi-Surprise deluxe:

- Nutzen Sie das unerschöpfliche Potenzial der weltweiten Edelmetallmärkte.
- Maximales Gewinnpotenzial bei minimalem Risiko durch automatisiertes Risikomanagement.
- Ponzi-Surprise deluxe wird 3 Prozent im Monat erwirtschaften – und das sehr konservativ gerechnet.
- Die Rendite fließt unabhängig von der weltweiten Konjunkturlage. Konstant. Wiederholbar. Planbar.
- Der hochintelligente KI-Algorithmus stellt sicher, dass immer das Edelmetall gekauft wird, das gerade steigt. Die Edelmetalle, die fallen, werden verkauft.

YouTube

Auszüge aus einem YouTube-Video mit der Gründerin von Ponzi-Surprise deluxe, Prof. Dr. (Univ. Bangui) Jacqueline Dirkowazok, vom 10.04.2018 (3200 Aufrufe):

> »Durch ein Strategie-Meeting bin ich auf ein hochinteressantes Produkt aufmerksam geworden, das jeder von uns kennt: Edelmetalle wie Gold, Silber oder Platin. […] Edelmetalle sind Tauschmittel – und genau das tun wir bei Ponzi-Surprise deluxe: Wir tauschen sie, und zwar immer in das Edelmetall, das gerade mehr wert wird. Dadurch verleihen wir ihrem Geld Glanz und mehr Wert. […] Und das Ganze ohne nennenswerte Risiken.«

Im Büro, Mittwoch, 18. Juli 2018, 11:00 Uhr

Nikolaus: »Du, ich hab grad den Herrn Dinser angerufen, wegen des Ponzi-Unsinns.«

Stefan: »Und hat er es kapiert?«

Nikolaus: »Na ja.«

Stefan: »Wie, na ja? Hast du ihm mal vorgerechnet, was 3 Prozent im Monat bedeuten würde?«

Nikolaus: »Ja, schon, hat ihn aber nicht wirklich überzeugt.«

Stefan: »Sei mir nicht bös. Die machen aus einer Million Euro angeblich in 20 Jahren 1,2 Milliarden! Aus welchem philanthropischen Ehrgeiz heraus, meint er denn, lassen die ausgerechnet einen Supply Chain Manager aus Vilsbiburg als einen von 20 glücklichen Auserwählten da mitmachen? Das glaubt der doch nicht im Ernst!«

Nikolaus: »Ist ja gut, hab ich ihm ja alles gesagt, nur etwas freundlicher.«

Stefan: »Hat der sich wenigstens mal diese Frau Prof. Dirkowazok angesehen, die kann ja keine drei klaren Sätze sprechen. Also wirklich! Und hat der überhaupt kapiert, dass der gar nicht an der Wundermaschine beteiligt ist, sondern denen nur Geld leiht, die Wundermaschine zu bauen?«

Nikolaus: »Lass gut sein, ich schick ihm noch mal eine Mail. Der kommt ja in zwei Wochen noch mal, dann können wir es ihm noch mal vorrechnen.«

Von: braun@wertpapiertreuhand.de
Gesendet: Mittwoch, 18. Juli 2018 um 14:30
An: Harald.Dinser@Dinserharald.cc
Cc: heringer@wertpapiertreuhand.de

Sehr geehrter Herr Dinser,

danke noch mal für die Informationen zu Ponzi-Surprise deluxe. Das war ja fast wie aus dem Lehrbuch.

Wie gerade besprochen, zeigen wir Ihnen in unserem Termin am 27.07. um 10:00 Uhr zwei Vorschläge, wie Sie mit Ihrem Kapital weiter vorgehen könnten. Zwei Dinge dazu vorab:

- Einer der beiden Vorschläge wird sein, einfach nichts zu tun, außer eventuell ein noch minimal verzinstes Tages- oder Festgeld zu suchen. Vermutlich die bessere Idee.
- Vor der Ponzi-Surprise deluxe können wir – wie eben schon erklärt – nur ausdrücklich warnen. Warum, können wir Ihnen in unserem Gespräch noch mal im Detail erklären und auch vorrechnen.

Bis dahin schauen Sie sich mal das hier an. Das Interview der vorgeblichen Chefin der Ponzi-Surprise deluxe bei YouTube ist m. E. an Peinlichkeit nicht zu überbieten. Wollen Sie da ernsthaft Ihre finanzielle Zukunft von abhängig machen? Klicken Sie gerne mal auf den Link:

https://www.youtube.com/watch?v=on5MwReEql4

Offenbar scheinen sich die Initiatoren schwerzutun, ihre 20 exklusiven Anleger zu finden, denn sie bieten die Teile schon seit Oktober 2017 wie Sauerbier an (oder sammeln die einfach mehr ein?).

https://capinside.com/c/ponzi-surprise-deluxe-die-zukunft-des-digitalen-bloedsinnhandels-in-echtzeit

Sie riskieren, zu 0,0001 Prozent den Deal des Jahrtausends zu verpassen. Zu 99,9999 Prozent verpassen Sie höchstens die »geniale« Idee eines Händlers, der an massiver Selbstüberschätzung leidet, oder vermutlich etwas noch viel Schlimmeres.

Wie gesagt: Bei 3 Prozent im Monat werden aus 250 000 Euro in 20 Jahren über 300 Millionen Euro – und die Erde ist flach, die Kinder bringt der Storch, und ich bekomme den Literaturnobelpreis für unser Willkommensbuch …

Wenn Sie es selbst nachrechnen wollen, gehen Sie bitte auf https://www.zinsen-berechnen.de/zinsrechner.php und geben Sie 250 000 Euro Anfangskapital ein, 3 Prozent Zins und 240 Zinsperioden.

Mit freundlichen Grüßen
Nikolaus Braun

Im Büro, 27. Juli 2018, 14:30 Uhr

Nikolaus: »Und, wie lief es mit dem Herrn Dinser? Hat er es verstanden?«

Stefan: »Schade, dass du nicht konntest, das war ganz großes Kino, aber am Ende hat er es dann doch so halb kapiert.«

Nikolaus: »Wie jetzt?«

Stefan: »Na, ich hab's dann mal mit der diplomatischen Art sein lassen und Klartext gesprochen. Richtig wahrhaben wollte er es immer noch nicht. Aber ich glaube, er hat jetzt genügend Angst, um es sein zu lassen. Und die 250 000 Euro Mindestanlage, die waren ihm dann einfach zu hoch. 50 000 Euro hätte er vermutlich sofort gemacht.«

Nikolaus: »Oh mein Gott – und weiter?«

Stefan: »Was uns angeht? Also, ich habe ihm unseren zweiten Vorschlag gar nicht mehr gezeigt, das macht einfach keinen Sinn. Der hat so unrealistische Vorstellungen, da werden wir sicher nicht glücklich und er auch nicht.«

Nikolaus: »Und was macht er jetzt?«

Stefan: »Keine Ahnung. Ich glaube nicht, dass er es erträgt, nichts zu machen. Ich habe ihm gesagt, er kann uns gern was schicken, bevor er woanders ins Messer läuft.«

> Wir wissen nicht sicher, ob Herr Dinser bei Ponzi-Surprise deluxe eingestiegen ist, gehen aber nicht davon aus. In den nächsten vier Monaten schickte uns Herr Dinser immer wieder Investmentvorschläge: Versicherungslösungen, Bausparer oder Garantiefonds. Immer voller Angst, etwas zu verpassen, und auf der Suche nach einem Produkt, das es nicht gibt: attraktive Rendite + hohe Sicherheit + kurzfristige Verfügbarkeit.

> Die Schäden durch Anlagebetrug und Ponzi-Schemes gehen in die Milliarden. Zuletzt stellte der Grünwalder Initiator für die Vermietung von Fracht-Containern einen neuen Rekord auf: 3,5 Milliarden Euro Schaden verteilt auf 55 000 geschädigte Anleger. Der Erfinder des Ponzi-Schemes Charles Ponzi oder der US-amerikanische Fondsmanager Bernie Madoff (65 Milliarden

US-Dollar Schaden) sind bis heute Legenden der Wirtschaftskriminalität.

> »Wir machen nur supersichere Sachen mit toller Rendite.«
>
> Harald Ritter (28), Mitarbeiter im Strukturvertrieb (März 2022).

> Die deutlich weniger geschickt agierende Ponzi-Surprise deluxe sucht übrigens immer noch verzweifelt nach Investoren. Die Mindestanlagesumme wurde inzwischen auf 50 000 Euro gesenkt. Nach Aussagen von Frau Prof. Dirkowazok vom März 2022 habe man inzwischen knapp sechs Millionen eingesammelt und sei kurz davor, mit dem Echtgeld-Handel live zu gehen. Da das Risiko für die Investoren nun massiv gesunken sei, könne man eigentlich eine viel niedrigere Verzinsung anbieten. Da aber bald Ostern ist, drücke man bis Ostermontag noch mal die Augen zu. (Glauben Sie nicht? Ist aber so.)

Eine schöne Geschichte zu einem auf Kryptowährungen beruhenden Ponzi-Scheme finden Sie auch in meinem ersten Buch *Über Geld nachdenken.*[41]

Nostradamus

(Gastbeitrag von Stefan Heringer)

8 Diamanten

An diesem Tag war Nostradamus sehr schlechter Stimmung. Wie konnte es nur so weit kommen? 2008 war er noch ein gefeierter Star gewesen, hatte Säle gefüllt, die Vermögensverwaltung einer kleinen Bank aus Niedersachsen hatte dank seiner Analyse mitten in der Finanzkrise über 9 Prozent Rendite gemacht. Während die Lemminge in der konventionellen Bankenwelt blind in US-amerikanische Sub-Prime-Papiere investierten, hatte er den Zusammenbruch des amerikanischen Immobilienmarktes schon 2005 prognostiziert. Wie in so vielen anderen Lebenssituationen war er mal wieder viel zu früh dran, aber langfristig hatte er Recht bekommen. Während Kunden reihenweise herbe Verluste an den Aktienmärkten erlitten, ja in Zertifikaten der Lehman-Bank sogar Totalverluste verzeichneten, feierten ihn seine

Anhänger wie einen Propheten. Crash-Prophet, so war er lange Zeit tituliert, ja beschimpft worden – 2008 war es ein Adelstitel.

Doch nach 2008 ging es nur noch abwärts, der Kapitalmarkt erholte sich – für ihn völlig unverständlicherweise – sehr rasch. Die galoppierende Staatsverschuldung führte weder 2010 noch 2011 noch 2012 … noch 2019 zum Kollaps. Wie konnte das sein? Der Ton seines wöchentlichen Börsenbriefes wurde immer wütender, die Anzahl seiner zahlenden Abonnenten ging immer weiter zurück. Wie konnte die Verschwörung der Eliten, die das marode System weiter am Leben erhielten, nur so erfolgreich sein? Warum war eine in sich korrupte und lebensunfähige Währung wie der Euro so zäh? Wieso korrigierte der Goldpreis so heftig, wenn Gold doch die letzte Hoffnung war?

2011 wurde Nostradamus – Undank ist der Welten Lohn – von der kleinen niedersächsischen Bank gefeuert. Er gründete darauf eine kleine Vermögensverwaltung, in der er zunächst das Geld von zwei Dutzend überzeugten Anhängern verwaltete. Insgesamt waren das 35 Millionen Euro. »Nicht berauschend, aber immerhin ein Anfang«, so dachte er damals. Jetzt, im Februar 2020, waren noch acht Kunden verblieben. Nicht zuletzt aufgrund von Nostradamus ständigen erfolglosen Wetten auf fallende Märkte hatten diese über die letzten neun Jahre rund 50 Prozent ihres Geldes verloren. Er verwaltete gerade mal noch 7 Millionen Euro. Von den Managementgebühren konnte er gerade so die Kosten und seine eigene Miete zahlen. Und die paar zahlenden Abonnenten seines Börsenbriefes machten das Kraut auch nicht fett.

Hätte er nicht ab und zu ein bisschen inoffizielle finanzielle Anerkennung von Geschäftsfreunden bekommen, hätte er Privatinsolvenz anmelden müssen. Wenn Nostradamus ehrlich mit sich war, war eigentlich das einzige Geschäft, das noch lief, ängstliche Anleger an einen befreundeten Diamantenhändler weiterzuschicken und dafür irgendwann später einen kleinen Umschlag zu erhalten.

Was ihn am meisten ärgerte: Andere Vertreter seiner Zunft, allen voran Dirk Otte und »Professor« Max Müller, lebten prächtig vom Geschäftsmodell Crash-Prophet. Markus Groll hatte sich einen Topjob bei einem Goldhändler gesichert und predigte genau dasselbe wie Nostradamus auch: Der Euro wird zusammenbrechen, also Gold kaufen. Nur dass Groll dafür fürstlich bezahlt wurde und er nicht. Auch diese beiden – aus seiner Sicht – Parvenüs, Markus Weick und Marcel Friedrich, tingelten durch die Talkshows, landeten einen Bestseller nach dem anderen und hatten jetzt sogar einen eigenen Fonds aufgelegt. Gut, der lief ähnlich schlecht wie der von Otte und Müller und fast so schlecht wie Nostradamus' eigene Vermögensverwaltung – aber das war ein schwacher Trost. Warum hatte man ausgerechnet ihn vergessen? Hätte er sich doch auf diesen Unsinn mit diesen Social Media einlassen sollen? Bei den anderen schien das ja ganz gut zu laufen.

Nicht mal der Corona-Crash, der ab Ende Februar 2020 die Börsen in die Knie zwang, schien ihm zu helfen. Auch davon profitierten augenscheinlich nur die Prominenten der Crash-Propheten-Szene – zu denen er offenbar nicht mehr gehörte. Sollte er wieder in seinem gelernten Beruf als Koch arbeiten? Mit Ende 50? In dieser Situation erreichte Nostradamus Mitte März 2020 ein kleiner Hoffnungsschimmer in Form einer E-Mail von Jürgen Brauer.

Brauer hatte das (finanzielle) Glück, schon relativ früh zur Erbengeneration zu gehören. Das erlaubte ihm, obwohl er mit seiner kleinen osteopathischen Praxis ein eher durchschnittliches Einkommen hatte, einen recht angenehmen Lebensstil. Bereits Mitte der 1990er Jahre hatte er von seinem Großvater eine mittlere sechsstellige Summe geerbt. Das Kapital parkte er in den ersten Jahren auf Sparkonten. Damals gab es schließlich noch attraktive Zinsen, und man konnte mit wenig Aufwand etwas verdienen. Nachdem seine erste Ehe in die Brüche gegangen war, zog er mit seiner zweiten Ehefrau und deren drei Kindern in den Großraum München. Damals kaufte er mit dem Kapital ein kleines Mehrfamilienhaus mit drei Wohneinheiten. Eine dieser Wohnungen bewohnte er gemeinsam mit seiner Ehefrau und die beiden anderen wurden vermietet. Die Vermietung lief zwar nicht immer reibungslos – immer wieder gab es Ärger mit Mietern, und mehrere Mieterwechsel sorgten für deutlich mehr Verwaltungsaufwand als erhofft –, aber zumindest hatte er jahrelang eine willkommene zusätzliche Einnahmequelle. Dieses Einkommen benötigte er unter anderem auch dafür, um den Unterhalt für seine Exfrau und die beiden Kinder bestreiten zu können.

Das Thema Finanzen war ihm dabei nach wie vor suspekt. Die Finanzkrise 2008 hatte er mit seinen Immobilien gut überstanden, aber mittlerweile, im Jahr 2019, mussten es – den Bestsellerlisten bei Sachbüchern nach zu urteilen – ungewöhnliche Zeiten sein. Die Hitlisten wurden dominiert von Werken wie *Machtbeben*, *Der größte Crash aller Zeiten*, *Der Crash ist da: Was Sie jetzt tun müssen* und *Weltsystemcrash*. Und auch in Talkshows kamen regelmäßig Experten zu Wort, die vor einem Zusammenbruch warnten. Er kaufte sich eines der Bücher und versuchte, für sich Handlungsempfehlungen abzuleiten.

Die Thesen in diesen Büchern vermischten zwar Offensichtliches mit steilen Behauptungen, aber sie waren einfach erklärt, verständlich und wirkten plausibel. Kurzform: Wir stecken in einer systembedrohlichen Krise. Die Weltwirtschaft und das weltweite Finanzsystem befanden sich 2008 während der Finanzkrise am Abgrund und wurden nur durch die Notenbanken sowie durch hemmungsloses Gelddrucken vor dem totalen Kollaps bewahrt. Früher oder später musste das kranke System aber zusammenbrechen. Die Schulden der Staaten nahmen immer bedrohlichere Ausmaße an, und vor allem mit dem Euro konnte es unter diesen Voraussetzungen kein gutes Ende nehmen. Und: Der Zeitpunkt des Kollapses schien nicht mehr fern zu sein. Das musste doch jedem klar sein, der aufmerksam die Presse las.

Auch die angeblichen Folgen des totalen Crashs wurden in dem Buch sehr ausführlich erläutert. Eine davon schreckte ihn massiv auf. Die Staaten müssten, um ihre Schulden zu bezahlen, massiv die Steuern erhöhen, und Immobilienbesitzer würden mit einer Strafsteuer – ähnlich des Lastenausgleichs nach dem Zweiten Weltkrieg – massiv zur Kasse gebeten. Sogar von Enteignungen war die Rede und dass Immobilienbesitzer sich nicht davor schützen könnten. Klar: Immobilien sind im Wortsinn immobil und können nicht vor dem gierigen Staat in Sicherheit gebracht werden.

Er musste etwas tun. Das Mehrfamilienhaus war eine tickende Zeitbombe. Also verkaufte er das Haus, das ihm über mehr als ein Jahrzehnt finanzielle Stabilität gebracht hatte, und auf einmal hatte er durch die stark gestiegenen Immobilienpreise einen für ihn aberwitzig hohen Cash-Betrag von 1,35 Millionen Euro frei – auch das war irgendwie beunruhigend. Die erste Anlaufstelle für Brauer war ein befreundeter Finanzberater, Roland Greiner, der ihm aus seiner Standard-Produktpalette mehrere Fonds und eine verschachtelte Versicherungskonstruktion empfahl. Greiner war natürlich froh, ohne größeren Beratungsaufwand gut 50 000 Euro Provision verdient – na ja, wohl eher »gemacht« – zu haben. Glücklich war aber nicht nur der Finanzberater, glücklich war auch Brauer: Das lästige Thema war abgehakt und Brauer erst mal beruhigt.

Allerdings währte die Freude darüber nur kurz. Im März 2020 fegte das Corona-Virus über die Welt, und der Crash, vor dem die Autoren in ihren Büchern gewarnt hatten, kam tatsächlich. Zwar nicht wegen eines Zusammenbruchs des Finanzsektors und der Währung, aber immerhin, wollen wir mal nicht kleinlich sein. Innerhalb kürzester Zeit korrigierten die Aktienmärkte mehr als 30 Prozent, und ein Ende war nicht abzusehen. Weltweit wurde die Wirtschaft in Lockdowns lahmgelegt, und niemand wusste, wie lange diese aufrechterhalten werden mussten. Die Crash-Propheten hatten also doch recht! Der Kollaps war in vollem Gange. In Brauers Kopf begann es sich wieder zu drehen. Stundenlang recherchierte er im Netz, schaute YouTube-Videos und las Finanzblogs. Ihm war klar, er musst etwas tun. Die einzige Möglichkeit, sein Vermögen in Sicherheit zu bringen, sah er in der Flucht nach vorn.

Am Ende war es eher Zufall, dass Brauer sich an Nostradamus wandte und nicht an einen seiner weit prominenteren Mitstreiter – vermutlich dachte er, dass die »echten Stars« der Szene sich wohl kaum die Zeit für ihn nehmen würden. Zu seiner Verwunderung meldete sich Nostradamus tatsächlich noch am selben Tag bei ihm und bot ihm an, ein Gespräch zu führen und ihn bei seinen Finanzen zu unterstützen. Brauer konnte sein Glück kaum fassen.

Schon drei Tage später saß er in einem Büro, das Nostradamus in einem Konferenzzentrum angemietet hatte, um Brauer nicht in seinem Wohnzimmer empfangen zu müssen. Mit der finanziellen Lebensplanung von Jürgen Brauer hielt sich Nostradamus nicht lange auf. Dass Brauer etwa die finanzielle Verantwortung für zwei leibliche und drei Stiefkinder hatte, nahm er nur am Rande zur Kenntnis. Dass Brauer ein hochsensibler, letztlich verletzlicher und sehr musikalischer Mensch war, hatte er gar nicht wahrgenommen. Warum auch? Wenn die Sintflut kommt, braucht jeder eine Arche, individuelle Beratung erübrigt sich da. Umso drastischer malte er Brauer dafür den kommenden Systemcrash aus, vertraute ihm auch »Informationen aus erster Hand an«, die er so gar nicht in seinen Büchern schreiben könne, denn »interessierte Kreise an der US-Ostküste würden sonst …«

Die erste Empfehlung war der sofortige Verkauf der diversen Fonds und der Rentenversicherung, die sein Bekannter Brauer drübergebraten hatte. Diese hatten zwar bisher zum Glück wenig verloren, aber nachdem der komplette Kollaps kurz bevorstand, galt es, sein Vermögen in Sicherheit zu bringen. Die Bremsspur von am Ende 70 000 Euro realisiertem Verlust bestand faktisch weitgehend aus den zuvor gezahlten Provisionen. In dem Sinne war das Geld wenigstens nicht weg, es hatte nur ein anderer.

Nach dem etwa einstündigen Gespräch bekam Jürgen Brauer eine Liste mit Anlageideen. Das Vermögen sollte auf drei verschiedene Blöcke aufgeteilt werden.

Ein signifikanter Anteil des Vermögens – rund 20 Prozent – sollte in Kryptowährungen investiert werden, hauptsächlich Bitcoin und Etherum. 60 Prozent des Kapitals waren für Nostradamus' eigene Vermögensverwaltung in Wertpapieren vorgesehen und floss weitgehend in Aktien. Aber nicht irgendwelche Aktien. Die Liste umfasste praktisch ausschließlich Unternehmen, die direkt oder indirekt mit Edelmetallen, Rohstoffen und deren Förderung zu tun hatten: Gold-, Silber-, Kupfer-, Uranminen und ein paar Ölförderunternehmen. Viele dieser Werte waren hoch spekulativ – sogenannte Pennystocks –, also potenziell Unternehmen, die kurz vor der Pleite standen. Ein nicht ganz unerheblicher Teil des in der Vermögensverwaltung investierten Geldes ging dann noch in sogenannte Short-Wetten, sprich Wetten auf fallende Wertpapiermärkte in Deutschland, Europa, USA. So könne man Gewinner sein, selbst wenn alle anderen verlören – pfiffig.

Das letzte Drittel des Geldes sollte Brauer in physische Edelmetalle wie Gold, Silber, Platin investieren und natürlich auch in Diamanten. Nachdem er keinerlei Ahnung hatte, wo er diese bei einem seriösen Händler erwerben könne, hatte Nostradamus gleich einen Tipp, wo er welche Produkte kaufen könne, und lieferte ihm auch gleich einen Anbieter für die Verwahrung in einem Safe mit. Schließlich will ja niemand Edelmetalle im Wert von mehreren Hunderttausend Euro bei sich im Keller lagern. Brauer war ausgesprochen dankbar, während Nostradamus schon an die meist eher mager befüllten Umschläge seiner befreundeten Edelmetallhändler und die eher besser ausgestatteten seines favorisierten Diamantenhändlers dachte.

Für seine Beratung verlangte Nostradamus ein stattliches Honorar von anfänglich einmalig 2,8 Prozent und nach erfolgter Investition dauerhaft 1,1 Prozent auf das investierte Vermögen – jeweils zuzüglich Mehrwertsteuer. Das war beim im Raum stehenden Vermögensstock eine Einmal-Gebühr von rund 50 000 Euro. Dankenswerterweise verzichtete Nostradamus allerdings für das erste Jahr darauf, zusätzlich zu diesen 50 000 Euro auch noch ein Honorar für die Vermögensverwaltung zu verlangen.

»Also Finger weg von Aktien, bevor sich die Lage nicht grundlegend geklärt hat.«[42]

Crash-Prophet Dirk Müller – als die Aktienmärkte ihren Tiefststand fast erreicht hatten (Herbst 2008).

Während sich Nostradamus um die Wertpapieranlagen kümmerte, hatte Brauer jetzt jede Menge Hausaufgaben zu erledigen. Er lernte auf einer Plattform den Handel mit Kryptowährungen und machte einen Termin bei dem empfohlenen Edelmetall- und Diamantenhändler. Auch wenn es ihm ein bisschen nach Agententhriller vorkam, in einem Hotelzimmer Bargeld im Kuvert gegen acht glitzernde Steine in einem Etui zu tauschen, zog er alles klaglos durch. Vertraulichkeit war in diesem Business offensichtlich das oberste Gebot, und obwohl er keines dieser Investments auch nur ansatzweise einschätzen konnte, folgte er den Empfehlungen blind. Die Reputation und die Expertise von Nostradamus waren für ihn über jeden Zweifel erhaben.

Tatsächlich lief es anfänglich ganz gut. Vor allem der Kurs der Kryptowährungen schnellte in die Höhe. Bei den Aktienempfehlungen lief es dagegen eher durchwachsen – es gab einige Titel, die sehr stark stiegen, und andere, die heftig korrigierten. Und auch die Wetten auf fallende Märkte verloren massiv an Wert: Er war offenbar ein Verlierer, während alle anderen gewannen. Es war dabei für ihn als Laien keinerlei Muster erkennbar. Also kontaktierte er abermals Nostradamus mit der Bitte um Hilfe, schließlich lief der Beratungsvertrag weiter und er sollte nach der Einstiegsgebühr ja weiterhin 1,1 Prozent pro Jahr für dessen Dienste berappen. Nostradamus lieferte ihm auf seine Fragen allerdings eher schmallippige Antworten, verwies ihn auf seine Blogbeiträge und sein wohl irgendwann Anfang nächsten Jahres erscheinendes neues Buch. Er hatte Nostradamus doch beauftragt, ihn vor Verlusten zu bewahren – jetzt fühle er sich zunehmend allein gelassen.

Nostradamus dagegen ging Brauers Nervosität mehr und mehr auf die Nerven. War er vor gut 18 Monaten für Nostradamus noch einmal der letzte finanzielle Rettungsanker gewesen, wurde er nun immer mehr zur Belastung. Und er stellte auch immer so doofe, na ja, zumindest unangenehme Fragen: Wie er nervlich mit den starken Schwankungen umgehen sollte? War er ein Friseur oder ein Psychologe? Wie er verstehen sollte, warum einige Werte stark fielen, während andere extrem stiegen? Na ja, das würde Nostradamus auch selbst gern wissen, denn dann würde er in Zukunft die, die stark fallen, nicht mehr kaufen. Wenn der Markt nicht endlich in seine Richtung lief, also wieder fiel, dann würde er den Brauer nicht mehr auf der Spur halten können.

In der Situation versuchte Nostradamus, aus der Not eine Tugend zu machen, und empfahl Brauer, Gelder in ein innovatives Start-up im Bereich Robotics zu investieren. Damit wäre ihm – also Nostradamus – gleich dreimal geholfen. Erstens: Die Initiatoren würden ihm sicher eine ganz nette Anerkennung zu kommen lassen. Zweitens: Nostradamus hatte dort selbst für seine Verhältnisse relativ viel Geld investiert, das Unternehmen entwickelte sich aber eher mittelprächtig und konnte Mittelzuflüsse dringend gebrauchen. Und drittens: Die hohen Risiken der Anlage waren für Brauer nicht transparent, und er würde ihn, zumindest was diese Investition anging, für eine Weile nicht weiter nerven.

Aus Nostradamus' Sicht jedoch ging der Schuss nach hinten los: Diese und ähnlich dubiose andere Empfehlungen erschütterten Brauers Vertrauen in den Propheten endgültig. Er ging desillusioniert wieder auf die Suche nach einem neuen Berater, bei dem er endlich das Stressthema Geld in gute Hände legen und sich auf das fokussieren konnte, was ihm eigentlich Spaß machte: sein Beruf als Osteopath, Zeit mit seiner Familie und seine Begeisterung für das Singen im Kirchenchor – eine spirituelle Erfahrung, die ihm in seinem Leben immer wieder viel Kraft gegeben hatte, um mit vielen Rückschlägen fertigzuwerden.

Er wandte sich an einen mit uns befreundeten Wettbewerber und ließ sich helfen, sein Vermögen endlich in eine Struktur zu bringen, die seiner Lebensplanung und seinen Werten entsprach. Er trennte sich von seinen wüsten Spekulationen und kam unterm Strich mit einem blauen Auge davon: Die stark gestiegenen Kurse seiner Kryptowährungen kompensierten im Großen und Ganzen die anderen Verluste; auch die Diamanten hatten sich – Glück muss man auch mal haben – ganz gut entwickelt.

> Ich lernte Jürgen Brauer in dieser Phase kennen. Unser Mitbewerber, der wusste, dass mein Sozius an einem neuen Buch schreibt, hatte mir freundlicherweise den Kontakt hergestellt. Wir sind zu dritt zum Mittagessen gegangen und danach noch zwei Stunden sitzen geblieben.

> Nach unserem ersten Gespräch und seinen Schilderungen wurde mir erst mit ein paar Stunden Verzögerung das ganze Ausmaß des Elends klar. Nostradamus hatte Brauer nicht nur dazu gebracht, mit seinem Vermögen wüst zu spekulieren. Er hatte sein eigenes krudes Weltbild basierend auf Verschwörungstheorien – dem reinigenden Systemzusammenbruch gepaart mit einer unappetitlichen Nähe zum rechten Rand – in reale Vermögensideen umgesetzt und dem armen Herrn Brauer aufoktroyiert.

> Das hätte auch gutgehen können, im Regelfall geht so was allerdings krachend schief. Brauer hat es am Ende relativ wenig Geld, aber viel Nerven, Energie und Lebensqualität gekostet. Unser Mitbewerber ist ziemlich fähig, und er hat Brauer gut verstanden. Ich bin sicher, dass er jetzt endlich ein Stück zur Ruhe kommt.

Die Liedermacherin

80 Prozent

Als die Wiener Liedermacherin uns anrief, um einen Termin zu machen, konnte ich mein Glück kaum fassen. Seit meiner frühen Jugend hatte ich gerne Austropop gehört und mich immer gewundert, warum zu dieser Zeit in Deutschland nur Schlager- und Volksmusik-Stars auf Deutsch sangen.

Petra Brunner war zwar nicht so erfolgreich und populär wie etwa Wolfgang Ambros oder Ludwig Hirsch, aber was kritische und ausgesprochen witzige Texte anging, spielte sie definitiv in der gleichen Liga – und sie war wesentlich politischer. Noch vor 18 Monaten hatte ich sie live in Kufstein gesehen und mich dabei ausgesprochen amüsiert, wie pointiert sie gegen Umweltzerstörung, soziale Missstände, aber auch die kleinen Unlogiken des alltäglichen Verhaltens polemisierte. Eines ihrer Lieblingsthemen: die Lücke zwischen dem, was wir eigentlich wissen, und dem, was wir tun – das, was Carl Richards das »Behavior Gap«[43] nennt, also die »Verhaltenslücke«. Warum nehmen wir das Flugzeug, wenn wir mit dem Zug mit viel weniger CO_2-Footprint von München nach Berlin kommen? Warum essen wir abends auf dem Sofa eine mittlere Packung Eis leer, wenn wir wissen, dass unser Übergewicht ein massiver Risikofaktor für unsere Gesundheit ist? Und warum lassen wir uns von Banken beraten, wenn wir wissen, dass dort ein Verkäufer auf uns wartet und kein Berater? Das war natürlich das, was mir an Brunners Kunst am besten gefiel: dass im Fokus ihrer Songtexte immer wieder Banken, Finanzdienstleister und Versicherungen standen.

Entsprechend war ich ein bisschen aufgeregt, als wir endlich zusammen im Besprechungszimmer saßen. Mir war schon klar, dass Brunner nicht als die Kunstfigur wahrgenommen werden wollte, die sie auf der Bühne verkörperte. Deshalb signalisierte ich ihr, dass ich ihre Musik ausgesprochen schätze, aber dass es heute um sie als Privatperson gehe. Wie zu erwarten, fanden wir schnell einen Draht zueinander und merkten, dass wir über viele Dinge gleich dachten. Unsere gemeinsame herzliche Abneigung gegenüber Pinocchio-Bankern und Finanztandlern war dabei nur ein Aspekt.

Nach knapp zwei Stunden hatte ich eine ziemlich gute Vorstellung von ihrer Lebensplanung und ihren finanziellen Verhältnissen: Sie sprach davon, insbesondere ihre finanziell zwar sehr lukrativen, aber wenig erfüllenden Engagements im Fernsehen zurückzufahren und sich wieder mehr auf ihre Wurzeln auf Kleinkunstbühnen besinnen zu wollen. Entsprechend wollte sie wissen, ob das bei ihrem jetzigen Vermögensstand und ihrem Lebensstil denn realistisch möglich sei. Außerdem plante sie, ihre Sichtbarkeit mehr für ihre sozialen und umweltpolitischen Anliegen einzusetzen.

Obwohl Brunner auf der Bühne gern ihre Herkunft aus eher einfachen Verhältnissen zelebrierte, war auch ihr Vermögenshintergrund erstaunlich ansprechend. Das freute mich natürlich. Denn erstens ist sozialer Aufstieg erst mal eine wunderbare Sache, und zweitens funktioniert das Geschäftsmodell eines Honorarberaters nicht wirklich, wenn jemand kein Geld hat.

Brunner besaß eine offenbar recht hübsche schuldenfreie Eigentumswohnung in Wien, dazu kamen rund 650 000 Euro auf einem Festgeldkonto sowie knapp 2 Millionen Euro in Wertpapieren, die ihr eine Volks- und Raiffeisenbank empfohlen hatte. Was da im Einzelnen drin war, das war ihr nicht ganz klar. Aber sie würde mir die entsprechenden Auszüge schicken und bat mich hierzu um eine erste Einschätzung, bevor wir uns wieder treffen würden.

Wie sie mir weiter mitteilte, sei sie ein eher ängstlicher als gieriger Anleger. Rendite sei ihr bei Weitem nicht so wichtig wie Sicherheit: Hauptsache, nichts verlieren. Außerdem läge ihr sehr viel an einer nachhaltig ausgerichteten Strategie – und das schon deutlich, bevor Nachhaltigkeit das große Buzzword auch in der Finanzindustrie geworden war. Generell signalisierte sie mir, dass sie sich eine Zusammenarbeit relativ gut vorstellen könne, das Thema Geld sei ihr schon immer unheimlich gewesen, sie traue ihrer Bank nicht und sei froh, hier endlich weniger Stress zu haben. Entsprechend gut gelaunt verließ ich den Termin. Einen rationalen Umgang mit Risiko – den würde sie schon noch verstehen, und der Rest passte.

Als ich eine Woche später den Depotauszug sah, traute ich meinen Augen nicht. Ich habe in meinem Leben schon viel Unsinn in Depots gesehen – bis heute hat sich da wenig geändert: Monat für Monat, Woche für Woche landet derselbe Giftmüll auf meinem Schreibtisch. Aber eine Kundin komplett diametral zu ihren eigenen Wertvorstellungen und Vorgaben beraten zu können, das muss man erst mal bringen. Das Depot bestand zu annähernd 80 Prozent aus Schiffsbeteiligungen. In die Welt von Frau Brunner übersetzt, in einer Anlageform, die:

- erstens hochgradig risikoreich war,
- sich zweitens aufgrund dieser Risiken in den letzten Jahren seit der Finanzkrise desaströs entwickelt hatte und
- sich drittens in Bezug auf den Aspekt Nachhaltigkeit maximal für die goldene Zitrone qualifizierte.

Brunner hatte also einen Großteil ihres Vermögens in hoch riskante CO_2-Dreckschleudern investiert, auf denen Arbeiter aus Billiglohnländern zu Dumpinglöhnen eine harte und sozial kaum abgesicherte Arbeit verrichten. Gratulation.

Das Portfolio widersprach noch in anderer Hinsicht vollkommen Brunners Werten und Interessen: Brunner, die sich auf der Bühne über die Habgier der Banken und die Dummheit der ebenso habgierig wie dummen Kunden lustig machte, hatte bei jedem Abschluss ihrer Bank eine satte zweistellige Provision in den Rachen geschmissen – vermutlich bei dem Versuch, möglichst viel Steuern zu sparen.

Aus akquisitorischer Sicht war das – so meinte ich zumindest – immerhin ein Volltreffer: Die Bank hatte Brunner ganz offensichtlich ordentlich über den Tisch gezogen und ihr dabei hohe Risiken, kaum abschätzbare Verluste sowie eine maximal nicht nachhaltige Anlage beschert. Wenn das nicht reichte, was dann? Ein Elfmeter ohne Torwart.

Um auf Nummer sicher zu gehen, investierte ich in der folgenden Woche mehrere Stunden in eine ausführliche Analyse von Brunners Anlagen. Auf mehreren Seiten setzte ich ihr Risiken, Wertentwicklung (also Verluste), ökologische und soziale Folgenkosten sowie die Höhe der Provisionen und Kosten auseinander. Den folgenden Termin wollte ich ja nutzen, um mit ihr gemeinsam nach vorn zu blicken, nicht, um Vergangenheitsbewältigung zu betreiben. Ich schickte meine Ausführungen Brunner zu und bat sie, sich wie vereinbart bei mir wegen eines Termins in den nächsten zwei Wochen zu melden.

In den nächsten Wochen und Monaten habe ich immer wieder versucht, Brunner zu kontaktieren. Bis heute habe ich sie nicht wieder persönlich getroffen. Ich glaube nicht, dass sie weiter in neue Schiffsbeteiligungen investiert hat. Ich bin mir aber auch sicher, dass sie sich dem Elend ihrer bestehenden Anlagen nicht gestellt hat. So groß war offenbar ihre Angst, sich rational mit den finanziellen Risiken und ökologischen Nebenwirkungen ihrer Investitionen zu beschäftigen. Wie viele von uns litt sie an einer Verhaltenslücke – allerdings in rekordverdächtigem Ausmaß. Vielleicht konnte sie das genau deshalb so glaubhaft auf der Bühne thematisieren.

»Herr Scheller, wenn Sie ein wirklich nachhaltiges Portfolio wollen, dann haben wir Stand heute keine glaubwürdige Lösung für Nebenwerte in Schwellenländern, dann können wir da einfach nicht investieren.«
»Egal, wenn mich das sonst Rendite kostet, dann machen wir es trotzdem.«

Dr. Peter S. (54), Nachhaltigkeitsaktivist (Juni 2016).

> In den folgenden drei Jahren entwickelten sich die Hälfte von Brunners Schiffsbeteiligungen in Richtung Totalverlust. In einem Fall mussten Anleger sogar bereits erhaltene Ausschüttungen wieder zurückzahlen.

> Zweieinhalb Jahre später habe ich Petra Brunner noch einmal auf einer Kleinkunstbühne in München gesehen. In der Anmoderation eines bankenkritischen Liedes hatte sie offensichtlich mich zitiert – auf den Terminus »Pinocchio-Banker« habe ich das Copyright. Ich habe nicht versucht, sie nach der Vorstellung anzusprechen.

> Bis heute sehe ich Brunner manchmal noch in Talkshows – auch im deutschen Fernsehen. Als pointierte und sehr wortgewandte Kritikerin in Fragen des Klimaschutzes und der sozialen Gerechtigkeit. Ich schalte dann auf ein anderes Programm. Ihre Musik höre ich bis heute.

Wie Herr Borchert die Hälfte seines Geldes verlor

50 Prozent

Ich hatte noch gar nicht richtig Platz genommen, als mich im Sommer 2015 einer meiner vermögendsten Kunden mit den folgenden Worten begrüßte: »Herr Dr. Braun, ich hatte mir so viel von der Zusammenarbeit versprochen. Und jetzt das. Ich habe bei Ihnen die Hälfte meines Vermögens verloren. Ich muss sagen, ich bin auch menschlich zutiefst enttäuscht.«

Was war geschehen?

Ich hatte Herrn Borchert im Frühjahr 2013 kennengelernt. Er hatte mit 64 den größeren Teil seiner Firmenanteile verkauft und überlegte jetzt, was er mit dem ganzen Geld machen könne. Bisher hatte Borchert annähernd null Erfahrung mit Kapitalanlage gemacht. Den Großteil seines Vermögens hat er immer wieder zurück in die Firma investiert und darüber hinaus eine Handvoll Wohnungen im Münchner Raum erworben.

Eigentlich keine schlechten Voraussetzungen, dachte ich, als Borchert zusammen mit seinem rund 30-jährigen Sohn zum Gespräch vorbeikam. Manchmal ist es einfacher, jemandem die Grundlagen einer rationalen Kapitalanlage zu erklären, der im Grunde keinerlei Ahnung hat, als jemandem, der sich auf diesem Feld für einen mittleren Experten hält, erst einmal klarzumachen, dass zwei Drittel seiner Glaubenssätze leider relativer Unsinn sind. Vorausgesetzt, man hatte einen rationalen Gesprächspartner. Und auch da stimmten mich die Umstände sehr optimistisch. Borchert war offensichtlich nicht nur ein erfolgreicher Unternehmer gewesen, er war auch sonst ein intelligenter, sensibler Mensch, der einen Teil seines Einkommens regelmäßig für kulturelle und soziale Zwecke spendete. Es machte nicht nur Spaß, sich mit ihm über seine berufliche Vergangenheit zu unterhalten. Ebenso begeistert redete er über Kunst und vor allem über die Münchner Oper. Dann musste er doch ein durch und durch vernünftiger Mensch sein.

Zudem war Borchert ja nicht allein gekommen. Sein Sohn hatte vor vier Jahren einen Master in Finance abgelegt und hatte nun wirklich

Ahnung vom Kapitalmarkt: nicht das übliche gefährliche Halb- oder Dreiviertelwissen, sondern richtig solide und belastbare Vorstellungen. Erstaunlicherweise nutzte er das aber nicht, um sich vor seinem Vater zu profilieren, sondern er unterstützte mich im Gespräch in jeglicher Hinsicht. Etwa dabei, den Vater, der ja bisher keinerlei Kapitalmarkterfahrungen gesammelt hatte, davon abzuhalten, sich für eine hundertprozentige Aktienquote zu entscheiden, sondern zumindest rund 25 Prozent auch in konservative Anleihen zu investieren. Borcherts Sohn entwickelte auch keinerlei Ambitionen, seinen Vater selbst bei der Kapitalanlage zu beraten und der Familie so das Beratungshonorar zu sparen. Es ist generell eine sehr weise Entscheidung, Familiäres und Finanzielles zu trennen und so durch Probleme am Kapitalmarkt keine Probleme in der Familie zu bekommen. *Wie* weise seine Entscheidung gewesen war, verstand ich allerdings erst, nachdem die ganze Sache ordentlich schiefgegangen war.

Im Frühsommer 2013 investierten wir die ersten zwei Millionen. Borchert war begeistert, denn die Märkte kannten für eine relativ lange Zeit nur eine Richtung: aufwärts. Ende des Jahres lag Borcherts Portfolio mehr als 8 Prozent im Plus. Auch wenn ich immer wieder versuchte, Borchert in seiner Euphorie zu bremsen, ihm klarzumachen, dass das Ganze keine Einbahnstraße sei, ihm in relativ drastischen Farben auszumalen, dass bei seiner Risikoquote Rückschläge von 20 Prozent jederzeit, in Krisen aber auch Rückschläge von annähernd 40 Prozent möglich seien. Das alles perlte an Borchert irgendwie ab. Im Gegenteil: Immer wieder drängte er mich, die Risikoquote zu erhöhen, und verstand nicht, weshalb sowohl ich als auch sein Sohn sich so dagegen sträubten. »Ich war vierzig Jahre lang Unternehmer, wir waren dreimal fast pleite, und ich habe schon ganz andere Dinge gesehen als ein paar Schwankungen am Kapitalmarkt.«

Im Januar, Juni und im November 2015 stockte Borchert seine Investitionssumme immer wieder signifikant auf. Er war inzwischen einer meiner fünf vermögendsten Kunden und noch dazu einer mit erheblichem Potenzial, weitere Gelder zu investieren. Inzwischen hatte ich aufgehört, zu zählen, wie oft ich versucht hatte, Borchert runterzubremsen. Ich verstand jetzt immer besser, warum Borcherts Sohn klugerweise darauf verzichtet hatte, selbst Verantwortung für das Vermögen seines Vaters zu übernehmen. Und je besser ich respektive mein Arbeitgeber und Borchert verdienten, umso mulmiger wurde es mir, wenn Borchert einmal wieder auf die »völlig überflüssigen lahmen Renteninvestitionen« in seinem Portfolio verwies und mich aufforderte, »endlich Vollgas zu geben«. Seine Angst, etwas zu verpassen, nahm laufend zu.

Im Frühjahr und Sommer 2015 passierte dann endlich, was früher oder später passieren musste: Die Kurse bröckelten erst, um dann deutlich zu korrigieren. Nun saß mir ein hochgradig gestresster und verärgerter, ja verängstigter Kunde gegenüber, der »zutiefst menschlich enttäuscht« war, weil er in seinen Worten »die Hälfte seines Vermögens verloren« hatte.

Im ersten Moment hielt ich diese nun völlig abwegige Aussage für einen Scherz, dann für ein Missverständnis. Ich hatte ja noch vor zehn Minuten in sein Portfolio gesehen, und da lag es noch – trotz Korrektur – satt im Plus. Doch Borchert insistierte. Originalton: »Ich lag in dem Jahr schon mal bei plus 14 Prozent, jetzt sind es nur noch plus 7 Prozent.« Wieder brauchte ich eine Weile, bis ich verstanden habe, dass das kein Witz war, sondern sein bitterer Ernst. Mühsam versuchte ich, ihm zu erklären, dass plus 7 Prozent nicht das Gleiche sei wie minus 50 Prozent. Und auch, wenn er das natürlich wusste – wahrhaben wollte er es nicht.

Ich nahm mehrere Anläufe, seinen Verstand zu erreichen.

»Die letzten Jahre liefen doch sehr gut.«

»Da war ich ja auch noch zufrieden.«

»Wir liegen seit Beginn unserer Zusammenarbeit immer noch mit über 25 Prozent im Plus.«

»Das hilft mir bei den horrenden Verlusten jetzt auch nichts.«

»Sie werden das Geld vermutlich selbst gar nicht mehr brauchen. Ihr Anlagehorizont ist Ihre Kinder mitgerechnet eher fünfzig als zwanzig Jahre.«

»In meiner Firma wurde auch jedes Jahr einzeln abgerechnet.«

»Wir haben doch immer wieder über Rückschläge gesprochen, dass wir dann tapfer sein müssen, nachkaufen und abwarten müssen. Wie oft habe ich Ihnen gesagt, dass wir den Durchschnitt gerade von oben bilden und früher oder später schlechtere Zeiten kommen.«

»Ich bin nicht gern ein Verlierer.«

Ganz offenbar bedrohten die (gefühlten) Verluste nicht nur sein Vermögen, sondern auch sein Ego. Seine Angst war kaum mehr kontrollierbar. Wie konnte sich die Realität nur so bockig gegenüber seinen Wunschvorstellungen verhalten? Und wie konnte sich die Realität nur so bockig gegenüber *meinen* Wunschvorstellungen verhalten? Jetzt bekam ich die Rechnung dafür serviert, mit jemandem zusammenzuarbeiten, der im Grunde genommen mental nicht für den Kapitalmarkt geeignet war. Ich hatte offensichtlich meine pädagogischen Fähigkeiten in diesem Fall überschätzt. Ich war an Borcherts Ego und an seinem kurzfristigen Denken, seiner Gier und seiner Angst in jeder Hinsicht gescheitert.

»Jetzt habe ich es dir schon hundertmal erklärt, und jetzt erkläre ich es dir noch mal, und wenn du es dann immer noch nicht kapierst, werfe ich dich raus, weil so kann ich keine Verantwortung mehr für dich übernehmen …«

Erfolgreiche Schocktherapie: Nikolaus B. erklärt Bettina D. zum zwanzigsten Mal, warum es unsinnig ist, in Krisenzeiten seine Aktien-ETFs zu verkaufen (März 2014).

> Ich bemühte mich noch vier oder fünf weitere Monate, Borchert zu »bekehren«. Irgendwann bat ich ihn, doch einfach die Hälfte seines Vermögens abzuziehen, es damit selbst zu versuchen und mich dafür mit der anderen Hälfte in Ruhe arbeiten zu lassen. Darauf wies er mich schließlich an, die Wertpapiere mit der geringsten Wertentwicklung zu verkaufen und mit den »Gewinnern« weiterzumachen. Daraufhin habe ich endgültig aufgegeben.

> Meines Wissens lag das Geld von Herrn Borchert, nachdem er die »Verluste« nicht mehr ertragen konnte und alles verkauft hatte, noch Jahre später in cash auf einem Girokonto. Dank eines falschen zeitlichen Bezugsrahmens hatte er sein Programm nahtlos von Gier auf Angst umgestellt.

> Wäre Borchert einfach langfristig investiert geblieben, hätte sich sein Vermögen trotz aller Krisen und Rückschläge bis April 2022 ungefähr verdoppelt. Insofern hat er durch sein Verhalten bis heute tatsächlich die Hälfte seines potenziellen liquiden Vermögens verloren.

Exkurs Gier: Steuervermeidung und Bestechung

STEUERVERMEIDUNG

»Herr Braun, bisher habe ich nur 180 000 Euro verdient, aber letztes Jahr waren es schon 540 000 Euro und nächstes werden es vermutlich sogar über 1 Million. Da muss man doch was tun!«
»Wie, was tun?«
»Na, wegen der Steuer!«
»Sie wohnen doch auch in Haidhausen, oder?«
»Ja, wieso?«
»Und wenn Ihre Kinder nachts unterwegs sind oder Ihre Frau, haben Sie da Angst?«
»Nein, nicht wirklich, aber was hat das damit zu tun?«
»Dann zahlen Sie auch Ihre Steuern, so was kostet Geld – und dann wissen Sie auch, dass Sie vorher was verdient haben.«
Nikolaus Braun und Dr. med. Andreas L. (42) (Juni 2019).

Regel 1 zu Steuersparmodellen: »Die Produktkosten sind immer höher als die ersparte Steuer.«
Regel 2 zu Steuersparmodellen: »Erst kommt die Verlustzuweisung, dann kommt der Verlust.«

»Einen Großteil des Familienvermögens hat unsere Mutter in eine Liechtensteiner Familienstiftung getan. Jetzt werden seit Jahren Banken, Vermögensverwalter, Juristen, Steuerberater satt – und von uns drei Kindern kommt keiner mehr vernünftig ans Geld. Ich glaube, außer vor dem Tod hatte meine Mutter vor nichts so viel Angst wie vor dem Staat und seinen Steuern.«
Jürgen von G. (57) (Februar 2021).

BESTECHUNG

»Wenn es nachher Bestechung war, war es vorher nicht genug.«

»Wenn Geld nicht mehr hilft, dann hilft nur noch eines: richtig viel Geld.«

»Wissen Sie, was ich gedacht habe, wie Sie so vorhin mit dem ganzen Blumenschmus dahergekommen sind? Ich hab gedacht, Sie wollten mir ein Angebot machen.«
»Angebot? … Was denn für ein Angebot?«
»Bestechen. Ich dachte, Sie wollten sich Ihr Vordiplom erkaufen.«
»Kaufen? Mit Geld?«
»Ja, natürlich mit Geld, womit denn sonst?«
»Ja geht das auch – ich meine, ginge das?«
»Käme auf die Summe an.«
Helmut Dietl, *Monaco Franze – der ewige Stenz*, Folge 8, »Macht's nur so weiter«, 43:53–44:21. Deutschland 1983.

»Mir geht es nicht ums Geld, mir geht es um die Anerkennung.«
»Eine Anerkennung in welcher Höhe hatten Sie sich denn vorgestellt?«
Kundenvermittler Herbert M. (58) (Februar 2013).

»Geld ist das Schmiermittel der Welt.«

Betrug

»Ich bin kein Betrüger. Denn das sind die Banker, die armen alten Damen riskante Anlagen andrehen. Ich habe immer nur Betrüger übers Ohr gehauen und ihnen ihr Schwarzgeld abgenommen.«[44]
Milliarden-Mike, Mike Wappler

200 000 000 Euro

Wir alle lieben Betrüger. Sie nicht? Ich schon. Nicht alle Betrüger, aber gibt es da nicht großartige Typen, mit einer unglaublich fantasievollen kriminellen Energie – Stoff für Kinofilme und spannende Dokumentationen?[45] Etwa Charles Ponzi, der geniale Erfinder des Schneeballsystems; Bernie Madoff, der die feine Gesellschaft, die ihm zum Teil buchstäblich vor der Toilette aufgelauert hatte, um bei ihm investieren zu dürfen, um rund 65 Milliarden US-Dollar schädigte; »Milliarden-Mike« Mike Wappler oder Jürgen Harksen,[46] die zwar beide faktisch Analphabeten waren, aber es trotzdem schafften, dass ehrbare und knickrige Hamburger Kaufleute in die irrsten Fantasiegebilde investierten – etwa in die Bergung eines versunkenen Nazi-Schatzes. Und kennen Sie Wolfgang Beltracchi? Seine Kunstfälschungen brachten ihm und seiner Frau nicht nur schätzungsweise 20 bis 50 Millionen Euro und eine mehrjährige Haftstrafe ein, sie sahen teilweise besser aus als die gefälschten Originale und werden heute als echte Beltracchi-Fälschungen gehandelt.[47] In den Worten der *Zeit*: »In einer Welt jenseits des Rechts wäre Beltracchi kein Lump und kein Hochstapler, er wäre ein großer Künstler.«[48]

Mein absoluter Favorit ist Konrad Kujau, der legendäre Fälscher der Hitler-Tagebücher. Wie kann man so humorlos sein, eine solch kreative politische Performance-Art mit viereinhalb Jahren Gefängnis zu bestrafen? Gut, er hat den *Stern* um 9,3 Millionen D-Mark betrogen – aber waren die nicht irgendwie selbst schuld, so viel Geld für des »Führers« angebliche Verdauungsprobleme auszugeben? Nur um das klarzustellen: Bei aller Bewunderung ist es natürlich richtig, dass auch er am Ende ins Gefängnis wanderte. Ein Bundesverdienstkreuz hätte er nach der Entlassung trotzdem verdient. Ja, mir fällt es schwer, keine Sympathien für diese Robin Hoods in eigener Sache zu haben … so viel (kriminelle) Fantasie, gepaart mit einer unglaublichen Naivität und Gier der gut betuchten Opfer.

Ich mag Betrüger, aber wie gesagt nicht alle. Denn neben diesen Künstlern ihres Fachs gibt es eine Betrugsmasche, die – zumindest in Deutschland – völlig legal ist: der provisionsgetriebene Finanzvertrieb. In den oben schon zitierten Worten von Milliarden-Mike: »Das sind die Banker, die armen alten Damen riskante Anlagen andrehen.«

Die Finanzlobby hat in Deutschland 1500 Mitarbeitende und ein jährliches Budget von mindestens 200 Millionen Euro.[49] Die stellen bis dato ziemlich erfolgreich sicher, dass der Missstand eklatanter Interessenkonflikte zwar immer kleinteiliger reguliert und dokumentiert wird,[50] aber im Grunde genommen ungebremst weitergeht – der Schock von 2008 hat daran wenig geändert. Was viele nicht verstehen: Schlechte Finanzberatung ist in erster Linie keine Frage mangelnder Moral der Mitarbeitenden – sie ist systembedingt. Solange Banken und andere Finanzberater von der Finanzindustrie über Provisionen bezahlt werden, gibt es einen diametralen Interessenkonflikt: immer, überall, ohne Ausnahme. Nicht *Sie* bezahlen Ihren *Berater* dafür, dass er Sie objektiv *berät*, sondern der Hersteller des Finanzprodukts bezahlt Ihren *Verkäufer*, dass er Ihnen ein möglichst lukratives Produkt *verkauft* – also lukrativ für die Finanzindustrie, nicht für Sie. Das ist das kleine Einmaleins des Kapitalismus: Wer zahlt, schafft an. Dabei bleiben Ihre Interessen automatisch auf der Strecke. So einfach ist das. Und damit es auch der Letzte in aller Deutlichkeit versteht: Die Provision bezahlt der Produkthersteller nicht aus irgendeinem imaginären Geldtopf, der ihm vom Universum zur Verfügung gestellt wird, sondern er zweigt es eins zu eins von dem Geld ab, das Sie gerade investiert haben – von Ihrem Geld.

Das Kernproblem bei der Provision ist *nicht*, dass Ihr Finanzberater bezahlt werden muss. Natürlich muss der von etwas leben und kann nicht umsonst arbeiten. Das Problem ist eine immer noch gewaltige

Intransparenz: Viele Provisionen – gerade die laufenden Zahlungen – sind für einen Laien bis heute faktisch nahezu unsichtbar. Da müsste man schon die Produktinformationsblätter und Prospekte im Detail durchkämmen. Noch schlimmer: Unterschiedliche Produkte bringen dem Verkäufer unterschiedlich hohe Provisionen – geschlossene Beteiligungen bis zu 10 Prozent, Aktienfonds oder Zertifikate 5 Prozent, ein ETF oder eine Staatsanleihe aber nur 1 oder 0,5 Prozent.

Was wird Ihnen Ihr Verkäufer also empfehlen? Was wäre, wenn der richtige Rat lauten würde: »Machen Sie mal im Moment am besten gar nichts!« Ist das realistisch, dass Ihnen das Ihr Verkäufer sagt? Natürlich tut er das nicht, das kann er gar nicht, ohne mittelfristig zu verhungern oder seinen Job zu verlieren. Denn faktisch steht er unter einem immensen Verkaufsdruck seitens seines Arbeitgebers oder als Selbstständiger, weil er seine Rechnungen bezahlen muss. Mit Ihrem Bankverkäufer oder »unabhängigen« Finanzberater zu reden, ist also nicht nur sinnlos, es ist gefährlich. Mag er noch so freundlich und sympathisch sein – er ist Teil eines gegen Ihre Interessen gerichteten Systems.

Obwohl die meisten Menschen Banken massiv misstrauen, ändert sich faktisch wenig. Denn es vertrauen zwar nur 17 Prozent aller Deutschen *den* Banken, aber 60 Prozent vertrauen immer noch *ihrer* Bank beziehungsweise *ihrem* Banker.[51] Und so geht der Provisionsvertrieb nach wie vor ungebremst und ungeniert weiter, ja, er geriert sich mitunter sogar als soziales Engagement für die breite Masse.[52] Provisionsgeschäft und Verkaufsdruck hinterlassen bis heute eine überdeutliche Spur in den Kundendepots. Was ich heute wöchentlich an Unsinn, Interessenkonflikten, versteckten Provisionen und intransparenten Risiken zu sehen bekomme, unterscheidet sich kaum von den Depots vor zehn Jahren. Von der Großbank über Sparkassen, Volks- und Raiffeisenbanken bis hin zum kleinen, edlen Privatbankhaus betrifft das alle. Mal etwas zurückhaltender, meist überdeutlich.[53]

Bitte geben Sie sich nicht der Illusion hin, dass Banken zwar ganz furchtbar sind, ein »unabhängiger« Finanzberater Sie dagegen aber ganz sicher objektiv berät. Wenn er über Provisionen vergütet wird, wenn er nicht explizit und nachweisbar als Honorarberater arbeitet, ist er ein Verkäufer. Immer. Punkt. Keine Diskussion.[54]

Dabei wäre alles so einfach: Ein komplettes Provisionsverbot, wie es Verbraucherschützer oder die Bürgerbewegung »Finanzwende« fordern, ist kein Hexenwerk. Im Vereinigten Königreich, den Niederlanden und Australien funktioniert das auch. Deutschland bleibt hier weiter Entwicklungsland und die Bankenlobby nach wie vor bestens vernetzt mit den politischen Entscheidern. Nicht zuletzt mithilfe einer hoch tendenziösen »Studie« von KPMG ist es ihr nach der Bundestagswahl 2021 noch einmal gelungen, ein drohendes Provisionsverbot abzuwenden.[55] Das ist beim besten Willen nicht einzusehen. Steuerberater werden auch nicht vom Finanzamt bezahlt. Anwälte verlieren ihre Zulassung, wenn sie Gelder der Gegenseite annehmen – das nennt man Mandantenverrat. Weshalb Mandantenverrat in einem der wichtigsten Lebensbereiche, wo es um Ihre Lebensqualität, Ihren Lebensstandard im Alter oder die Ausbildung Ihrer Kinder geht, legal sein soll, ist nicht zu verstehen.

Die Bausparkasse und der Freizeitpark

4,5 Prozent

Irgendwie hatte es Jona hierhin verschlagen, in diese verrückte, eher irrsinnige Bankenwelt. Wie, das verstand er selbst nach zweieinhalb Jahren immer noch nicht ganz. Er hatte die Geschichte, wie man vom Historiker zum Banker wird, so oft und so unterschiedlich erzählt, dass er inzwischen selbst nicht mehr wusste, was wahr war.

Tatsache war: Mit einem brotlosen Studium, einem zweijährigen Sohn und einer schwangeren Frau musste irgendwo ein Einkommen her. *Double kids, no income.* Ausgezeichnete Promotion hin oder her: Eine akademische Karriere war alles andere als planbar. Zumindest wusste Jona nicht wie. Ein Glück, dass dank der Dotcom-Euphorie kaum noch ein akzeptabel guter BWLer mehr Lust auf so etwas Dröges hatte wie das Privatkundengeschäft. In der Not frisst der Teufel Fliegen. Und in dem Fall war die Fliege eben Jona gewesen und der Teufel die Personalabteilung einer eher mittelmäßig renommierten Großbank.

Immer noch kam ihm ein Hungerstreik, eine Hinrichtung oder ein nationalistisches irisches Propagandablatt aus den 1920er Jahren viel realer vor als ein Investmentfonds oder ein Bausparvertrag. Die Unlogik steiler Hierarchien, das Bestrafen logischen selbstständigen Denkens waren ihm noch immer fremd. Immer noch war da das Gefühl, letztlich ein Hochstapler zu sein, der irgendwann auffliegen würde. Allerdings wirkte es nicht mehr so bedrohlich wie früher. Denn dass die meisten Kollegen im Grunde nicht viel mehr wussten als er, war Jona mittlerweile auch klar. Inzwischen war er sich ziemlich sicher, langfristig davonzukommen. Es wurde Zeit, das Programm zu wechseln: von überleben und nicht auffallen zu glänzen und vielleicht sogar Karriere machen. Möglichst mit wenig Aufwand.

Vielleicht war Jona nicht schon seit zwanzig Jahren in der Bank wie die meisten seiner Filialleiter-Kollegen, hatte sich nicht von unten nach oben gebuckelt und getreten, und vermutlich kannte er immer noch nicht den Unterschied zwischen Lastschrifteinzug und Abbuchungsauftrag. Aber gerade, weil ihm alles so irreal vorkam, hatte Jona eines vielleicht besser verstanden als die gelernten Banker: Bankenvertrieb war keine rationale Sache. Es ging nicht darum, möglichst hohe Erträge zu erwirtschaften, und natürlich ging es schon gar nicht darum, Kunden zu beraten. Bankvertrieb war ein Spiel, in dem es darum ging, sich bestmöglich zu positionieren, bei »politisch« wichtigen Verkaufsaktionen gut auszusehen und sich ein gutes bankinternes Netzwerk aufzubauen. Das Wichtigste aber war, nicht nur zu erkennen, auf welchen Produkten heute der »Fokus« lag, sondern welche Sau als Nächstes durchs Dorf getrieben würde, und entsprechend vorzubauen. Und er hatte Glück: Sein kleines Vertriebsteam war ziemlich motiviert und heilfroh, einen Chef zu haben, der selbst ganz gut verkaufen konnte und von den frohen Botschaften der Geschäftsleitung so wenig wie möglich nach unten weitergab.

Da kam Jona eine auslaufende Sonderzinsaktion gerade recht: Die Bank hatte im letzten Sommer mit einem irrwitzigen Marketingaufwand neue Kundengelder »hereingeholt«. Das maximal erklärungsarme Produkt war ein Sparbuch mit einem garantierten Zins von 5 Prozent für die ersten sechs Monate. Das war auch 2002 schon mehr als 1 Prozent über dem marktüblichen Niveau. Jetzt machte die Bank dieser

Bankhierarchie: Die weibliche Form ist – im Regelfall – nicht mitgedacht

Subvention ein Ende, und es wurde Zeit, die eingesammelten Gelder zu »veredeln«, bevor die Kunden dem nächsten Lockangebot der nächsten Bank hinterherreisten.

Fast zeitgleich begannen nun fast alle anderen Filialen, sich die Finger wund zu telefonieren, um den neu geworbenen Kunden den entsprechenden Fonds des Monats anzudienen. Mit überaus mäßigem Erfolg, denn Kunden, die sich für ein einfaches Produkt mit hohen Zinsen entschieden haben, wollen vor allem das: ein einfaches Produkt mit hohen Zinsen. Zinshopper wären keine Zinshopper, wenn sie Lust auf Kapitalmarkt hätten. Und falls doch? Warum sollten sie mit einer Bankerin reden, zu der sie so gut wie keine Beziehung hatten? Schließlich waren sie ja erst seit Kurzem Kunden und das auch nur mit einem einzigen Produkt.

Jonas Team – das den Fonds des Monats schon in den zwei Wochen zuvor häufig genug verscherbelt hatte – wählte eine andere Strategie. Katja, eine seiner beiden Beraterinnen – na ja, präziser Verkäuferinnen –, war aufgefallen, dass die mit der Bank kooperierende Bausparkasse die letzte Zinsentwicklung an den Märkten noch nicht in ihre Verträge übernommen hatte. Im Klartext: Wer heute einen Bausparer abschloss, bekam ab dem ersten Tag 4,5 Prozent Guthabenzinsen – ein Angebot, das man am Markt lange suchen konnte. Dazu musste man nur 45 Prozent der Bausparsumme in einen sogenannten Sofortauffüller einzahlen und dann tunlichst nicht weitersparen, damit der Bausparvertrag möglichst nicht fällig wurde. Dann konnte man – zumindest theoretisch – bis zum Sankt-Nimmerleins-Tag den vereinbarten Guthabenzins kassieren.

> **»Also, Chef, was ist denn jetzt am wichtigsten: Wertpapiergeschäft, Kredit, Versicherungen?«**
> **»Alles ist am wichtigsten.«**
> **»Aha.«**
>
> Regionalfilialleiter von Grafental (54) tut sich im Gespräch mit einem Mitarbeiter etwas schwer damit, Prioritäten zu setzen (Januar 2006).

Schon in dem Moment, wo Jonas Team den Kunden das Produkt verkaufte, war es ein Verlustgeschäft für die Bausparkasse. Mit sinkenden Zinsen wurden Produkte wie dieses zu riesigen – teils existenzbedrohenden – Geldvernichtungsmaschinen für die Bausparkassen. Jona und seinem Team war das herzlich egal. Wenn im üblichen Spiel des Bankvertriebs im Regelfall der Kunde den Schwarzen Peter hatte, dann war es halt diesmal umgekehrt. Selber schuld.

Hier war es also das Traumprodukt für den Zinshopper: einfach, planbar und hohe Zinsen. Und das alles, ohne in Zukunft dauernd mit dem Geld umziehen zu müssen.

Aber es kam noch besser:

1. Für einen Bausparer gab es 2,1 Prozent Provision. Nicht nur auf die eingezahlte Summe, sondern auf die sogenannte Bausparsumme. Wenn der Kunde 45 000 Euro einzahlte, lag diese Bausparsumme bei 100 000 Euro – es gab also 2 100 Euro Provision. Das waren bezogen auf den Sparbetrag 4,7 Prozent – fast so viel wie bei einem Investmentfonds.

2. Die Bank im Allgemeinen und das Münchner Gebiet im Besonderen waren beim Thema »Allfinanz« – also Bausparer und Versicherungen – sehr, sehr mittelmäßig, nein, lausig unterwegs. Bausparer

zu verkaufen, das war was für Finanzvertriebe, die meisten Banker betrachteten sie schlichtweg als unter ihrer Würde.

3. Dementsprechend lag die Latte bei diesem Thema erfreulich niedrig, und während im Wertpapierbereich die Uhr alle zwei Monate auf null gestellt wurde und das »Rattenrennen« von vorn begann, gab es hier Jahresziele. Und es war erst Februar! Jetzt einmal Gas geben und den Rest des Jahres seine Ruhe haben und sich im Erfolg sonnen.

4. Als absolute Sahnehäubchen gab es für alle Verträge mit einer abgeschlossenen Bausparsumme in Höhe von 10 000 Euro in den ersten drei Monaten 20 Euro in die Teamkasse der Filiale. Das war eine absolute Ausnahme in der in dieser Hinsicht sehr geizigen Bank und ein weiterer Beleg dafür, wie verzweifelt man den Absatz dieser Produkte anschieben wollte.

In den nächsten vier Wochen schrieb Jonas Team einen Bausparer nach dem anderen. Ende Februar war das Jahresziel mit 258 Prozent übererfüllt. Das für die Controlling-fixierten Führungskräfte so hoch interessante Zeitziel stand bei fabelhaften 1548 Prozent. Die Bausparkasse überwies der Teamkasse der kleinen Filiale satte 800 Euro.

> »Drei Monate später sind wir mit dem Geld aus der Teamkasse für ein Wochenende in den Europapark nach Rust gefahren. Es ist bis heute die liebste und lustigste Erinnerung, die ich an mein erstes Team habe. Übernachtung, Eintritt, jede Menge Essen und auch einige Getränke: alles auf Kosten der Bausparkasse.

> Nach dieser Aktion bis zu meiner Kündigung hatte ich bei meinem ersten Arbeitgeber den Ruf, ein Händchen für das »Allfinanz-Geschäft« zu haben, unvoreingenommen an die Dinge heranzugehen und unkonventionelle Wege zu gehen.

> Dass wir dem Konzern finanziell geschadet hatten, interessierte niemanden. Bis heute versuchen Bausparkassen, mit allerlei unsauberen Manövern Kunden wieder aus solchen für die Bausparkasse defizitären Verträgen herauszudrängen.«[56]

Der Kardiologe des Gebietsfilialleiters

190/125 mm HG

Die Gebietsfiliale München war (mal wieder) Letzter – beim Versicherungsabsatz von 20 Einheiten in ganz Deutschland: München, Platz 20. Der Druck auf Johannes Nothing war inzwischen immens. Vor vier Jahren hatte ihn der Vorstand nach München entsandt, um den Laden auf Vordermann zu bringen. Die Ergebnisse: enttäuschend. Diese Enttäuschung hatte auch Markus Segnung, der Privatkundenvorstand, gegenüber Nothing in einem strukturierten Einzelgespräch in der nötigen Verbindlichkeit zum Ausdruck gebracht. Sprich: Er hatte ihn zehn Minuten angebrüllt.

Wenn das so weiterging, war Nothings Zeit in München gezählt – und damit Dienstwagen, Vorzimmer, vor allem aber seine Karriere inklusive gesellschaftlichem Status und ansprechendem Gehalt im unteren bis mittleren sechsstelligen Bereich. Nothing schwitzte, die Halsschlagader war geschwollen, der Blutdruck gesundheitsgefährdend hoch: 190/125 Millimeter Quecksilbersäule – Tendenz steigend. Gut, dass sein Kardiologe das nicht mitbekam, der hatte ihn gerade letzte Woche noch mal sehr besorgt zur Seite genommen. In dieser Stimmung marschierte Nothing den Gang hinab in den Sitzungssaal, in dem einer seiner Regionalleiter, Herr von Grafental, gerade seine vierzehntägige Filialleiterrunde abhielt. Von Grafental war einer der beiden Regionalleiter, die Nothing noch nicht ausgetauscht – also gefeuert – hatte. Das bereute er jetzt.

Als Nothing den Sitzungssaal betrat, waren alle Filialleiter schlagartig wieder wach. Die narkotische Wirkung von dreieinhalb Stunden Zahlen deklinieren und Vertriebsziele durchkauen war wie weggeblasen. In von Grafentals Augen flackerte Panik. Nothing hatte ihn die letzten Monate immer wieder »in den Fokus genommen«. Seine Vertriebszahlen waren mäßig. Zudem war er 54. Das war ein ganz schlechtes Alter in einem Unternehmen, das bei seinen Führungskräften auf jugendliche Dynamik setzte. Ein Unternehmen, in dem angeblich eine 55er-Liste kursierte, sprich eine Vorgabe des Vorstands, Führungskräfte über 55 beim leisesten Zweifel an deren Durchsetzungswillen unbürokratisch abzufinden.

Nothing kam ohne größere Umschweife zum Thema: »Also, was mit Ihnen eigentlich los ist, da fehlt es mir an jeeeglichem Verständnis.[57] Können Sie nicht? Oder wollen Sie nicht? [drei Sekunden Kunstpause] Oder beides?« Daraufhin wurde von Grafental fünf Minuten öffentlich lektoriert. Über ein »Ah« oder »Also« kam er nicht hinaus. Doch damit nicht genug. Nothing übernahm nun selbst das Ruder, befragte jeden Filialleiter, jede Filialleiterin einzeln: »Wo stehen Sie heute?« – »Wie gehen Sie vor?« – »Schaffen Sie das?«

Zehn erwachsene Menschen von der jungen Filialleiterin Wolf bis zum erfahrenen Gruppenleiter Gruber – sie alle wussten, dass es wahrscheinlicher ist, dass der FC Alte Haide Deutscher Meister wird, als dass die Region in den verbleibenden zwei Wochen ihr Versicherungsziel noch erreichen würde. Aber alle antworteten brav: »Ja, das schaffen wir!« Mehr noch, sie erklärten auch noch genau wie: systematische Ansprache aller Kunden, vor allem aber tägliches Nachfassen der Ziele bei ihren Mitarbeiterinnen. Das war das, was Nothing am liebsten hörte: Man müsse die Mitarbeiterinnen und Mitarbeiter nur »konsequent genug einbinden« – also ordentlich unter Druck setzen.

Als der Filialleiter Schwarz an der Reihe war, kam er auf die – rückwirkend vollständig abwegige – Idee, einen Schuss Realität in die Diskussion zu bringen. Schwarz galt beim Thema Versicherungsvertrieb als relativ erfolgreich, und seine Einheit war die einzige, die im Zielkorridor lag. Andernfalls hätte auch er schön die Klappe gehalten respektive Geschichten erzählt, wie seine Filiale das noch hinkriegen werde. Stattdessen versuchte er vorsichtig, den Kollegen zur Seite zu springen: »Herr Nothing, bei allem Respekt, zweifellos ist das Vorgehen der Kollegen absolut richtig, und ich bin fest davon überzeugt, dass wir mit konsequenter Ansprache das Jahresziel sicher erreichen werden. Meiner Erfahrung nach ist das Thema Versicherungsvertrieb allerdings ein relativ langwieriges. Da kann man nicht so schnell Strecke machen wie beim Wertpapier. Man muss das Thema beim Kunden erst mal platzieren und dann immer wieder konsequent nachhalten – zwei Wochen sind da einfach nicht sehr realistisch. Ich würde vorschlagen, wir legen jetzt den täglichen Fokus darauf, in spätestens zwei Wochen beginnen die Maßnahmen zu greifen und in zehn bis zwölf Wochen haben wir kein Problem mehr.«

Sie meinen, das sei jetzt von Herrn Schwarz ausgesprochen zurückhaltend gewesen, ja fast unterwürfig? Korrekt. Sie glauben, das Versicherungsziel sei auch in zwölf Wochen nicht erreichbar? Absolut richtig. Sie denken, Herr Nothing habe sich auf Schwarz' Vorschlag vielleicht doch eingelassen? Völlig falsch! Was Schwarz jetzt erlebte, war Nothings Fähigkeit, ausgesprochen unmissverständlich zu kommunizieren. Der Einzige, der jetzt noch hätte einschreiten können, wäre Nothings Kardiologe gewesen. Aber der bekam natürlich nicht mit, in welcher Gefahr sein Patient schwebte. Als Schwarz eine Stunde später aus dem Sitzungssaal schwankte, hörte er hinter sich seinen Kollegen Grundmeier seufzen: »Jetzt müssen wieder die A- und D-Kunden dran glauben« – also die alten und doofen. Und genauso kam es auch.

Was glauben Sie? Wie sahen an diesem Nachmittag die wöchentlichen Vertriebsrunden in den Bankfilialen in von Grafentals Region aus? Können Sie sich denken, wie sich die junge Filialleiterin Wolf mit dem langjährigen Mitarbeiter Weber unterhielt? Einem Kollegen, der seit Längerem nicht mehr substanziell zum Erfolg im Versicherungsgeschäft beigetragen hatte? Ich kann es Ihnen verraten: »Warum lassen Sie die Kollegen hängen? [...] Da fehlt mir jeeegliches Verständnis. Können Sie nicht? Oder wollen Sie nicht? [drei Sekunden Kunstpause]. Oder beides?« Und die Klassiker: »Woran liegt es? Wen sprechen Sie jetzt ganz konkret bis heute Abend an? Wie viel nehmen Sie sich bis morgen Mittag vor?« Als dann die Metaphern der Chefin noch vom sportlichen in den militärischen Bereich wechselten, wusste auch Weber, dass es ernst war. Sie können getrost davon ausgehen, dass Frau Wolf an diesem Tag noch zwei-, dreimal bei Herrn Weber vorbeischaute, um in Bezug auf die Zwischenergebnisse nachzuhaken.

Und jetzt stellen Sie sich vor, Sie wären damals an den armen Herrn Weber geraten. Sie hätten gerade eine satte Gehaltserhöhung bekommen und 50 000 Euro gespart, mit denen Sie in zwei Jahren einen Teil eines Immobilienkredits zurückzahlen wollen. Wird Herr Weber das Rückgrat haben, Ihnen am Ende der Beratung das einzig Richtige zu sagen: »Machen Sie mit den 50 000 Euro nichts. Geld auf zwei Jahre anzulegen, ergibt einfach keinen Sinn. Aber eine Idee hätte ich doch noch: Packen Sie doch die Hälfte Ihrer Gehaltserhöhung auf ein Sparbuch, dann können Sie in zwei Jahren noch ein Eck mehr tilgen.« Toller Vorschlag – mit einem kleinen Problem: Die Bank verdient dabei nichts, gar nichts. Herr Weber bekommt nach wie vor gleich viel Druck von Frau Wolf, Frau Wolf gleich viel Druck von Herrn von Grafental, von Grafental gleich viel Druck von Herrn Nothing und Nothing gleich viel Druck von Herrn Segnung. Der Einzige, dem geholfen wurde, sind Sie – alle anderen haben das gleiche Problem wie davor, nur noch etwas schlimmer. Ist das realistisch, dass das so läuft?

Im besten Fall wird Weber irgendeinen Spagat zwischen Ihren Interessen und denen seiner Bank machen. Im realistischeren Fall ist ihm inzwischen alles egal. Er will nur endlich ein paar Stunden seine Ruhe haben. Das heißt konkret: Sie bekommen, was gerade raus muss. Eine Riester-, Rürup- oder Sonstwas-fondsgebundene Rentenversicherung mit wunderbaren Provisionen und deprimierenden Aussichten. Und die 50 000 Euro? Die landen in einem risikobehafteten, provisionsgeschwängerten Fokusprodukt, vermutlich auch aus dem Versicherungsbereich, das Ihrem Ziel, nämlich in 24 Monaten einen Kredit zurückzuzahlen, in keinem Fall entspricht.

> **»In den nächsten vier Monaten werde ich 25 Prozent von Ihnen austauschen«.**
>
> Dr. Franz Breitling (46) – Regionalvorstand – bei seinem Antrittsbesuch vor acht Regionalfilialleitern der Region Stuttgart Nord (Juli 2017).

Sie glauben, da müsse man schon besonders viel Pech haben, an so einem Tag ausgerechnet an das ärmste Würstchen der ganzen Bank zu geraten? Auch da täuschen Sie sich gewaltig. Herrn Weber zu erwischen, wäre eher ein Glücksfall. Er ist ein Mitarbeiter, der schon länger an seinem Platz ist und bisher offenbar (moralische) Schwierigkeiten hatte, seine Ziele zu erreichen. Vermutlich wurde auch Ihr Berater in letzter Zeit ausgetauscht, um zu viel menschliche Bindung zu verhindern. Und vermutlich haben auch Sie jetzt einen Berater, der einfach macht, was der Chef anordnet – basta.

> Von Grafental wurde innerhalb der nächsten Wochen rausgeworfen. Mit anwaltlicher Hilfe gelang es ihm, eine Abfindung zu erstreiten, die es ihm ermöglichte, bei niedrigerem Lebensstandard bis zur Rente durchzuhalten. Beruflich hat er nicht mehr Fuß gefasst. Ich habe ihn zuletzt vor drei Jahren getroffen: Wie er von Nothing und der Bank nach 30 Dienstjahren behandelt wurde, beschäftigt ihn bis heute.

> Nothing hielt acht Monate länger durch. Statt seiner verpflichtete der Vorstand eine jüngere und durchsetzungsfreudigere Führungskraft.

> Schwarz hatte – nicht zuletzt dank dieser Episode – endgültig genug von dem Wahnsinn im Provisionsvertrieb. »Zwei Monate später habe ich gekündigt. Bis heute träume ich manchmal, ich bin wieder bei der Großbank und sitze in einer Vertriebsrunde.«

Lehmanns Tochter

254 000 Euro

Letzten Herbst war Renates Mutter Ingeborg gestorben. Wie es in der Todesanzeige so beschönigend klang: »nach kurzer und schwerer Krankheit«. Zwei Monate mögen kurz sein. Aber Renate, die ihre Mutter diese Zeit ohne weitere Hilfe daheim gepflegt hatte, war danach mit ihren Kräften am Ende: körperlich und nervlich. Denn was ihr am meisten zu schaffen machte, war, dass ihre Mutter, zu der sie zeitlebens ein sehr gutes Verhältnis gehabt hatte, gegen Ende hin regelrecht aggressiv gewesen war. Die Ärzte meinten, es sei eine Nebenwirkung der starken Medikamente. Für Renate war es dennoch sehr verstörend gewesen.

Jetzt – fast ein Jahr später – hatte Renate endlich die innere Kraft gefunden, sich um Ingeborgs Erbe zu kümmern. Das Thema, was sie denn mit den 254 000 Euro machen sollte, die ihre Mutter hinterlassen hatte, schob sie seit geraumer Zeit vor sich her. Kein Wunder: Erstens war allein schon die schiere Menge des Geldes für Renate furchteinflößend. Das war weit mehr, als sie selbst auf der hohen Kante hatte. Was man damit einmal alles machen könnte! Vielleicht in drei, vier Jahren auf Teilzeit umstellen? Nach der Pensionierung ihres Mannes einen Bulli kaufen und damit so lange kreuz und quer durch Europa reisen, bis sie keine Lust mehr hätten …

Zweitens fühlte sie sich beim Thema Geldanlage völlig hilflos, mehr als ein Sparbuch oder Tagesgeld und »irgend so eine Versicherung« hatte sie bisher nicht gemacht. Der Gedanke, zu einem Banker gehen zu müssen, dessen Sprache sie nicht verstand und vor dem sie sich dumm vorkam, war alles andere als verlockend.

Drittens war auch ihr Mann keine Hilfe. Er hatte selbst kaum Ahnung von der Materie und hielt sich mit einem »Das ist ja dein Erbe, das musst schon du wissen« aus der Sache raus. Gut gemeint, aber halt nicht wirklich gut.

Viertens, und das war der für Renate der schlimmste Punkt: Sie hatte das Gefühl, dass ihr das Geld eigentlich gar nicht zustand. Ingeborg hatte sich selbst nur selten etwas geleistet, sich über Jahrzehnte abends mit Näharbeiten etwas dazuverdient und ihr Leben lang Mark um Mark, Euro um Euro zurückgelegt. Nun lag da vor ihr in Form eines Kontoauszuges die geronnene finanzielle Lebensleistung ihrer Mama: 254 000 Euro waren das, was von ihrer Mutter übrig geblieben war. Renate fühlte eine kaum zu bewältigende Verantwortung gegenüber diesem kleinen Vermögen, und eines war klar: Damit durfte nichts schiefgehen!

Als Renate die örtliche Raiffeisenbank betrat, wurde sie vom Filialleiter persönlich begrüßt und zum ersten Mal in dreißig Jahren in ein etwas schickeres Beratungszimmer im ersten Stock begleitet. Renate war auch das eher unheimlich, als dass sie sich geschmeichelt fühlte. Ihr ungutes Bauchgefühl schob sie allerdings auf ihre gefühlte Inkompetenz und unterdrückte es entsprechend.

Nachdem der Filialleiter sie dort einer Frau Strasser als ihre zukünftige »Individualkunden-Beraterin« vorgestellt und sich freundlich verabschiedet hatte, nahm das Gespräch für Renate einen erstaunlichen Verlauf. Sie war ausgesprochen positiv überrascht, ja, nach einer Weile regelrecht erleichtert. Frau Strasser nahm sich viel Zeit für sie, sprach erst über die letzten Neuigkeiten aus dem Ort, um sich dann Renate selbst anzunehmen. Fast eine halbe Stunde erzählte Renate von ihrer

Mutter, deren Sparsamkeit, wie wichtig ihr das Ersparte gewesen war. Und Frau Strasser fragte auch dann noch interessiert nach, als Renate über die letzten Lebenswochen ihrer Mama erzählte: die Sorge, die Last, Ärger mit Behörden, die zunehmenden Wutanfälle der Mutter.

Frau Strasser war ausgesprochen empathisch und fand so schließlich den neuralgischen Punkt, um das beste Geschäft der letzten sechs Monate zu machen: Renate fühlte sich dem Geld ihrer Mutter zutiefst verpflichtet. Auf keinen Fall wollte sie größere Risiken eingehen, aber umgekehrt »etwas aus dem machen«, was Ingeborg ihr hinterlassen hatte. Renate, die sich endlich verstanden fühlte, sehnte sich förmlich nach Hilfe und Orientierung. Als gute Verkäuferin hatte Frau Strasser das erkannt und kam nun nach rund fünfundvierzig Minuten zum Punkt. Sie habe genau das Richtige für Renate, ein Produkt mit »attraktiven Renditechance« und gleichzeitig einem »hohen Maß an Sicherheit«. So stand es auch auf dem Flyer, der schon die ganze Zeit auf Frau Strassers Tisch gelegen hatte.

Der Deal war schon als solcher intransparent und unsinnig genug. Wenn der Kapitalmarkt nicht ausgesprochen schlecht liefe und irgendwelche Schwellen oder so ähnlich durchbrochen würden, bekäme Renate eine Rendite von 6 Prozent. Je nach Kursverlauf käme das Geld vielleicht schon nach einem Jahr zurück, dann habe die Bank aber sicher wieder was neues Attraktives für eine so nette Kundin im Angebot. Wenn Renate jedoch Glück habe und der Referenzindex sich – noch mal wie genau? – entwickeln würde, dann würde sich die Laufzeit noch mal verlängern und Renate bekäme sogar mehr als einmal 6 Prozent. Im schlimmsten Fall bekäme sie den Gegenwert eines renommierten Referenzindex, aber das sei sowieso nur eine eher theoretische Möglichkeit. Im Grunde könne eigentlich nichts schiefgehen.

Sehr viel mehr hatte Renate nicht verstanden – eher weniger. Aber so nett, wie Frau Strasser war, so gut, wie sie sich verstanden fühlte, war sie erleichtert, endlich eine Lösung für das Geld gefunden zu haben. Sie unterschrieb die nötigen Papiere – die im Nachhinein sicherstellten, dass sie später juristisch kaum eine Chance gegen die Bank hatte – und ging.

An dem Abend knallten in einer Genobank am Münchner Stadtrand die Sektkorken – über 10 000 Euro Provision und mit einem Schlag uneinholbar Platz 1 bei der wichtigsten Vertriebsaktion! Frau Strasser, die ohnehin einen Ruf als »Vertriebskanone« hatte, wurde ordentlich vom Team gefeiert. Die Geschichte ihres Abschlusses respektive Abschusses musste sie mehr als einmal erzählen.

Einige Wochen später war das Geld weg – komplett – Totalverlust. Der Emittent, also der Hersteller des Produkts, war die berüchtigte Lehman-Bank gewesen; das Produkt kein irgendwie besser verzinstes Sparbuch, sondern ein Memory-Express-Zertifikat. Juristisch gesehen eine Inhaberschuldverschreibung. Sprich: Renate hatte der Lehman-Bank 254 000 Euro geliehen und dafür einen Zettel mit einem Versprechen darauf bekommen. Ein Versprechen, das jetzt keiner mehr halten konnte, Lehman nicht und die örtliche Raiffeisenbank schon gar nicht. Denn Lehman war pleite. So komplizierte Dinge wie das Wort »Emittentenrisiko« lernte Renate erst nach ihrem Totalverlust kennen. Dabei wäre es doch so einfach zu erklären gewesen: Geld verliehen – Schuldner pleite – Geld weg.

»So ein Container-Schiff, das ist quasi wie eine schwimmende Staatsanleihe, nur besser verzinst.«

Peter F. (32), ehemaliger Fitnesstrainer, für seine Erfolge bei geschlossenen Fonds gefeierter »Berater« der Bauchweh-Bank (Juli 2012).

> Der Durchschlag auf Renates Lebensqualität war gewaltig. Als ich sie ein Jahr später im Herbst 2009 kennen lernte, schien sie regelrecht traumatisiert. Der Wunsch, die letzten sieben Jahre ihres Berufslebens auf Teilzeit umzustellen, hatte sich endgültig erledigt. Der Traum, nach der Pensionierung ihres Mannes einen Bulli zu kaufen und ein Jahr durch Europa zu reisen, kaum mehr zu realisieren.

> Was Renate am meisten beschäftigte, was sie nicht losließ, waren ihre Selbstvorwürfe. Der Gedanke, dass sich die in Euro geronnene Lebensleistung ihrer Mutter, die sich selbst nur selten etwas geleistet hatte, in Luft aufgelöst hatte. Dass von ihrer Mama jetzt gar nichts mehr übrig war. Wie konnte sie nur so dumm, so naiv gewesen sein?

> Ich habe Renate seitdem nicht wiedergesehen. Ich bin mir sicher, es beschäftigt sie noch heute.

Vertriebsoffensive

PF7

Franz Zeller – genannt Turbo-Franz – war mit 28 Jahren der jüngste Wertpapierspezialist in der Gebietsfiliale Nürnberg. Dennoch hatte er besser als jeder andere verstanden, nach welcher Logik, na ja, wohl besser nach welchem Rhythmus Vertriebsaktionen funktionierten.

Turbo-Franz wusste längst, dass es beileibe nicht darauf ankam, für die Bank im Laufe eines ganzen Jahres in der Summe einen maximalen Ertrag zu erwirtschaften. Entscheidend waren andere Fragen: Auf welchen Produkten lag der aktuelle Fokus, und bei welchen Verkaufsaktionen konnte man zurzeit eher schwächeln? Wann und wo schauten die Vorgesetzten im Moment ganz besonders genau hin? Wo gab es die höchste Provision? Wobei sollte man also tunlichst nicht blank dastehen – und wo konnte man mit vergleichsweise wenig Aufwand glänzen?

Das herauszubekommen, war im Moment alles andere als eine Raketenwissenschaft. Selbst Herbert Moser – hinter vorgehaltener Hand meist wenig wertschätzend »der alte Depp« genannt – hatte begriffen, welche Sau da gerade mit Getöse durchs Dorf getrieben wurde, auch wenn er wie immer zu spät dran war. Produkt: das Containerschiff MSC Brigitta, eine geschlossene Beteiligung der hauseigenen Produktschmiede. Provision: 10 Prozent für die Filiale – also traumhaft hoch –, was immer sich die Jungs in der Produktschmiede in Frankfurt noch zusätzlich da an Provision rausschnitten. Beginn der Vertriebsaktion: heute um 09:00 Uhr. Übersetzt hieß das: Die nächsten Tage würde keine einzige Führungskraft der Bank auf irgendetwas anderes schauen als auf Brigitta – täglich, stündlich und gegebenenfalls noch häufiger. Jetzt hieß es, schnell sein, »gut aus dem Block kommen«, eine Offensive starten und sich bloß nicht abhängen lassen.

Dass Brigitta im Fokus stand, war auch Peter Janssen mehr als klar. Jansen war Turbo-Franz' Chef-Chef und Leiter der Vertriebsregion Regensburg. Aber nicht nur Brigitta stand im Fokus – auch Janssen selbst. Seit es ihn vor achtzehn Monaten aus seiner Kieler Heimat in die Oberpfalz verschlagen hatte, war es alles andere als gut gelaufen: das Kreditgeschäft – schleppend; Bausparer und Versicherungen – unterirdisch. Aber das Schlimmste war, dass es auch im Wertpapiergeschäft ausgesprochen mittelmäßig lief. Irgendwie hatte Jansen nie einen richtigen Draht zu seiner »WP-*Mann*schaft«[58] bekommen, deren teils bellender, teils grunzender Dialekt ihm bis heute nicht vollständig verständlich war.

Vor fünfzehn Minuten hatte er – nach der einstündigen Regio-Telko[59] – noch ein fünfzehnminütiges »One-on-one«[60] mit seinem Gebietsfilialleiter Hans Reiter genossen, der ihm in seiner unvergleichlich charmanten Art klargemacht hatte, dass Jansen jetzt liefern musste. O-Ton Reiter: »Entweder es ändern sich die Zahlen oder es ändern sich die Köpfe.« Jansens Kopf – Reiter war dabei diesmal nicht mal laut geworden. Das hieß nichts Gutes.

Jansen war, obwohl Volljurist, klug genug, nicht zu thematisieren, was jeder in der Bank wusste: dass bisher nicht mal die offiziellen Verkaufsprospekte ausgeliefert worden waren. Er galt ohnehin schon als »Reichsbedenkenträger«. Was interessierte es da, dass ein Verkauf des Produkts nur dann legal möglich war, wenn der Kunde im Vorfeld genügend Zeit hatte, sich den offiziellen Verkaufsprospekt auch anzusehen. Und das hatte gute Gründe: Denn so eine Schiffsbeteiligung war nicht nur finanziell hoch attraktiv – also zumindest für die Bank. Sie strotzte auch nur so vor unternehmerischen Risiken: Konjunkturrisiken, Branchenrisiken, Wechselkursrisiken, Risiken aus der Kredithebelung der Beteiligung und vor allem – wie bei kaum einem anderen Finanzprodukt – das Risiko eines fast lehrbuchartigen »Schweinezyklus«: Boom – Bust – Boom. Immerhin wurden die Prospekte ja gegen Mittag in den Filialen erwartet und die konnte man dann ja ganz zügig den Käufern hinterherschicken.

Nun saß Janssen vor seinem Schreibtisch und wartete darauf, dass ab 09:00 Uhr das Controlling-Tool für die Brigitta-Zeichnungen scharfgeschaltet wurde. Bereits um kurz vor 09:00 Uhr begann er, fatalistisch vor sich hin stierend, rhythmisch auf die PF7-Taste zu hämmern, um die Datenbank zu aktualisieren. 09:01: nichts, 09:02: nichts; 09:03: nichts, 09:04: schlimmer als nichts: eine erste Brigitta bei der Konkurrenz aus Nürnberg-Süd – zwar nur 20 000 Euro, aber immerhin, 09:05, 09:06, 09:07, 09:08: nichts, nichts, nichts, nichts. 09:09: eine weitere Brigitta, diesmal 40 000 Euro, wieder in Nürnberg-Süd und eine kleinere Zeichnung über

15 000 Euro in Erlangen. Der Rhythmus, in dem Janssen die PF7-Taste quälte, erhöhte sich auf 120 Schläge pro Minute: wie sein Herzschlag.

09:10, 09:11, 09:12: nichts, nichts, nichts, 09:13: 30 000 Euro Brigitta-Zeichnung in Fürth. Oh Gott. Janssen wurde schlecht. »Entweder es ändern sich die Zahlen oder …« Hektisch begann er, eine Rund-Mail zu formulieren und für 10:00 Uhr eine spontane Telko anzusetzen: »Meine Herren! Wie kann es sein, dass uns die anderen so abhängen. Ich erwarte von Ihnen absolute Konz…« Janssen stockte, war das nicht alles viel zu lasch formuliert? Wie konnte er es diesen fränkischen und Oberpfälzer Sturschädeln begreiflich machen, worum es ging, worum es für *ihn* ging? Vor lauter Erregung hatte er fast zwei Minuten vergessen, die PF7-Taste zu drücken.

Anders als Moser, der schon seit kurz vor 09:00 Uhr die ersten Schweißflecken auf seinem Hemd hatte, war Turbo-Franz optimal vorbereitet. Er hatte schon vorab »gebunkert«: die meisten Kunden am Telefon heißgemacht, Werbeflyer verschickt und auch schon die ersten drei unterschriebenen Zeichnungsscheine auf der Seite. Vertrieblich und taktisch hatte er damit alles richtig gemacht – bei gewissen juristischen Unschärfen. Doch was soll's? Alle seine Kunden hatten ihm ja Schwarz auf Weiß unterschrieben, dass sie ein Exemplar des offiziellen Prospekts erhalten hatten und anhand dieses Prospekts über die wesentlichen Risiken dieser unternehmerischen Beteiligung ausführlich aufgeklärt worden waren. Damit war zumindest für Turbo-Franz alles in Butter.

Um 09:15 Uhr – entspannt nach einer Zigarettenpause und mit einem Kaffee an seinen Arbeitsplatz zurückgekehrt – erfasste er nun die erste seiner Brigitta-Zeichnungen. Zeichnungssumme: 50 000 Euro, Risikoaufklärung erfolgt: ja, Prospekt ausgehändigt: ja, Unterlagen hier hochladen: erledigt, jetzt endgültig abschließen: ja. Sehr schön. Franz Zeller war mit sich und der Welt zufrieden und wollte sich gerade noch einen Kaffee gönnen, als zehn Sekunden später das Telefon klingelte. Am Apparat war ein begeisterter Herr Janssen:

»Ja, Herr Zeller, das ist ja großartig. Ja, hervorragend! Das gefällt mir, ja, Leute wie Sie, die brauchen wir. Weiter so. Nicht nachlassen.« Der so gelobte Zeller reagierte zu Janssens Erstaunen eher einsilbig: »Ja mei, danke, passt scho.« War Janssen zu zurückhaltend gewesen? Wenn ja, wollte er das gleich korrigieren: »Jetzt aber mal ganz ehrlich« – oh nein, das hatte er doch mal in einer Schulung gelernt, dass man das nicht sagen soll –, »also ja, ja, also das ist ja fantaaastisch. Wie haben Sie das nur gemacht, Herr Zeller? Also ehrlich, großartig, das müssen Sie den anderen Kollegen zeigen, wie das geht. Wie wir immer sagen: von den Besten lernen!« »Ja mei, I hob den hoid ogrufa und gsogt, dass dois guad is und er schnei sein muss, damit's earm koana wegschnappt.« Auch wenn sich Janssen nicht sicher war, was das nun genau heißen sollte, schloss er mit: »Genau so machen Sie weiter, und genau so erklären Sie das auch den anderen. Also weiter so, nicht lockerlassen!«

Zeller beschloss, nun doch gleich den zweiten Fonds zu erfassen und dann dafür ein bisschen länger zum Rauchen zu gehen, vielleicht wäre ja auch die neue Kollegin aus dem Kredit unten. Diesmal waren es 75 000 Euro, die er einem Radiologen quasi mit zwei Worten verkauft hatte: Steuern sparen. Um 09:20 Uhr war auch der zweite Fonds erfasst, um 09:20 Uhr und 15 Sekunden läutete wieder das Telefon.

»Ja, Zeller, groooßartig! Da ist ja noch eine Brigitta drin und gleich 75 – ja, das ist ja fantastisch. Also ich muss schon sagen: GROSSARTIG.« Zeller hielt sich den Hörer etwas vom Ohr weg, so laut sprach Janssen, und murmelt nur. »Ja scho.« Was hatte Janssen nun schon wieder falsch gemacht? Fühlte sich Zeller nicht genug wertgeschätzt? Hatten sie das mit dem Loben nicht vor zwei Wochen genauso in der Regio-Runde besprochen, ja sogar geübt? Janssen legte nach: »Also, wie Sie den Stier da bei den Hörnern gepackt haben, das ist phänomenal, fantastisch, also das müssen wir unbedingt als Best Practice weitergeben an die Kollegen, also, die können sich von so einem jungen Wilden echt mal was abschauen. Also wirklich! Wie Sie das nur machen! Weiter so, weiter so, weiter so!!!«

> **»Ich berat meine Kunden alle ganz objektiv. Wissen's, meine Tochter arbeitet bei der HansicContainer, und deshalb kriegt jeder erst mal ein Schiff. Wissen's, die Leut wollen etwas, das schwimmt.«**
>
> Herbert P. (52), Vermögensberater aus Wien (Oktober 2012).

Zeller wurde langsam unruhig, wenn der Janssen nicht bald aufhören würde, wäre die neue Kollegin unten vermutlich schon wieder weg. Der

Janssen war ja ein Harmloser, aber ein wahnsinniger Zeitkiller. Außerdem tat sich Zeller schwer damit, zu verstehen, was der eigentlich von ihm wollte. Eine Vertriebsschulung mit den Kollegen machen? Das hatte ihm gerade noch gefehlt. Zeller ging nun in die Offensive, um einem weiteren Anruf zuvorzukommen: »Oiso, bevors no amoi oruafa: I hob a no an dritten Fonds gmacht mit 30.« Eine Aussage, die er wenig später bereute, da er nun einen nicht enden wollenden Lobgesang über sich ergehen lassen musste. Na bravo, die Kollegin war jetzt sicher weg. Nach gut drei Minuten nahm sich Zeller ein Herz und unterbrach seinen völlig euphorisierten Chef-Chef: »Sie, bittschön, I müsst jetzt dann no an Termin vorbereiten, also nix für ungut.« Als Janssen endlich aufgelegt hatte, kommentierte Turbo-Franz den fragenden Blick seiner Kollegen trocken mit: »Mei, der Janssen wega da Brigitta, jetzat is a ganz narrisch worn.«

30 Minuten später war Zeller zurück an seinem Platz, seine Stimmung war bombastisch. Die neue Kreditlerin würde heute Abend mit zwei ihrer Freundinnen ins Sudhaus kommen, und Franz wäre nicht Turbo-Franz, wenn da nicht ein bisserl was gehen würde. Als er auf sein Display schaute, zeigte es zehn Anrufe in Abwesenheit. Als er den Moser anschaute, meinte der nur: »Der Janssen hat a paar moi ogruafa. Irgendwie aufgregt wara.«War da so was wie Häme in Mosers Stimme? 30 Sekunden später klingelte das Telefon: »Zeller! Was ist los, da ist keine dritte Brigitta drin! Wie kann das sein?!« »Mei Janssen – i hot a Akquise-Gespräch – i erfoss'n glei, bevor's an Herzkaspar kriagn ...«

> Zwei Wochen später bewarb sich Turbo-Franz bei mir als Honorarberater. Seine Toleranzgrenze für solchen Unsinn war endgültig erschöpft. Er war viele Jahre einer meiner besten Mitarbeiter. Wir sind bis heute befreundet.

> Zwei Monate später wurde Janssen degradiert: erst zum Filialleiter, kaum ein Jahr später zum Teamleiter im Backoffice. Dort überwinterte er rund zwölf Jahre, bis er in Rente ging.

> Zwei Jahre später ging die Brigitta – sorry für die platte Metapher – finanziell völlig unter. Durch die Finanzkrise ging die Höhe der Charter-Raten dramatisch zurück. Viele Containerschiffe rosteten über Jahre ungenutzt in den Häfen. Konjunkturrisiko und Schweinezyklus hatten beide voll zugeschlagen.

Exkurs: Pinocchio-Banking

»Ich erlebe Herrn Nothing da in einer ausgesprochen großen Klarheit.«
Vertriebstrainer Sebastian K. (38) hilft, einen cholerischen Anfall richtig einzuordnen (Mai 2007)

Filialleiterin Wolf bei der Wochenansprache: »Dass Sie uns da jetzt so beim Wertpapierabsatz hängen lassen, da bin ich auch irgendwie ein Stück menschlich enttäuscht.«
Im Hintergrund kommentiert Weber zu seiner Nachbarin: »Das mit der menschlichen Enttäuschung ist neu. Jetzt war sie auch bei der gleichen Schulung wie der Nothing und der Grafental« (Februar 2008).

»Herr Schwarz, sind Sie so weit mit der Beurteilung zufrieden?«
»Na ja, Herr von Grafental, neulich sind Sie bei mir in der Filiale gewesen und haben gesagt, da wäre so eine gute Stimmung und alle seien motiviert, könnten Sie da nicht auch was dazu festhalten?«
»In Ordnung.« Herr von Grafental schreibt: »Die guten Vertriebsergebnisse sind auch darauf zurückzuführen, dass es Herrn Schwarz immer wieder gelingt, seine Kollegen zu motivi…« Er stockt, streicht »motivi…« wieder durch und ergänzt »einzubinden«.
»Herr von Grafental, ist ›motivieren‹ in der Bank inzwischen negativ besetzt?«
»Herr Schwarz, ich schätze Sie sehr, Sie wollen in diesem Haus noch Karriere machen, und da möchte ich Ihnen nicht schaden …«
Beurteilungsgespräch (Mai 2007)

»Chef, was wir da machen, unsere Trades[61], das ist ja mittlerweile nur noch kriminell.«
»Ach, haben Sie sich doch nicht so, allerhöchstens 10 Prozent unserer Trades sind kriminell.«
Dialog zwischen Privatbanker Stephan G. (32) und seinem Vorgesetzten Hans T. (45) (Juni 2008)

»Na, die Kundin hot des ned woin, des Zerti. Des hob I der drüberbradn. *Ihr* habt's gsagt, dass I dois verkafa soll. Des hob I ois schriftlich. Ihr kennt's mir goar nix.«
Senior Private Banker Franz W. (54) der VR Bank Oberkaltenkirchen rechtfertigt sich gegenüber seinem Vorstand wegen einer massiven Kundenbeschwerde zum Thema Fehlberatung. Ein kleineres Archiv ausgedruckter Vertriebs-Mails des Vorstands im heimischen Keller erlaubte Franz W. eine in seiner Bank legendäre Ungeniertheit (Mai 2009).

»Starke Behauptung ist immer besser als schwaches Argument.«
Hans-Dieter N. (36), Wertpapierspezialist (Januar 2004)

»Das Produkt habe ich meinen eigenen Eltern empfohlen.«
Karl D. (33), Senior Private Banker (Juli 2008)

»Sie hätten mir erzählen müssen, wie problematisch das Verhältnis zu Ihren Eltern ist.«
Clara P. (48) zu Senior Private Banker Karl D. (März 2009)

»Wir wenden das Depot der Kunden so oft, bis das letzte Fleisch von den Knochen fällt.«
Henry P. (28), Junior Private Banker der »Grillstation« getauften Filiale der Kopfweh-Bank München (Juni 2006)

»Schauen Sie, Herr Braun, das sind meine Unterlagen zur Immobilienbeteiligung in Ludwigshafen, da gehört mir ein Apartment in einem Seniorheim.«
»Und ist es schön da?«
»Keine Ahnung, ich war noch nie da, aber mein Berater fand es so gut, er hat selber da investiert.«
»Ah – hat er?«
Dr. med. Andreas L. (42) im Gespräch mit Nikolaus B. (50) (März 2019)

»Weißt du, was für uns der größte Unterschied zu früher (Provisionsvertrieb) ist? Früher war die Dummheit der Kunden unser Freund …«
Stefan H. (38), Honorarberater (Juni 2018)

Männer

»Oh, Männer sind allzeit bereit.
Männer bestechen durch ihr Geld und ihre Lässigkeit. [...]
Wann ist ein Mann ein Mann?
Wann ist man ein Mann?«
Herbert Grönemeyer, Männer

93 × Thomas

Das Lieblingsthema im Umfeld Geld und Geschlechterrollen sind natürlich Frauen. Vermutlich völlig zu Recht, denn hier gibt es nach wie vor jede Menge Defizite und Handlungsbedarf.

Nach wie vor verdienen Frauen deutlich weniger Geld als Männer. Während sie in besser bezahlten Jobs unterrepräsentiert sind, werden sie bei gleicher Tätigkeit schlechter bezahlt. Wenn Letzteres schlicht eine indiskutable Ungerechtigkeit ist, beruht der erste Punkt nicht ausschließlich auf einer Verschwörung des Patriachats. Dahinter liegen teilweise auch bewusste Entscheidungen: Frauen sind (zumindest im Schnitt) sozial kompetenter, stärker an Beziehungen orientiert und weniger geldgetrieben. Dies führt einerseits dazu, dass Frauen mehr Teilzeit arbeiten, weil sie Zeit für Kindererziehung oder Pflege der Eltern investieren. Andererseits entscheiden sich Frauen deutlich häufiger für eher schlecht bezahlte Jobs im eher weiblich kodierten Sozialbereich.

Kein Wunder also, dass es kaum eine Branche gibt, die so fest in männlicher Hand ist wie die Finanzindustrie. Banker qualifiziert sich halt auch nicht im engeren Sinne als Sozialberuf, eher im Gegenteil. Ob stockkonservative Privatbank, Großbank oder (scheinbar) innovatives Fintech – oberhalb der Assistenzebene und erst recht ab einer gewissen Führungsebene gilt: Männer, Männer, Männer. So kommen bei 839 deutschen Genossenschaftsbanken auf 1905 männliche Vorstände gerade mal 88 weibliche Vorstände: 4,4 Prozent. Wenn man Vorstand einer Volks- oder Raiffeisenbank ist, ist es wahrscheinlicher, dass man Thomas heißt, als eine Frau zu sein. Denn Thomasse gibt es in den Vorstandsetagen ganze 93.[62] Gut, Thomas ist ja auch ein häufiger Name.

Wenn Geld einen abnehmenden Grenznutzen hat und im besten Fall dazu dient, Beziehungen reicher zu gestalten, dann wäre es eigentlich gar keine schlechte Nachricht, dass Frauen offenbar nicht im gleichen Maße geldgetrieben sind wie Männer. Sich selbst auf seinen ökonomischen Tauschwert zu reduzieren, kann ja nicht Sinn und Zweck eines erfüllten Lebensentwurfs sein. Doch unabhängig davon, wie bewusst oder wie (un-)freiwillig diese Entscheidung jeweils ist, befinden sich Frauen häufig am unteren Ende der Kurve des abnehmenden Grenznutzens von Geld – da, wo mehr Geld noch ein deutliches Plus an Lebensqualität bedeuten würde, oder anders ausgedrückt: da, wo fehlendes Geld viel Lebensqualität kostet. Das gilt insbesondere, wenn im Fall einer gescheiterten Ehe Frauen potenziell mit Altersarmut konfrontiert sind. Insofern ist ein Klassiker des frühen Finanz-Feminismus absolut korrekt: »Ein Mann ist keine Altersvorsorge.«[63] Insbesondere, wenn ein entsprechend gestalteter Ehevertrag dazu führt, dass die Frau im Fall einer Scheidung weitgehend leer ausgeht.

In der gelebten Praxis ist Geld eine der letzten Bastionen des Patriachats. Paare fällen zwar oft die wichtigen grundsätzlichen Entscheidungen gemeinsam, dann aber übernimmt der Mann die laufenden operativen Entscheidungen. Ich beobachte sehr häufig, dass Frauen froh sind, das Stressthema Geld weitgehend delegiert zu haben, in der meist unbegründeten Vermutung, ihre Männer seien da kompetenter. Männer übernehmen dann dieses Thema, mal nolens volens, seltener mit Hingabe. Auch das ist natürlich eine Form einer schleichenden Entmündigung. Umso ernüchternder ist, dass dies offenbar kein Thema einer früher oder später aussterbenden Generation ist. So beobachtet auch der Finanzjournalist Henning Jauernig in seinem durch und durch lesenswerten Ratgeber *Young Money*, dass auch Frauen, die heute in ihren Zwanzigern sind, sich bei Finanzen wie »kleine Prinzessinnen« verhalten, die hoffen, dass ihnen ein männlicher Ritter das lästige Thema Geld abnimmt.[64] Insofern sind die alleinige Ursache des

Problems nicht *nur* alte weiße Männer, jene Repräsentanten eines aussterbenden Lebensmodells, zu dem wohl auch ich selbst gehöre.

Geld ist folglich nach wie vor Männersache. Das ist bis in unsere Sprache hinein tief verwurzelt. Die meisten Begriffe und Werte im Umfeld von Geld sind traditionell eindeutig männlich kodiert: Macht, Status, Prestige. Geld ist mitunter das Gegenstück zu klassisch weiblich belegten Vorstellungen wie soziale Fürsorge oder Beziehungen. Und so verwundert es nicht, dass Geld und finanzieller Erfolg als Ausdruck der Fähigkeit, ein sicheres Umfeld für den Nachwuchs zu schaffen, bis heute elementarer Bestandteil männlicher Identität und männlichen Selbstbewusstseins ist – ein archaischer Wettbewerbsvorteil bei der Suche nach einer geeigneten Partnerin, mit der man die eignen Gene in die nächste Generation weitertragen kann. Insofern ist Geld immer auch eine Frage männlicher Potenz, und ein finanzielles Scheitern wird insbesondere von männlichen Alphatieren immer auch wie eine (partielle) Kastration empfunden. Das ist unschön und traurig, insbesondere auch für die betroffenen Männer. Nicht, dass sich das nicht ändern ließe, aber es ist erst mal die Ausgangslage.

Entsprechend sind es fast immer Männer, die auf Partys ungute Gespräche über Geld führen, meist über wenig verdeckte Umwege. Wie es in einer nur bedingt selbstironischen, dafür umso sexistischeren Sparkassenwerbung aus dem Jahr 1995 hieß: »Mein Haus, mein Auto, mein Boot.«[65] Kein Wunder, dass bei den auftrumpfenden Männern in diesem Werbespot nicht nur Swimmingpools und Pferde, sondern auch Frauen (Plural?!) käuflich erscheinen. Man kann die Uhr danach stellen, wann diese Herren vor die Tür gehen, um zu sehen, wer das größte Loch in den Schnee pieseln kann.

Ja, Frauen sind völlig zu Recht das Lieblingsthema im Umfeld »Geld und Geschlechterrollen«, denn hier gibt es nach wie vor den meisten Handlungsbedarf. Aber spannender und tragischer sind Männer – alte weiße Männer: Familientyrannen, liebevolle Patriarchen, Männer, die sich selbst für Beruf und Familie aufopfern, und auch Männer, die für den Beruf und das Geld ihre Familie zerstören. Und ganz selten auch Männer, denen es gelingt, auf Augenhöhe eine liebevolle Beziehung zu ihrer Partnerin zu leben – auch beim Thema Geld.

Das kleinste Zimmer

21:45 Uhr

Eigentlich wollte Roman gar keine eigene Agentur gründen – und Anja erst recht nicht. »Wir haben gar nichts gegründet«, sagt Anja heute rückblickend, »wir wurden gegründet.« Und das kam so.

Mit 28 lernten sich Robert und Anja auf dem dreißigsten Geburtstag einer gemeinsamen Freundin kennen. Robert verliebte sich sofort unsterblich, Anja ein paar Wochen später. Kein optimales Timing: Denn Anja hatte fest vor, für die nächsten Jahre nach Shanghai zu gehen, wo die kleine aufstrebende Agentur für digitales Marketing, für die Anja arbeitete, eine Niederlassung etablieren wollte. Auch Robert hatte gerade einen ziemlichen Karriereschritt hinter sich gebracht. Er leitete seit einem Jahr als Marketingdirektor ein kleines Team einer mittelständischen Werbeagentur in Hamburg und war zusätzlich verantwortlich für Strategie und Konzeption für drei der wichtigsten Kunden.

Um Anja nicht zu verlieren, kündigte Robert und begann, sich von seinen Kunden zu verabschieden. Einen Umstand, den Anja mit den Worten kommentierte: »Eigentlich wollte ja *ich* ins Ausland. Aber gut …« Zu Roberts großem Erstaunen bekniete ihn der größte Kunde der Agentur regelrecht, wenigstens noch einen letzten Auftrag für ihn zu übernehmen. Es war nichts Aufregendes, aber gut bezahlt und schmeichelhaft. Wann hatte man schon mal die Chance, für einen DAX-Konzern ein Set an Printmaterialien für deren Sport-Sponsoring zu machen?

Anja zu überzeugen, war im Prinzip nicht allzu schwer: 130 000 D-Mark Budget für einen Auftrag, den sie zu zweit mit ein, zwei Freelancern in zwei, drei Monaten durchziehen konnten. Das bedeutete jede Menge finanziellen Spielraum für einen gemeinsamen Neustart in Shanghai. Doch als sich Anja den Auftrag näher ansah, meinte sie nur: »So machen wir das nicht.« Statt in der ersten Präsentation bunte Bildchen, Werbebotschaften und Ideen für Flyer zu präsentieren, stellten sie den gesamten Auftrag infrage. »Wir waren überzeugt, dass die sich einfach die falschen Fragen stellen. Wir wollten ihnen zeigen, wie viel Potenzial sie verschwenden und wie sie das Sport-Sponsoring nutzen können, um direkt mehr Erfolge im Sales zu haben.«

Ihr Auftraggeber war erst einmal ziemlich sauer: Wie kamen zwei Achtundzwanzigjährige dazu, einfach ihren Job nicht zu machen und ihn zu belehren? Im selben Moment allerdings griff er zum Telefon und verlangte den Marketingvorstand des Konzerns. »Dr. Meier, wenn es bei Ihnen gerade nicht um Leben und Tod geht, kommen Sie runter und hören Sie sich das an.« Drei Wochen später hatten Anja und Robert den Auftrag, das gesamte Sport-Sponsoring des Konzerns neu zu konzipieren. Volltreffer! 600 000 D-Mark Budget – und das nur für die ersten Arbeitsschritte ohne die konkrete Umsetzung und ohne das Roll-out. Was für ein Sicherheitspolster für China! Wahnsinn!

Um das Projekt umzusetzen, gründeten die beiden eine eigene GmbH. Binnen zwei Jahren zog ein Auftrag den nächsten nach sich, und es kamen neue Kunden dazu. Nicht, dass die beiden aktiv akquiriert hätten, irgendwie ergab sich das: ein Marketingleiter, der den Konzern wechselte und weiter mit Roman und Anja arbeiten wollte; ein Freelancer, der mit einem mittleren Budget eines M-DAX-Konzerns ankam. Einmal sprach sie ein Immobilienentwickler an: »Habt ihr schon mal was mit Immobilien gemacht?«

»Nein.«

»Gut, dann seid ihr meine Agentur.« Ihm hatte gefallen, was die beiden machen, und er wollte jemand mit einem frischen Blick.

Inzwischen hatte die GmbH fünf feste Angestellte und arbeitete mit einem guten Dutzend Freelancern zusammen. Morgens stolperte Anja, wenn es mal später geworden war, in der Küche und im Wohnzimmer über Mitarbeiter, die an Laptops oder provisorischen Arbeitsplätzen saßen. »Wir haben uns ewig vorgemacht, dass das nur vorübergehend ist, dass wir nach dem nächsten, zumindest dem übernächsten Auftrag endlich losziehen.«

Erst nach fast zweieinhalb Jahren mieteten die beiden eine Bürofläche an und gestanden sich ein, dass Anjas Traum dem Erfolg der Agentur zum Opfer gefallen war. Ernüchternd, aber eben auch beglückend. »Wir hatten wirklich sehr ›leckere‹ Budgets und Aufträge, solche, von denen andere Agenturen nur träumen können.« Zusammen waren sie ein unschlagbares Team, beruflich ebenso wie privat. Ein Jahr später heirateten die beiden. Die Agentur wuchs und wuchs. Inzwischen begannen die beiden, einen größeren Teil ihrer Gewinne zurückzulegen und zu investieren. »Da war auch viel Mist dabei: Filmfonds, Schiffe et cetera. Aber im Großen und Ganzen hatten wir das Glück, zur richtigen Zeit am richtigen Ort in Immobilen investiert zu haben.«

Die Agentur wurde immer größer, wenn auch nicht zwangsläufig profitabler. Gleichzeitig nahm aber der Schmerz durch die Arbeit zu. Was als relativ autonomes Arbeiten begonnen hatte, war immer mehr von Fremdbestimmung geprägt: Mitarbeiterinnen, Kunden, Freelancer – je größer die Agentur wurde, umso mehr prasselte auf sie ein. Den Tag von sich aus zu strukturieren, war kaum mehr möglich. Dazu kamen ein immenser Zeitdruck und das Gefühl, immer verfügbar sein zu müssen.

Eines von Dutzenden Beispielen: Als Anja und Robert ihre Flitterwochen auf einer winzigen Südseeinsel in Fidschi verbrachten, einer Insel, auf der überhaupt nur Platz für zwölf Touristen war, erreichte sie eine aufgeregte SMS eines Mitarbeiters: »Wir haben einen Notfall.« Die beiden reisten zwei Stunden über die Insel und fanden dort in einer Wellblechhütte so was Ähnliches wie einen Internetzugang. Nach 20 Minuten war der Rechner hochgefahren, nach einer weiteren Viertelstunde hatten die beiden Zugang zu einem Browser. Es dauerte ungefähr eine Stunde, bis sie die Aufgabe, die angeblich so unglaublich dringend war, heruntergeladen hatten. Den nächsten Tag verbrachten sie damit, ein Konzept für den Kunden zu erstellen, und gingen am Folgetag wieder zurück zu der besagten Wellblechhütte. Sie hatten die Hütte gerade erreicht, als eine SMS aus Hamburg ankam: »Hi, Roman, hi, Anja, sorry für die Aufregung – hat sich erledigt.«

Dieses Arbeiten, in dem das, was heute noch auf Leben und Tod wichtig ist, morgen niemanden mehr interessiert, in dem man primär seine Arbeitszeit, genauer: seine Lebenszeit, verkauft und das von einer immensen Kurzatmigkeit geprägt war, strapazierte die beiden zunehmend. »Irgendwann hat man immer weniger Lust, am Freitagabend um 21:45 Uhr noch einen ultrawichtigen Flyer für die Premium-Innenausstattung eines Sportwagens fertig zu machen.«

Der eigentliche Schmerzpunkt kam mit der Geburt der beiden Söhne Timo und Niklas 2007 und 2008. Anja erinnert sich: »Während der knapp zweijährige Timo daheim bei der Kinderfrau blieb, fuhren wir drei Wochen nach Niklas' Geburt mit der Praktikantin als Babysitter nach Frankfurt zu einer Präsentation. In den Pausen ging ich kurz raus, um Niklas zu stillen, drinnen nahm mich der Marketingchef des Unternehmens danach zur Seite: ›Sie bleiben uns aber schon im ganzen Umfang wie bisher erhalten, oder?‹ In den knapp zehn Jahren nach der Geburt der Kinder habe ich es faktisch nicht einmal geschafft, um 16 Uhr daheim zu sein.« Unter der Woche und oft auch am Wochenende waren Erziehung und Betreuung der Kinder fremdorganisiert durch Haushälterin, Kinderfrau und Anjas Mutter. Wenn sich die beiden dann ansahen, wie viele ihrer Mitarbeiter aus der Generation Y andere Prioritäten setzten, nicht mehr bereit waren, Nacht- und Wochenendschichten für die Karriere zu schieben, kamen ihnen immer mehr Zweifel, ob die Agentur dauerhaft das Richtige für sie war. Waren die jungen Leute einfach verweichlicht, fehlte denen der Biss oder hatten die im Grunde genommen recht und stellten sich die besseren Fragen?

Im Herbst 2016 kam Anja nach einem Besuch bei einer Freundin in Südafrika mit einer Handvoll Rezepten für Naturkosmetik wieder und fing nachts im Keller an, an diversen Gesichtscremes zu arbeiten. Anfang 2017 gründeten sie und Roman eine GmbH, um diese Produkte zu vertreiben, selbstverständlich mit einer sehr überzeugenden Markengeschichte und einem professionellen Marketing. Doch der Plan, zweigleisig zu fahren, sich quasi durch die Hintertür aus der Werbewelt zu verabschieden, funktionierte nicht: Dringende Aufträge in der Agentur – und die gab es immer – hatten stets Priorität. Statt eine Alternative zur Agentur wurde das Projekt Naturkosmetik zur Doppelbelastung – vor allem für Anja.

Im Sommer 2018 verkündete Anja an einem der letzten Urlaubstage in der Toskana bei einem Glas Wein auf der Terrasse: »Ich komme nicht in die Agentur zurück. Wenn ich keinen klaren Schnitt mache, wird das nie etwas.« Ab da ging alles ganz schnell: Binnen eines halben Jahres wickelte Roman die verbleibenden Aufträge und damit die Agentur ohne Anjas Hilfe ab. Für einen geordneten Verkauf, der schätzungsweise zwischen 2 und 2,5 Millionen Euro eingebracht hätte, war ihm die Zeit zu kostbar. Dazu hätte Roman die Agentur drei bis vier Jahre allein weiterführen müssen, was für ihn keine Alternative war. Auch ohne den Unternehmensverkauf hatte der finanzielle Erfolg der Agentur ihnen einen Handlungsspielraum eröffnet, den sie jetzt nutzten. Sie verkauften zwei ihrer Immobilien, um genügend Geld für Investitionen und für ihren nicht ganz unkomfortablen Lebensstandard zu haben.

»Am Ende lief es für mich darauf hinaus, ob es schlimmer war, mit dem eigenen Unternehmen zu scheitern, als es nie versucht zu haben.«

Anina B. (48) über ihre späte Unternehmensgründung (November 2017).

So entschlossen, wie Roman vor 16 Jahren bereit gewesen war, Anja zu folgen, und sich entschieden hatte, alles in Deutschland aufzugeben und mit Anja nach China zu gehen. So entschlossen, wie sich Anja danach der von Roman fast aus Versehen angestoßenen Agentur verschrieben hatte, so entschlossen reagierte Roman auch diesmal. »Es machte einfach gar keinen Sinn, beruflich getrennte Wege zu gehen. Ich hätte nie einen ebenbürtigen und mit Anja irgendwie vergleichbaren beruflichen Partner gefunden – und sie auch nicht.« »Ich erinnere mich noch«, ergänzt Anja, »wie wir 2006 in große, wirklich schöne Agenturräume gezogen waren und Roman und ich uns einen Schreibtisch im kleinsten Zimmer der Agentur geteilt haben. Die Mitarbeiter haben gelacht und viele haben nicht verstanden, warum wir uns nicht jeder ein Einzelbüro gegönnt haben. Aber das war immer der Kern unseres Erfolges, dass wir alles Wesentliche zusammen gemacht haben.«

> In den ersten Jahren haben beide wie in einem Crash-Kurs das kleine Einmaleins des produzierenden Gewerbes gelernt – auch durch eigene Fehler. Corona-Pandemie und Ukraine-Krieg haben für deutliche Einbrüche gesorgt. Die Naturkosmetik-Firma von Anja und Roman ist dabei trotz aller Rückschläge gut gewachsen. Gewinne haben sie bisher nicht gemacht, und sie zahlen sich auch keine Gehälter, da bisher jeder Euro zurückinvestiert wurde.

> Für ihre Kinder haben Anja und Roman jetzt deutlich mehr Zeit.

> Sobald das Naturkosmetik-Projekt läuft – oder auch, wenn es völlig scheitert –, wollen die beiden ihr nächstes Unternehmen gründen. Ideen gibt es dazu mehr als eine.

Herzensangelegenheit

44 Jahre

Letztlich durfte das ja eigentlich nicht wahr sein, dachte sich Friedrich Jansen, als er mit 31 Jahren wieder in dem Nest ankam, aus dem er vor über zehn Jahren regelrecht geflohen war. Und nicht nur er: Auch seine Frau Anne war alles andere als euphorisch, den lebendigen Ruhrpott gegen eine Gegend zu tauschen, die ihr halbtot vorkam. Aber aus einer Mischung aus klassischer Rollenverteilung und tiefer Liebe folgte sie Friedrich, ohne viel zu diskutieren.

Nun war er wieder daheim, einer Kleinstadt auf dem platten Land in Holstein, in dem seine Eltern ein Altenheim mit ungefähr 70 Zimmern betrieben. Damals hatte er sich geschworen, nie wieder hierher zurückzukehren, zu seinem sturen Vater und seiner – man konnte es leider nicht anders ausdrücken – habgierigen Mutter.

Und umgekehrt: Hatten seine Eltern nicht regelrecht mit ihm gebrochen, weil er das Familienunternehmen partout nicht übernehmen wollte und stattdessen eine Hotelfachschule besucht hatte? Hätten seine Eltern nicht stolz auf ihn sein sollen, dass er an einem der ersten Häuser in Hamburg als Lehrling akzeptiert worden war und dort binnen kurzer Zeit einen steilen Aufstieg hingelegt hatte? War es gar nichts wert, dass er bereits mit 27 Restaurantleiter im über die Stadtgrenzen hinaus bekannten Gourmettempel geworden war?

Stattdessen beschränkte sich die Kommunikation auf eine Postkarte zu Weihnachten und eine zum Geburtstag – und das auch nicht immer. Ihre Enkeltochter kannten die Großeltern nur von wenigen Fotos, und auch zur Hochzeit waren sie nicht gekommen. Zuletzt hatten sie sich vor vier Jahren auf der Beerdigung von Oma Erika gesehen; die Gespräche waren gequält und stockend gewesen, und am Ende waren Friedrich und seine Frau Anne froh, dass sie sich nach einer Anstandsfrist relativ früh verabschieden konnten.

Nach einem erfolglosen Versuch, ein eigenes Fünf-Sterne-Haus in einer Kleinstadt in Nordrhein-Westfalen zu etablieren, war Friedrich zuletzt zwei Jahre Manager eines kleinen Boutique-Hotels in Dortmund gewesen, als ihn seine Schwester anrief. Die Eltern seien mit der Führung des Altenheims inzwischen ziemlich überfordert, es fehle jemand mit betriebswirtschaftlichem Know-how, und außerdem gebe es nach Rücksprache mit den entscheidenden Stellen des Landkreises die Möglichkeit, drei Orte weiter ein weiteres Heim zu eröffnen: Der Landrat habe signalisiert, man werde das Projekt in jeglicher Weise unbürokratisch unterstützen. Das wäre ein Riesengeschäft, aber allein würden es die Eltern nicht schaffen.

Rückblickend war es kein Wunder, dass die Zusammenarbeit mit den Eltern binnen relativ kurzer Zeit schiefging: Friedrich sollte sich bei der Konzeption des neuen Heims um alles kümmern, entscheiden wollte aber alles sein Vater – und das, obwohl dessen planerische Fähigkeiten im besten Fall übersichtlich waren. Friedrich brütete Nacht um Nacht über Angeboten, Kalkulationen und Kostenrechnungen, nur um sich später von seiner Mutter belehren zu lassen, dass das alles viel zu teuer würde und er wohl die Familie ruinieren wolle. Kurzum: Seine Eltern waren in den letzten zehn Jahren offenbar nicht auf wundersame Weise zu netten Menschen geworden.

So kam es erneut zum Bruch: Die Eltern erklärten, sie wollten mit dem Neubau nichts mehr zu tun haben, und Friedrich beschloss, die Sache allein durchzuziehen. Alle Fäden, alle Entscheidungen und auch alle Informationen liefen bei ihm zusammen. Seine einzige Unterstützung im Hintergrund war seine Frau Anne. Stress pur – 6,8 Millionen Schulden, die Verantwortung für eine Großbaustelle, und das mit 32 –, insbesondere, als seinem Architekten eine Reihe von Schnitzern unterlief, Planungsfehler korrigiert werden mussten und das Projekt zweimal nachfinanziert werden musste. Auch Annes Wunsch, den Heimbewohnern über das gesetzliche Mindestmaß hinaus Komfort zu bieten, verteuerte das Projekt weiter: höhere Decken, etwas größere Bäder, schönere Gemeinschaftsräume. Das Altenheim war für Friedrich und Anne nicht nur ein reines Geschäftsmodell – es entwickelte sich zunehmend zu einer Herzensangelegenheit. Als sich die Inbetriebnahme noch einmal um drei Monate verzögerte, wurden die örtliche Sparkasse und ihr Direktor Dirk Dirksen zunehmend nervös.

Friedrichs Eltern, bestens mit Dirksen bekannt, hielten sich immer missgünstig auf dem Laufenden, was Friedrichs Projekt und dessen

Probleme anging. Nun signalisierten sie dem zunehmend besorgten Dirksen, dass sie ihn in der Not nicht hängen lassen würden – im Gegenteil: Es solle sein Schaden nicht sein, wenn er sie dabei unterstütze, an Friedrichs nun fast fertiges Altenheim zu kommen. Er habe sich doch schon lange für das kleine Freizeitgrundstück der Jansens am örtlichen Badesee interessiert … Da ließe sich sicher was machen. So beschloss Dirksen, aus der Not eine Tugend zu machen, und nahm die sich abzeichnenden Zahlungsschwierigkeiten von Friedrich und Anne zum Anlass, um alle Kredite ohne weiteren Grund mit einer Frist von vier Wochen zu kündigen.

In dem Moment passierte so etwas Ähnliches wie ein Wunder. Man sagt ja Banken nach, sie verteilten bei Sonnenschein Regenschirme, um sie bei Regenwetter wieder einzusammeln. Und genau das tat ja auch die örtliche Sparkasse. Doch gleichzeitig fand sich ein Kreditinstitut – die Bremer Landesbank[66] –, das in genau dieser existenzgefährdenden Situation den jungen Jansens unter die Arme griff, den Kredit der Sparkasse ablöste, dafür sorgte, dass Friedrich sein Altenheim behielt, und Dirksen weiter am allgemein zugänglichen Strand mit Krethi und Plethi zum Baden gehen musste.

Ab da ging es für Friedrich und Anne bergauf: Im Oktober 1998, drei Monate später als geplant, eröffnete das Heim, 2001 erweiterte Friedrich es auf 100 Betten, 2004 eröffnete er 15 Kilometer weiter ein zweites Haus. Wieder planten Friedrich und Anne großzügiger als nötig: mit einer liebevollen Fassade, ansprechenden Außenanlagen, höheren Decken, größeren Zimmern und anständigen Gemeinschaftsräumen. Ja, die Jansens verdienten gut an den beiden Heimen, aber sie versuchten nie, den letzten Euro aus dem Betrieb herauszuquetschen. Das Essen war ausgesprochen anständig – etwas anderes war mit Friedrich und seiner Erfahrung in Hotellerie und Gastronomie auch nicht zu machen. Bei Bewohnern, denen das Geld ausging, drückten sie immer wieder ein Auge zu. Und jeder Heimbewohner bekam zu seinem Geburtstag einen großen Blumenstrauß, was dazu führte, dass der Steuerprüfer bei der Betriebsprüfung Friedrich unterstellte, er würde seiner Frau auf Kosten des Unternehmens regelmäßig Blumen schenken. Am wichtigsten war, dass die Heime mit einem erhöhten Betreuungsschlüssel arbeiteten, sprich mit mehr Pflegekräften als offiziell vorgesehen, um die Qualität aufrechtzuerhalten. In der Summe zahlte sich das aus: Die Heime hatten lokal einen ausgezeichneten Ruf und waren immer voll ausgelastet.

Friedrich, aber auch Anne setzten sich praktisch Tag und Nacht für die Heime und ihre Einwohner ein. Alle Angehörigen hatten die private Handynummer von Friedrich, und wenn es irgendwo knirschte, setzten sie sich ins Auto und fuhren »runter«, um zu sehen, was man tun könne. Der Stress war immens, insbesondere für Friedrich, bei dem nach wie vor alles zusammenlief. Aber zugleich waren beide sehr zufrieden mit ihrem Leben. Was Friedrich dagegen wirklich belastete, war nicht die viele Arbeit für seine Heime, sondern der Ärger mit Behörden, Ämtern und Politikern, die einerseits lautstark und scheinheilig forderten, man müsse Menschen einen würdigen und schönen Lebensabend gestalten, aber andererseits gleichzeitig Budgets kürzten und Einsparungen einforderten, wo sie nur konnten.

Als Friedrich 2008 das dritte Heim plante, war seine Belastungsgrenze endgültig erreicht: Mit 44 erlitt er einen Hinterwandinfarkt, den er mit Müh und Not überlebte. Während Friedrich um sein Leben kämpfte, musste Anne die beiden Heime allein am Laufen halten. Eigentlich ein Ding der Unmöglichkeit, denn die Schaltzentrale der beiden Heime war Friedrich gewesen – in dieser Hinsicht vollkommen Patriarch alter Schule. Prozesse waren kaum dokumentiert, das meiste hatte Friedrich einfach im Kopf, aber nirgends aufgeschrieben. Kein Wunder, dass an vielen Stellen das Chaos ausbrach, die Logistik teilweise kollabierte, einige Mitarbeiterinnen und Mitarbeiter kündigten und die Umsätze zurückgingen. Wieder waren es die finanzierende Bank und eine sehr gute Steuerberaterin, die Anne den Rücken freihielten, bis sie einigermaßen klarkam. Außerdem wuchs Clara, ihre sechzehnjährige Tochter, als mentale, aber auch als organisatorische Stütze über sich hinaus. Anne, die es immer gewohnt gewesen war, im Hintergrund zu unterstützen, erwies sich als durchaus fähige Unternehmerin und Krisenmanagerin.

2010 kehrte ein gesundheitlich immer noch massiv angeschlagener Friedrich in den Betrieb zurück – erst stückweise, relativ schnell aber wieder mit aller Kraft. Im alten Stil zog er erneut die meisten Aufgaben an sich. Das war keine wirklich gute Idee für einen Menschen, dessen Herzmuskel zu einem Drittel abgestorben war. Doch da Friedrich seinen Beruf und seine Heime so liebte, war es für ihn faktisch unmöglich, mit halbem Einsatz zu arbeiten. Eine Weile ging das einigermaßen gut.

2014 verschlechterten sich Friedrichs Werte deutlich. Sein Arzt sagte ihm damals: »Wenn du höchstens 60 werden willst, dann machst du gerade alles richtig.« In der Situation entschied sich Friedrich, das Unternehmen zu verkaufen. Friedrich meint heute rückblickend: »Ich liebe [sic! Präsens] meine Arbeit, aber meine Familie liebe ich mehr.« Am Ende sicherte sich ein örtlicher Wettbewerber die beiden Heime. Er hat dabei ein ziemlich gutes Geschäft gemacht – wenngleich der Verkaufspreis mit hoher Wahrscheinlichkeit ausreichen wird, um Annes und Friedrichs Lebensstandard dauerhaft zu sichern und das Medizinstudium ihrer Tochter zu finanzieren.

»Wenn ich einmal reich und tot bin …«[67]
Maxim Biller (Juni 1990)

> Nach den zwei Jahren, in denen Clara ihre Mutter so stark unterstützt hatte, fiel sie in ein ziemliches Loch. Eine der Folgen war ein eher mittelmäßiges Abitur. Nach einem Studium der Pflegewissenschaften studiert sie heute Medizin in Bratislava. Sie hat ein sehr liebevolles Verhältnis zu ihren Eltern.

> Friedrichs Vater rang seinem Sohn 2011 auf dem Sterbebett das Versprechen ab, sich um den Betrieb der Mutter zu kümmern. Ein Versuch, dem nachzukommen, scheiterte daran, dass Friedrichs Mutter jede Hilfe abschmetterte. Das gegebene Versprechen hinderte Friedrichs Vater dennoch nicht daran, seinen Sohn noch rechtzeitig zu enterben.

> Die ehemaligen Heime der Jansens laufen heute deutlich profitabler als früher: Die Pflege ist straffer organisiert. Im Klartext: Die Anzahl der Pflegekräfte wurde auf ein Minimum heruntergefahren, die Außenanlagen sind heruntergekommen, und das Essen ist so, wie man es erwarten würde. Mit anderen

Worten: Ihren ehemaligen Charme für die Bewohner haben die Heime eingebüßt. Anne ist bis heute tief enttäuscht, dass ihr Lebenswerk eines menschenwürdigen Altenheims gescheitert ist beziehungsweise gekapert wurde. Friedrich dagegen hat damit seinen Frieden geschlossen. Er ist froh, am Leben und für seine Frau und seine Tochter da zu sein – und dass genügend Geld vorhanden ist, um davon dauerhaft abbeißen zu können.

Das Kursblatt

10 000 D-Mark

Im Sommer 1961 hatte Martin Wagner definitiv die beste Zeit seines Lebens. Der Alptraum seiner Kindheit schien wie weggeblasen: Nicht nur die Armut seines Elternhauses und der Nachkriegszeit – so schien es – gehörte der Vergangenheit an, sondern auch die Lieblosigkeit seiner Kindheit: In den ersten fünf Lebensjahren abgeschoben zu den Großeltern, weil er daheim und im Geschäft seiner Eltern im Weg war. Ein cholerischer und krankhaft geiziger Vater und eine Mutter, die sich auch später nicht übermäßig für ihn interessierte. Wenn ihm eines in seiner Kindheit und Jugend vermittelt wurde, dann das: Du bist nichts wert. Das alles vor dem Hintergrund von Krieg und dem Elend der Nachkriegsjahre. Recht viel schlimmer konnten eine Kindheit und Jugend nicht verlaufen. Doch das alles hatte er jetzt weit hinter sich gelassen.

Als seine Eltern vor acht Jahren beide innerhalb relativ kurzer Zeit verstarben, hatte er das wie eine Befreiung empfunden. Viel hatten sie ihm nicht hinterlassen, aber darauf kam es ihm nicht an. Wenn ihn die Nachkriegsjahre und noch mehr sein Zuhause etwas gelehrt hatten, dann mit sehr, sehr wenig Geld klarzukommen. Dazu kam, dass er durch eine Anstellung an der Uni und weitere Gelegenheitsjobs nicht nur gut über die Runden kam, sondern sich recht schnell eine kleine Summe zur Seite geschafft hatte. Nie würde er das Gefühl vergessen, als er das erste Mal 10 000 D-Mark auf dem Sparbuch gehabt hatte. Das war jetzt zweieinhalb Jahre her, und er hatte es wie einen Sieg über, nein, wie eine Rache an seinem Vater empfunden. Es war auch das erste

Mal, dass Martin bedauerte, dass dieser nicht mehr am Leben war. Was war das? Ein Triumph ohne Publikum? Eine Rache ohne Besiegten? Eigentlich schade. Inzwischen waren es fast 17 000 D-Mark, genau 16 876 D-Mark. Aber das Gefühl würde, egal, welche finanzielle Hürde er in seinem späteren Leben noch nehmen würde, nicht noch einmal das gleiche sein.

Nicht nur finanziell war es mit ihm bergauf gegangen: Martin, dessen Vater Elektrotechniker gewesen war und dessen Haushalt kein einziges Buch aufwies, war der Erste in seiner Familie gewesen, der eine akademische Karriere durchlaufen hatte: ein Physikstudium an der TU-München, im Anschluss eine Stelle als wissenschaftlicher Mitarbeiter und Assistent von Prof. Heinz Maier-Leibnitz. Seine Promotion hatte er zwar nicht mit Bravour, aber doch anständig abgelegt – ein unglaublicher sozialer Aufstieg.

Im Herbst würde Dr. Martin Wagner eine Stelle in der Entwicklungsabteilung eines Münchner Elektrokonzerns antreten. Die Bezahlung: unvorstellbare 2 350 D-Mark pro Monat. Das war mehr als viermal so viel wie die knapp 550 D-Mark, die er bisher hatte, sowie zehnmal mehr, als er bisher benötigt hatte. In seinem Kopf drehten sich die Zahlen, wenn er daran dachte, wie schnell sich jetzt 20 000, 50 000, ja 100 000 D-Mark erreichen lassen würden.

Noch vor ein paar Jahren hatte er sich nächtelang Horoskope erstellt und anhand endloser Kalkulationen, Tabellen und Zahlenkolonnen auszurechnen versucht, wer er war. Darüber konnte er jetzt nur abfällig den Kopf schütteln. Heute schützten ihn ganz andere Zahlenkolonnen: ein Zettel, auf dem er sein Gesamtvermögen festhielt, in kleiner Schrift, ein Kästchen kariertes Papier pro Zahl, Tag für Tag, Woche für Woche, Monat für Monat, Jahr für Jahr. Sicher war dieses Geld für ihn auch ein Schutz vor Armut, wie er sie in seiner Kindheit erlebt hatte. Das Potenzial, sich und später einmal seine Familie versorgen zu können. In erster Linie aber war es ein Totem, ein Amulett gegen die bösen Geister seiner Kindheit. Eine Selbstreferenz, mit der er sich jederzeit vor Augen halten konnte, wie weit er es gebracht hatte, was er erreicht hatte, genauer: wer er war und was er wert war. Er nannte es »Kursblatt«, und solange die Zahlen stetig stiegen, war er auf Kurs.

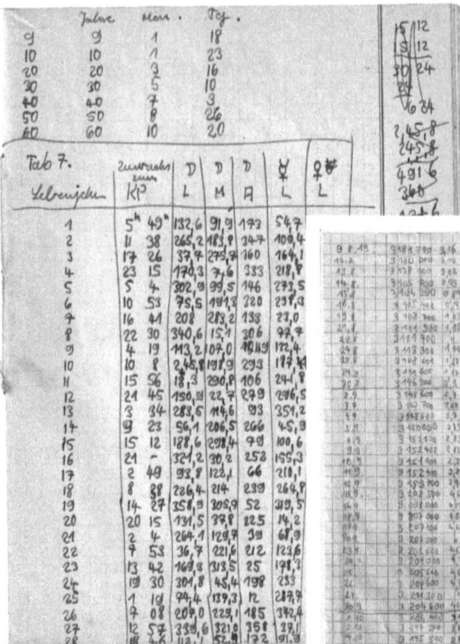

Auszug aus Martins Berechnungen zu seinem Horoskop

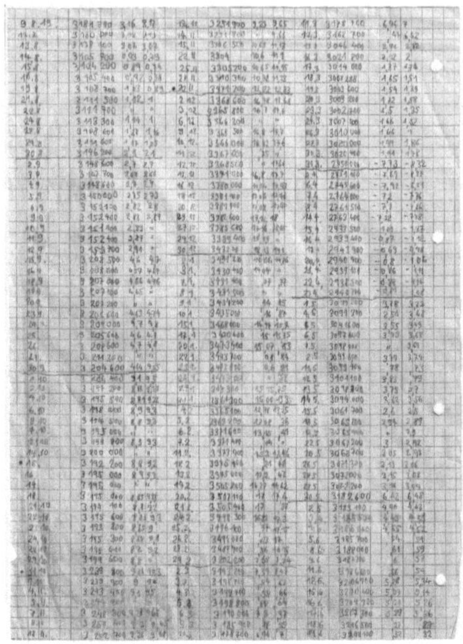

Martins letztes Kursblatt, 9.8.2019–18.06.2020

Jetzt war er siebenundzwanzig, und die Zukunft stand ihm offen. Davon war er überzeugt. Denn bei aller Sparsamkeit war Martin kein freudloser Geizhals, der daheim in der Stube hockte. Im Gegenteil, seine freie Zeit verbrachte er meist am Starnberger See auf dem Gelände der Münchner Universitäten und dort am liebsten beim Segeln. Bei seinen Kommilitonen war Martin, wenn nicht beliebt, so doch zumindest akzeptiert, zumal er sich als ausgezeichneter Segler in diesem Umfeld ausgesprochen sicher fühlte und seine tiefsitzende Unsicherheit weitgehend verdrängen konnte.

Als Angestellter am Lehrstuhl Maier-Leibnitz hatte er einen sehr günstigen Zugang zum Gelände und zur Einrichtung. Und weil Segeln trotzdem noch alles andere als preiswert war – insbesondere, wenn man nicht viel mehr als 200 D-Mark im Monat ausgeben wollte –, machte Martin aus der Not eine Tugend. Er absolvierte einen Schein zum Segellehrer und unterrichtete andere Studenten. Genau genommen am liebsten Studentinnen. Martin sah gut aus, war schlank, relativ groß, mit einem markanten Gesicht, und in den letzten drei Jahren hatte sich dabei immer wieder etwas ergeben. Mal mehr, mal weniger.

Doch auch das war dieses Jahr anders, nein, besser. Vor zwei Monaten hatte er eine junge Studentin kennengelernt, die ihn ernsthaft interessierte. Martin konnte gar nicht genau sagen, was das war. Marianne war attraktiv, wenn auch keine ausgesprochene Schönheit. Aber von ihr gingen eine unbeschreibliche Vitalität aus, eine Selbstverständlichkeit und ein Selbstbewusstsein, ohne dass sie je versuchte, im Mittelpunkt zu stehen – alles Dinge, die Martin so sehr an sich vermisste und die er daher umso mehr bewunderte. Vor vier Wochen hatte Martin sie nach dem Korsar-Segeln zu einem Kaffee mit Kuchen eingeladen. Die 1,20 D-Mark pro Tasse taten ihm noch heute ein Stück weh, aber seitdem waren sie so etwas wie ein Paar.

Übertriebene Ausgaben wie den Kaffee nach dem Segeln hatte Martin seitdem verhindern können, indem er eine Art Weltmeister im Gestalten preisgünstiger Picknicks wurde. Eine Sparsamkeit, die Marianne, deren Vater das Geld im Regelfall zwischen den Finger zerrann, zunächst sehr imponierte.

Drei Jahre später heirateten Martin und Marianne. Auch die Hochzeit hatte kein Loch in Martins Finanzen gerissen, da Mariannes Eltern die Kosten, wie traditionell üblich, übernahmen. Sein Kontostand – und das hieß auch wirklich *sein* Kontostand – betrug jetzt über 100 000 D-Mark, exakt 103 428 D-Mark. Die Hunderttausend zu knacken, war zwar sein großes Ziel seit über zehn Jahren gewesen, es hatte sich aber erstaunlich unspektakulär angefühlt. Egal, wichtig war, dass die Marke nie wieder unterschritten wurde und die nächsten Ziele – 150 000 D-Mark und dann 250 000 D-Mark – schnell erreicht wurden. Mittlerweile verdiente Martin 3 200 D-Mark, wovon er und Marianne maximal 400 D-Mark ausgaben. Marianne bekam für die laufenden Ausgaben nicht mehr als ein monatliches Haushaltsgeld von 120 D-Mark, über die sie Tag um Tag, Woche um Woche Rechenschaft ablegen musste. Entdeckte Martin Ausgaben, die er für vermeidbar hielt – und die entdeckte er regelmäßig –, war es seine Art, Marianne darauf hinzuweisen, und zwar ausgesprochen deutlich.

1966 war Marianne zum ersten Mal schwanger. Schon vor der Hochzeit hatte sie Martin das Versprechen abgerungen, dass sie dann aus der kleinen Zweizimmerwohnung ausziehen würden. Martin, der inzwischen dank seines brillanten Verstandes zum Teamleiter befördert worden war und stolze 4100 D-Mark verdiente, war bei dem Gedanken alles andere als wohl. Mieten war für ihn undenkbar, aber Schulden aufzunehmen, um luxuriöser zu wohnen? Den Gedanken, 340000 D-Mark für 154 Quadratmeter zu bezahlen, empfand er geradezu als Wahnsinn. Umgekehrt erschien ihm ein Haus im Münchner Osten auch als eine sinnvolle Investition, und Platz für drei Kinder gäbe es auch. Von seinen inzwischen 213528 D-Mark brachte er schließlich 113528 D-Mark als Eigenkapital ein. Exakt 100000 D-Mark blieben auf seinem Sparbuch. Denn auch, wenn ihn knapp 10 Prozent Darlehenszins fast um den Verstand brachten – eine Zahl von unter 100000 D-Mark abends auf seinem »heiligen« Kurszettel zu notieren, war für ihn buchstäblich körperlich unmöglich.

Im Gegenzug hatte Marianne ihm versprechen müssen, die Sparanstrengungen noch einmal zu verdoppeln. Die Schulden, das war klar, mussten so schnell wie möglich getilgt werden. Mochten bitte andere ihr Häuschen ein Leben lang abzahlen. Für solche Menschen hatte Martin nur Geringschätzung übrig – da konnte er gleich zur Miete wohnen und wie seine idiotischen Nachbarn im Sommer für zwei Wochen an die Adria fahren. Für ihn war klar: In den nächsten acht Jahren wäre das erledigt. Vollständig. In Zahlen hieß das: Von seinem relativ fürstlichen Gehalt von 4100 D-Mark flossen monatlich fast 3400 D-Mark in Zins und Tilgung. Urlaub, Essen gehen, selbst ein Abend im Kino: undenkbar.

Martin sparte nicht nur an Einkäufen für Kleidung und Ernährung. Er drehte die Heizung im Winter auf maximal zehn Grad auf, sorgte dafür, dass nur Licht in den Zimmern brannte, in denen sich auch jemand aufhielt, und er achtete mit Argusaugen darauf, dass es keine unnötigen Telefonate gab. Im Klartext: dass es keine Telefonate gab. Auf Fehlverhalten reagierte er jetzt zunehmend cholerisch.

Auch als Ende 1966 seine Tochter Christiane auf die Welt kam, änderte sich nichts an Martins unerbittlicher Sparsamkeit und seiner Fixierung auf Geld. Martin liebte seine Tochter, doch sein Verhältnis zu ihr blieb – auch für einen distanzierten Vater der 1960er Jahre – erstaunlich kühl, und so rettete die Liebe zur Tochter Martin ebenso wenig wie zuvor die Liebe zu Marianne. Was ihm Halt gab, waren nicht Beziehungen, sondern eine Mauer aus Zahlen, aus Geld und beruflichem Erfolg. Doch hinter dem dünnen Schutzwall seines Kursblatts, das die Welt beherrschbar machen sollte, gab es immer noch eine Leere, in der er nichts wert war. Egal, auf welches Niveau die Zahlen stiegen – vor dieser Leere kapitulierte die Magie, mit der Geld seinen Selbstwert definierte.

Die Geburten seiner Söhne Florian und Sebastian änderten daran ebenso wenig wie der frühe tragische Unfalltod seiner Tochter: sich Emotionen zu stellen, sich auf eine menschliche Beziehung einzulassen, blieb ihm weiterhin unmöglich. Martin igelte sich immer mehr ein, flüchtete sich in Arbeit und ließ seine Frau Marianne mit der Sorge um die beiden Söhne und mit ihrer Trauer um die Tochter allein. Einer Trauer, die der Hausarzt der Familie über Jahre hinweg »pragmatisch« mit Valium »behandelte.«

Wenn es ums Geld ging, fing Martin mit jedem und allen Streit an. Er schrieb seitenlange Beschwerdebriefe an Banken und Aufsichtsbehörden wegen falsch berechneter Gebühren – meist wenige Mark, hatte Konflikte mit Handwerkern, Dienstleistern und vor allem und immer wieder Streit mit seiner Frau und später mit den Kindern. Als Marianne 1972, etwa im achten Monat schwanger mit Sebastian, morgens Licht im Wohnzimmer brennen ließ, quittierte er das mit einer lautstarken finanziellen Strangulationsdrohung. Er kündigte ihr an, ihr den Geldhahn abzudrehen, sie könne dann ja sehen, wie lange sie noch mit den paar Nudeln aus der Küche klarkäme.

Auch in den Jahren darauf wurde Geld für Martin immer mehr ein Machtinstrument, um seine Familie zu regieren – zu tyrannisieren, Wohlverhalten zu belohnen oder Fehlverhalten zu bestrafen. Martin manipulierte, ja kommunizierte über Geld. Er wertete seine Familienangehörigen selten auf und meist ab, und das auch im wörtlichen Sinne durch heutige oder zukünftig angekündigte Zahlungsströme. Die Androhung, einzelne Kinder oder seine Frau zu enterben oder gar sein gesamtes Vermögen mit ins Grab zu nehmen, gehörte zu seinem Standardrepertoire. Wenn Martin seine Kinder und seine Frau nicht über Liebe an sich binden konnte, so konnte er sie doch hervorragend über Geld beherrschen, und darin wurde er laufend besser.

Trotz seines Fleißes und seiner weit überdurchschnittlichen Intelligenz führten seine Unfähigkeit zur sozialen Interaktion und seine extreme Sparsamkeit zu einem relativ frühen Karriereknick. Viele Entscheidungen schienen am Ende an Martin vorbeigelaufen zu sein. Während andere in der Kantine oder bei ein, zwei Bierchen nach Feierabend ihre Seilschaften pflegten, saß Martin mit seinen mitgebrachten Broten und einer Thermoskanne mit Tee allein hinter seinem Schreibtisch oder ging abends nach Hause. Und so ging 1980 nach der Zusammenlegung zweier Einheiten der entscheidende Abteilungsleiterposten an seinen internen Konkurrenten Peter Grauer. Der war zwar fachlich nicht einmal halb so qualifiziert, in Martins Worten »nicht mal promoviert«, aber eben bestens vernetzt und im Konzern verdrahtet.

Der Bühne seines sozialen Aufstiegs und seines beruflichen sowie finanziellen Erfolges beraubt, wurde Martin immer verbitterter. Mit Mitte 50 ging er in Frühpension. Hatte er bis dahin sein Geld nur auf dem Festgeld gehortet, begann er sich nun mit der Börse zu beschäftigen. Täglich saß er stundenlang hinter seinem Computer in einem kleinen Arbeitszimmer im Keller seines Hauses und optimierte seine Finanzen. Dort baute er sich ein kaum mehr zu überschauendes Universum an unzähligen Wertpapieren auf, die er nach und nach auf über ein gutes Dutzend Depots verteilte. Ein Wust, in Summe nicht mal schlecht gemacht, der jedoch nur noch von ihm selbst verstehbar und beherrschbar war und der ihm so eine Daseinsberechtigung gab – auch ohne Beruf.

Über die Jahre entwickelte er dabei eine immer weiter zunehmende Hingabe dahingehend, Kurse zu studieren, Tabellen anzulegen, Werte zu analysieren, füllte wie besessen Excel-Spreadsheet um Excel-Spreadsheet. Wie in seinem Physikstudium, wie in seinen frühen Studien zur

Astrologie, wie mit seinem Kursblatt versuchte er, sich erneut die Welt über Zahlenreihen erklärbar sowie gefügig zu machen und sie sich ein Stück weit auch vom Hals zu halten.

Für Marianne änderte sich durch die Frühpension nicht viel: Tagsüber war ihr Mann nach wie vor beschäftigt und im Keller genauso gut aufgehoben wie in seinem Büro. Sonst versuchte sie, ihr eigenes Leben so gut wie möglich zu leben, irgendwie mit Martin auszukommen und ihn möglichst nicht zu reizen – was aussichtslos genug war. Warum es ihr nicht gelang, Martin zu verlassen, ist für Außenstehende vermutlich schwer zu verstehen. »Ich habe immer wieder den Moment verpasst: Als ich das erste Mal gehen wollte, war ich kurz darauf schwanger – und eine Familie ohne Vater war für mich undenkbar. Er war ja nicht immer unerträglich, ein bisschen wie mit einem Alkoholiker, der mal schlimmere Phasen hat, und dann geht es wieder eine Weile besser. Und als es ihm später so schlecht ging, da hätte ich es auch schofel gefunden, ihn im Stich zu lassen.« Ihre Söhne meinen, Marianne habe unter einer Art Stockholm-Syndrom gelitten und sich gleichzeitig für den Tod ihrer Tochter bestrafen wollen.

Die Kinder dagegen entglitten Martin in den Jahren nach seiner Frühpension immer weiter. Beide haben versucht, sich auf ihre Weise gegen den Lebensentwurf ihres Vaters zu stemmen. Und beide sind überzeugt, dass es die trotz allem ungebrochene Lebenskraft und Liebe ihrer Mutter war, die erreichte, dass keiner am Vater zerbrochen ist und keiner von beiden die Verhaltensmuster des Vaters wie einen Fluch reproduziert hat.

Florian gelang es ziemlich erfolgreich, seinen Vater beruflich zu übertrumpfen. Er wurde nach einem herausragenden Examen und einer steilen Karriere Chefarzt an einem Klinikum in Nordrheinwestfalen. Er ist wohl der Einzige seiner Zunft mit einem ausgesprochenen Widerwillen, sich vorrangig um Privatpatienten zu kümmern. Sobald er finanziell auf eigenen Beinen stand, brach er endgültig mit seinem Vater. Angedrohte Enterbung hin oder her. Zu Geld hat er bis heute ein distanziertes, ja scheues Verhältnis. Das, was ihm monatlich übrigblieb – und das war relativ viel –, ließ er bis zum Tode seines Vaters einfach auf dem Konto liegen, in der Hoffnung, sich nicht damit beschäftigen zu müssen.

Sebastian, ein sehr reflektierter und gebildeter Mensch, ist zumindest nach oberflächlich bürgerlichen Kategorien gescheitert. Er ging nach einem exzellenten Abitur ans Konservatorium in Wien. Obwohl ihm nach seinem Abschluss eine goldene Zukunft prognostiziert wurde, stellte er sein Cello in die Ecke und begann sich mit Gelegenheitsjobs in verschiedenen Wiener Kneipen durchzuschlagen. Wie schon sein Vater hatte er daheim zumindest eines gelernt: mit sehr, sehr wenig Geld sein Leben zu bestreiten. Zu Geld hat auch er ein sehr distanziertes Verhältnis. Als er etwa einmal an einem kaputten Glücksspielautomaten stand und einen Gewinn nach dem anderen einfuhr, zählte er nach ein paar Runden 80 Euro ab und ging zum Abendessen. Denn mehr brauchte er, inklusive Wein und Nachspeise, für heute sicher nicht – den weiter Gewinne ausspuckenden Automaten ließ er interesselos hinter sich. Bis zu Martins Tod lebte Sebastian in einem Zwölf-Quadratmeter-WG-Zimmer, in dem außer einer Matratze und einem Schrank als einziges Schmuckstück sein altes Cello stand. Da für ihn eine Enterbung faktisch Altersarmut bedeutet hätte, versuchte er sich – anders als sein Bruder –, so gut wie möglich zu arrangieren.

Während das Verhältnis der beiden Brüder trotz dieser unterschiedlichen Lebenswege von viel Zuneigung sowie gegenseitiger Achtung geprägt war und ist, hatte Martin für das, was seine Kinder erreicht hatten, letztlich nur Verachtung übrig. Bei Florian für dessen Streben nach Erfolg, seine Fähigkeit, Geld nicht nur zu verdienen, sondern auch für seine Familie wieder auszugeben und für seinen Bruch mit dem Vater. Bei Sebastian für dessen finanzielles Scheitern sowie seinen Versuch, mit seinem Vater irgendwie klarzukommen.

Nach der Frühpensionierung wuchsen die Zahlen auf Martins Kursblatt weiter und weiter: durch Glück, geschicktes Investieren am Kapitalmarkt ebenso wie durch eiserne Sparsamkeit. Von seiner staatlichen Rente und seiner Betriebsrente gab er – und mit ihm Marianne – nur einen Bruchteil aus. Doch trotz steigender Zahlen: Sein Versuch, über seinen finanziellen Erfolg eine Anerkennung seines Selbst zu erreichen, endlich nicht mehr wertlos zu sein, schlug weiterhin fehl. Für Statussymbole, die den Neid des sozialen Umfelds erregen würden, war er zu geizig; Frau und Kinder hassten ihn, zumindest sein Geld, und der

Menschen, die ich nicht näher kennenlernen wollte:

»Herr Müller, schön, dass Sie hier sind, und schön, dass Ihre Frau mitgekommen ist. Es ist gut, wenn Sie so wichtige Entscheidungen gemeinsam treffen.«
»Herr Dr. Braun. Sie (Herr Müller deutet mit ausgestrecktem Zeigefinger auf seine Frau) hat mir versprochen, dass sie heute nichts sagt. Geld ist Männersache, da sind wir uns ja wohl einig.«

Peter M., Jurist (63) (Februar 2015). Redeanteil Peter M.: 90 Prozent/Redeanteil seiner Frau: 0 Prozent/mein Redeanteil: 10,0 Prozent.

»Wissense, Herr Braun, also ich … ich … ich habe das alles selbst aufgebaut. Aber meine Herren Söhne, die ham's ja irgendwie nicht nötig, mal ausm Quark zu kommen. Können sich nich ma daheim durchsetzen und so.«

Dipl.-Ing. Reinhard H. (67) – raumgreifend gestikulierend (Juli 2021). Redeanteil Reinhard H.: 95,7 Prozent/Redeanteil seiner Frau: 0,3 Prozent/mein Redeanteil: 4,0 Prozent.

eigentliche Adressat seines finanziellen Dschihads – der eigene Vater – war lange tot. Das einzige applaudierende Publikum für seinen Erfolg blieb am Ende er selbst.

Ebenso fortlaufend, wie sich Martins finanzielle Situation verbesserte, verschlechterte sich sein gesundheitlicher Zustand. Je älter er wurde, umso schwerer verlief seine Altersdepression, zu der in seinen letzten Lebensjahren zusätzlich eine schwere Hypochondrie kam. Martin entwickelte zunächst pubertäre, zuletzt regelrecht infantile Züge, um so die Aufmerksamkeit und Selbstwahrnehmung zu erzwingen, die er mit all seinem Vermögen nicht erreicht hatte.

Während er sich mit Mitte siebzig noch ab und zu in die Rolle eines von der Familie respektierten sizilianischen Großvaters fantasierte, drehten sich seine Gedanken zuletzt um eine Art Selbstauslöschung. Sein letzter Wunsch: in einem anonymen Grab beigesetzt zu werden, vergessen, so, als habe es ihn nie gegeben. Seine letzte Fantasie: sein Vermögen auszulöschen respektive mitzunehmen. So wertlos zu gehen, wie er gekommen war und er sich immer gefühlt hatte. Zu verschwinden, ohne irgendeine Spur zurückzulassen.

Martin starb mit 87 Jahren im November 2020. Sein Kursblatt pflegte er bis zuletzt. Er hinterließ ein Einfamilienhaus im Wert von 2,5 Millionen sowie Wertpapiere im Wert von 3,3 Millionen Euro. Ein in jeder Hinsicht sozial, letztlich aber auch beruflich und sogar finanziell gescheiterter Mensch, der nicht einen Tag in den Genuss seines Vermögens gekommen war. Geld blieb für den tief traumatisierten Jungen, der er immer geblieben war, ein unglaublich wirkungsvolles Instrument, eine Waffe, um sich und anderen wehzutun. Wenn man zumindest eines versöhnlich sehen möchte, dann hat Martin vielleicht bewusst darauf verzichtet, seine Familie durch ein entsprechend gestaltetes Testament aus dem Grab heraus weiter mit seinem Geld zu regieren.

> Ich selbst habe Marianne, Sebastian und Florian Wagner im Mai 2021 kennengelernt. Wir saßen noch keine zehn Minuten beisammen, als es unvermittelt aus Florian herausbrach: »Unserem Vater war Geld immer sehr wichtig, er hat sich täglich stundenlang damit beschäftigt und uns alle ein Leben lang damit regiert und tyrannisiert. Wir sind heute hier, um herauszubekommen, ob das auch anders geht.« Ich kannte noch keine Zahl und noch kein Detail – nur diesen einen Satz –, dennoch wollte ich noch nie zuvor und nie wieder seitdem so dringend mit einer Familie zusammenarbeiten wie mit diesen drei Menschen.

> Den Wunsch nach einem anonymen Grab hat Martins Familie übrigens ein Stück weit unterlaufen: Zunächst stand Martins Urne rund eineinhalb Jahre auf dem Schreibtisch im Keller: zwischen Martins Computer und seinen Aufzeichnungen.

> Im Sommer 2022 fuhren Sebastian und Florian mit ihrer Mutter mit einem kleinen Elektroboot auf den Starnberger See und streuten Martins Asche ins Wasser vor dem Universitätsgelände. Eine Erinnerung an den Ort und die Zeit, als Martins Geschichte 1961 scheinbar kurz davor gewesen war, ein Happy End zu nehmen.

Achims Weisheit

150 D-Mark

Wir haben Achim im Sommer 2019 kennen gelernt. Er war genau die Art Mensch, mit der wir gern zusammenarbeiten: freundlich, zurückhaltend und ausgesprochen erfolgreich. Achim hatte mit Mitte vierzig eine beeindruckende Karriere hinter sich. Er war bei einem Mittelständler zunächst Geschäftsführer, dann Teilhaber geworden und hatte damit etwas mehr als 1 Million Euro angespart, die seit längerer Zeit auf dem Girokonto »rumlag«. Dazu kamen ein schuldenfreies Einfamilienhaus und ein geradezu fürstliches Gehalt, von dem rund 300 000 Euro für die nächsten vier Jahre in weitere Firmenanteile umgewandelt werden würden.

In seiner Familie war Geld nie wirklich ein Thema gewesen. Die Eltern waren Beamte. Es war auf einem mittleren Niveau gefühlt immer genug da. Auf einmal so viel Geld zu haben, war für Achim zwar neu, aber auch nicht bedrohlich. Sein Verhältnis zu Geld war wenig emotional, abgeklärt und rational. Die mit einer Kapitalmarktanlage verbundenen Risiken regten ihn zumindest theoretisch nicht weiter auf. Im Prinzip war er sehr aufgeschlossen, den Rest zu investieren.

Die Situation seiner Frau Sandra war dagegen völlig anders: Ihre Mutter war, als sie acht Jahre alt war, schnell und überraschend an Krebs gestorben. Ihr Vater hatte danach lange in Teilzeit gearbeitet und sie und ihre Schwester mit einem sehr übersichtlichen Angestelltengehalt allein großgezogen. So liebevoll ihre Erinnerungen an ihren Vater auch waren, ihre Erinnerungen an Geld waren davon geprägt, dass es hinten und vorne nicht reichte. Urlaub war nur alle paar Jahre drin, jede Autoreparatur war ein Notfall, jede zu zahlende Klassenfahrt eine Stresssituation. Solche Extraausgaben – und waren es nur 150 D-Mark gewesen – konnten die finanzielle Planung für mehrere Monate durcheinanderbringen und beherrschten das Denken des Vaters und damit auch der Tochter. Entsprechend war jeder persönliche Wunsch für Sandra mit Gewissensbissen verbunden.

Der traumatischen Erfahrung mit Geld entsprechend, war ihr Sicherheitsbedürfnis immens – auch wenn es längst nicht mehr zu ihrer gegenwärtigen Situation passte. Auch ohne Achims Vermögen gab es für sie keinen Grund, sich ernsthafte finanzielle Sorgen zu machen. Sandra hatte einen gut bezahlten Job und war mit einem Abschluss als Maschinenbauerin an der TU München und einem MBA hoch qualifiziert – auch ein machtvolles Amulett gegen ihr Kindheitstrauma. Dennoch ließ sie die Sorge nicht los, der finanziellen Verpflichtung gegenüber ihren Kindern, aber auch gegenüber ihrem Vater nicht nachkommen zu können. Er hatte so viel für sie und ihre Schwester geopfert, ihn konnte sie jetzt unmöglich hängenlassen.

»Mein Mann ist vielleicht der COO[68], wenn es aber um Geld geht, bin ich die Aufsichtsratsvorsitzende.«

Ingrid K. (49) kontert meine Thesen zum Finanzpatriarchat (Dezember 2019).

Objektiv gesehen war ihre Existenzangst unter den neuen Umständen völlig irrational, denn für ihren Vater – dem beide inzwischen eine Wohnung in der Nähe gekauft hatten – und die Kinder würde immer genügend Geld da sein. Auch der eigene Lebensstandard war – außer durch katastrophale Fehlentscheidungen – kaum mehr kaputtzukriegen. Und dennoch kamen ihr Kapitalmarkt und Börse vor wie ein Kasino oder Glücksspiel, das die Stabilität, die sie endlich in ihrem Leben gefunden hatte, wieder gefährden würde. Eine Kapitalanlage konnte sie sich deshalb schlicht nicht vorstellen.

Und Achim? Schließlich war es doch er, der das gemeinsame Vermögen großenteils verdient hatte. Er machte von Anfang an klar, dass es eine Entscheidung gegen die Vorbehalte seiner Frau nicht geben würde – nie. Punkt. Nach einer Reihe sehr netter und konstruktiver Gespräche sind wir schließlich nicht zusammengekommen. Natürlich hat uns das damals aufgeregt, meinen Sozius Stefan mindestens so wie mich. Die beiden waren so nette und freundliche Menschen, die eigentlich perfekt zu uns gepasst hätten. Und alles scheiterte an nicht weiter hinterfragten Glaubenssätzen und Erfahrungen aus der Kindheit.

Gleichwohl hat Achim im Prinzip alles richtig gemacht: Wenn Beziehungen wichtiger sind als Geld, dann ist es sicher besser, mehrere Zehntausend Euro Kaufkraftverlust pro Jahr zu ertragen, als – wie so viele

Finanzpatriarchen – seine Partnerin bei einem so traumatischen Thema zu übergehen. Vor allem, wenn man es sich finanziell leisten kann.

> Im Februar 2022 haben wir Achim und Sandra wiedergetroffen. Achim hat das Kaufprogramm für seine Firmenanteile inzwischen weitgehend abgeschlossen. Von dem Großteil des Geldes haben Sandra und er sich inzwischen eine Immobilie zum Vermieten gekauft.

> Sandras Sicherheitsbedürfnis ist damit, auch in ihrer eigenen Wahrnehmung, weitgehend gestillt. Die Börse ist ihr nach wie vor unheimlich, aber sie macht ihr nicht mehr so viel Angst.

> Seit ein paar Wochen (Stand: April 2022) arbeiten wir zusammen und sind sehr gespannt, wie es weitergeht.

Exkurs: Gute und schlechte Fragen zum Thema Geld

ZWÖLF KLUGE FRAGEN ZUM THEMA GELD

1. Warum ist Geld wichtig für mich?
2. Für wen trage ich Verantwortung?
3. Was darf auf keinen Fall mit meinem Vermögen passieren?
4. Wenn ich morgen 1 Million Euro mehr hätte – was würde ich in meinem Leben verändern? Geht das nicht auch so?
5. Wenn ich ein Jahr frei hätte – was würde ich tun und wie viel Geld bräuchte ich dafür?
6. Wessen Leben könnte ich am stärksten verbessern, wenn ich ihm heute Geld schenken würde?
7. Wie viel Geld ist genug für mich?
8. Wie schaffe ich es, mein Vermögen auf die Sicht der nächsten zwanzig, dreißig Jahre zu erhalten?
9. Wer und was hat mich in Bezug auf Geld am meisten geprägt? War das gut so oder eher toxisch?
10. Gehört mein Vermögen mir oder ich meinem Vermögen? Was sollte ich daran ändern?
11. Wie schütze ich meine Kinder vor meinem Vermögen? Wann ist der richtige Moment, ihnen etwas zu schenken?
12. Was müsste ich mit meiner Familie heute unternehmen, damit sich möglichst alle ein Leben lang positiv daran erinnern?

ZWÖLF SCHLECHTE (UND DUMME) FRAGEN ZUM THEMA GELD

1. Was wird nach Tesla die nächste Turbo-Aktie? Haben Sie einen aktuellen Tipp für mich?
2. Wie lege ich jetzt 50 000 Euro am besten für die nächsten drei Jahre an?
3. Was ist der beste Investmentfonds im Bereich Digitalisierung und Robotics?
4. Soll ich jetzt noch Bitcoin kaufen?
5. Was sollte ich vor der US-Wahl noch schnell an meinem Depot verändern?
6. Wie schaffe ich die erste Million in sieben Jahren?
7. Wie kann sich der Huber eigentlich so ein fettes Auto leisten?
8. Wo könnte ich konkret sparen, oder wer leiht mir Geld, damit ich mir ein noch fetteres Auto als der Huber kaufen kann?
9. Wie schütze ich mein Vermögen vor meinen unwürdigen Erben?
10. Mit welcher Investition kann ich dieses Jahr noch am besten Steuern sparen?
11. Wie verhindere ich, dass sich meine Frau in meine Finanzangelegenheiten einmischt?
12. Soll ich wegen der XY-Krise jetzt lieber alles verkaufen?

Luxus

»Give me the luxuries and I can dispense with the necessities.«[69]
Oscar Wilde

530 PS

Wenn die unmittelbaren Grundbedürfnisse gedeckt sind, beginnt irgendwann der Luxus. Für den einen können das »drei Torten und ein Eis mit drei Sonnenschirmen« sein, für die andere ein (geplanter) Weltraumflug mit der Virgin Galactic.[70] Dabei hat Luxus immer eine ganze Reihe von Funktionen, die über den rein utilitaristischen Wert des erworbenen Gutes hinausweisen: Zugehörigkeit zu einer Gruppe, Selbstbelohnung, Selbstvergewisserung, Identifikation mit Wertvorstellungen und so weiter. Unabhängig davon, ob wir diese Ebene des Luxus symbolisch, kulturell oder psychologisch nennen – hier werden die eigentlich spannenden Dinge verhandelt.

Solange Geld nicht unbegrenzt vorhanden ist, gibt es immer ein Abwägen: Für welchen Luxus lohnt sich eine Konsumausgabe und wofür nicht? Dabei ist die Knappheit von Geld eigentlich etwas Gutes, die Voraussetzung für einen Genuss. Wenn so viel Geld vorhanden ist, dass es keine Rolle mehr spielt, hat es auch letztlich keinen Wert mehr. Umgekehrt sind ungebremster Konsum, Impuls- oder Frustkäufe – gerade, wenn man sich gar nicht wirklich bewusst ist, welche Ausgaben einen wirklich langfristig zufriedener machen – ein Klassiker, um potenziell pleitezugehen und sich nicht nur finanziell unglücklich zu machen.

Natürlich gibt es wunderschöne Dinge, die man mit Geld kaufen kann. Doch wenn Sie in Statussymbole investieren, wird es immer jemanden geben, der ein schickeres Auto, eine teurere Uhr oder eine größere Jacht hat. Das passiert umso leichter, da diese Statussymbole nahezu unbegrenzt vorhanden sind und sich entsprechend viele Mitbewerber an diesem Kampf um die Spitze des Affenfelsens beteiligen.[71] In der Tendenz bewegen Sie sich also in einem fortlaufenden Wettbewerb, einer Abwärtsspirale, die Sie unzufriedener macht.

Das gilt umso mehr, als sich Menschen ja stets mit ihrer eigenen Peergroup vergleichen, genauer: mit denen, die gerade ein bisschen mehr haben als sie selbst. Der Obdachlose ist nicht auf Bill Gates neidisch, sondern auf den Kumpel, der sich einen inoffiziellen Schlafplatz in einer Gartenlaube organisieren konnte. Und der Spitzenjurist und Käufer eines neuen BMW X7 mit Sportpaket schaut nicht voller Befriedigung auf den Fiat Panda seiner Assistenz, sondern voller Neid auf den Partner seiner Anwaltssozietät, der sich letzte Woche fast genau dasselbe Modell bestellt hat – allerdings mit der 530-PS-Maschine, mit Volllederausstattung und in Ametrin Metallic.[72]

Um dieser Falle ein Stück zu entgehen, versuchen einige vermögendere Menschen, sich auf rare Güter zu konzentrieren, die gleichzeitig kommunikative Räume eröffnen, also etwa Kunstobjekte. Oder sie investieren in eine Ferienimmobilie – das ultimative Statussymbol der mittleren Oberschicht, die sich selbst als gehobene Mittelschicht definiert: ein romantisches Refugium mit der Tendenz, eine Selbstbeschäftigungstherapie zu werden.[73]

Wenn Vermögen die Fähigkeit ist, etwas zu tun, und weniger der Zustand, etwas zu haben, liegt es nahe, eher in (gemeinsame) Erlebnisse zu investieren als in Dinge. Da es am Ende nicht Statussymbole, sondern bedeutungsvolle Beziehungen sind, die uns glücklicher machen, ist das auch keine emotionale Entscheidung, sondern sehr rational. Die landläufige Meinung, ein Urlaub sei nach zwei Wochen vorbei, an dem neuen Designer-Esstisch habe man dagegen für die nächsten 40 Jahre etwas, ist schlicht falsch. Auch an dem Urlaub haben Sie etwas für die nächsten 40 Jahre. Sie investieren in Erinnerungen. Neben dem Glücksgefühl des erlebenden Ichs, das sich auf die Gegenwart, also einen nicht messbar kurzen Übergang von der Zukunft in die Vergangenheit, beschränkt, gibt es auch ein Glücksgefühl eines reflektierenden Ichs. Eines Ichs, das auf sein Leben zurück- und in seine Zukunft nach vorne schaut.[74]

Es sind solche Erinnerungen an gemeinsame Erlebnisse, an gelebte Beziehungen, die Menschen langfristig mitnehmen. Das Gute daran: Die menschliche Erinnerung ist relativ stark selektiv und optimiert im Regelfall das Erlebnis. Es gibt eine faire Chance, dass man nicht den zweistündigen Stau vor Modena im Gedächtnis behält, sondern das gemeinsame Grillen am Pool mit Kindern und Freunden. Mein mitunter weiser und poetischer Sohn Lukas nennt das »Credit Points für meine Seele« und erklärt: »Die kann ich dann an grauen und finsteren Tagen hervorholen, wenn ich sie brauche.« Er investiert da ziemlich konsequent.

Bill Perkins nennt dieses Phänomen »Erinnerungsdividende« und verweist dabei auf Folgendes: Je früher in das Erlebnis investiert wird, umso länger wird die Dividende auch gezahlt. Vor dem Hintergrund ist es viel schlauer, mit Mitte zwanzig seine gesamten Ersparnisse für eine achtwöchige Asienreise auszugeben, als die dafür vermutlich nötigen 2 000 Euro anzulegen. Angenommen, dieses Geld verdreifacht, ja verfünffacht sich inflationsbereinigt in vierzig Jahren:[75] Welchen Impuls will ich mit diesem Geld meinem Leben mit fünfundsechzig geben, um vierzig Jahre verpasste Erinnerungen, erweiterten Erfahrungsschatz, erhöhte Lebenserfahrung und Problemlösungskompetenz zu kompensieren? Aussichtslos.[76]

Feste, Ausflüge, Urlaube mit den Eltern, Kindern oder guten Freunden – das alles hinterlässt diese bedeutungsvollen Erinnerungen nicht nur bei Ihnen, sondern auch bei den Menschen, die mit dabei waren. Wenn das Anhäufen von Vermögen immer auch ein mehr oder minder unbewusster Versuch ist, etwas zu hinterlassen, das die eigene Endlichkeit ein Stück überdauert, dann ist als Erinnerung in einem befreundeten oder geliebten Menschen eine Weile weiterzuleben keine uncharmante Variante.

Das Umtauschen von Geld in Erinnerungen muss nicht nur konsumgetrieben sein. Eine der schönsten Dinge, die man mit Geld gestalten kann, besteht darin, es in Wissen oder Bildung zu konvertieren und damit auch in die Entwicklung der eigenen Persönlichkeit. Das funktioniert nicht nur für einen selbst, sondern auch für die Menschen, die man liebt und für die man (finanzielle) Verantwortung trägt. Ich weiß, dass viele Menschen Bildung und Ausbildung verwechseln, etwa ein

Studium eher unter Karriereperspektive und vordergründigen Nutzenerwägungen sehen – als Investition mit einem erwarteten Return on Investment.

Aber geht es nicht um viel mehr? Geht es hier nicht auch um die oben angesprochene Erinnerungsrendite? Ein Jahr Schüleraustausch oder ein Studium in einem anderen Land, ein berufsbegleitendes Aufbaustudium – das alles kann erst mal relativ viel Geld verschlingen. Aber es ist eine lebenslange Investition in die Persönlichkeitsentwicklung, die interkulturelle Kompetenz und einen erweiterten Denkhorizont. Es ist eine Investition, die eine sehr lange Erinnerungsdividende und vermutlich dann auch eine finanzielle Dividende auszahlt.

Auch Menschen, bei denen das Thema Ausbildung und Studium längst durch ist, können immer noch wunderbar Geld in Bildung tauschen: Sprachkurse, Theaterbesuche, Opernausflüge, Kulturreisen. Auch davon kann man meiner festen Überzeugung nach langfristig viel mehr zehren als von einem größeren Auto oder der dritten exklusiven Uhr.

Vielleicht liegt der entscheidende Unterschied zwischen der Transaktion von Geld in Luxusgüter und der Transaktion von Geld in Erinnerungen darin: Die Selbstbestätigung durch das Statussymbol liegt immer im Auge – genauer im Blick – des neidisch anerkennenden Betrachters. Sie kommt von außen. Die Selbstbestätigung durch die Erinnerung kommt – zumindest, wenn es gut läuft – von innen.

Letztlich gibt es keine schönere und klügere Form, sein Geld wieder loszuwerden, als es zu verschenken. Es ist die vollendete Form des Luxus und die konsequenteste sowie radikalste Form, sich von den Zwängen des Geldes zu befreien. Und verschenken heißt nicht, weiter die Kontrolle zu behalten, während man Geld steueroptimiert und strategisch an die nächste Generation weiterreicht. Nein, verschenken heißt: loslassen und beobachten, was die dem Geld innewohnende Energie an einem anderen Ort mit anderen Menschen macht – respektive was diese anderen Menschen mit dieser Energie machen.

Das ist nicht völlig unproblematisch, denn das Geld kann den Beschenkten potenziell überfordern. Kindern, denen zu früh zu viel anvertraut wird, *kann* das Ehrgeiz, Biss und ein Gefühl für den Wert des selber verdienten Geldes und damit der eigenen Leistung nehmen.

Ich habe davor jede Menge Respekt, aber mit neunzig seinen siebzigjährigen Kindern möglichst viel zu hinterlassen – ist das klug?

Ebenso sind auch nicht alle philanthropischen Projekte am Ende wirklich segensreich, geschweige denn effektiv. Aber ist das nicht eine sehr dünne Ausrede dafür, nichts zu tun? Zumal es mehr als genug hochgradig wirksame Projekte gibt.[77]

Für den Schenkenden ist die Situation dagegen ziemlich klar: Die Psychologin Elisabeth Dunn und der Betriebswirt Michael Norton haben nachgewiesen, dass keine Geldausgabe Menschen so glücklich macht wie Teilen und Schenken. Und das gilt relativ unabhängig davon, ob der Betrag hoch oder niedrig ist, ob das Geld in sinnvolle philanthropische Projekte investiert wird oder ob es sich einfach nur um eine kleine Aufmerksamkeit handelt. Der Effekt, Glück durch Verschenken zu produzieren, ist so ausgeprägt, dass er sich weltweit belegen lässt – in reichen Ländern wie Kanada ebenso wie etwa in Uganda. Die weltweiten Gallup-Studien weisen immer wieder eine signifikant erhöhte Lebenszufriedenheit von Menschen nach, die einen Teil ihres Geldes spenden, anstatt finanziell nur auf sich selbst zu schauen.[78]

Der Schenkende tut also in jedem Fall in erster Linie sich selbst etwas Gutes. Auch in diesem Sinne ist Geldverschenken die vollendete Form des Luxus: eine Form der genussorientierten Selbstbelohnung und der identitätsstiftenden Selbstvergewisserung.

Champions League

36 Stunden

Wie war er da eigentlich reingeraten? Das konnte ja nicht wahr sein. Aber jetzt hatte Lukas den Schlamassel: Versprochen ist versprochen. Einmal nicht richtig aufgepasst respektive nachgedacht, bekam er jetzt die Quittung für eine in mehrerer Hinsicht nicht ganz lupenreine Pädagogik.

Im September 2016 war Lukas' Sohn Lorenz nach einem Jahr in den USA zurück nach München gekommen. Die Herausforderung bestand darin, im ersten Halbjahr der elften Klasse die Probezeit zu bestehen.

Sonst hieß es zurück in die zehnte Klasse, inklusive Latein und Chemie – zwei Fächern, mit denen Lorenz chronisch auf Kriegsfuß stand. Insgesamt war es für ihn deutlich realistischer – trotz diverser Lücken in Mathematik –, die elfte Klasse zu schaffen als die zehnte.

> »Und da gibt's tolle Angebote. Aber so in der Größenordnung bei 160 000 Euro ist Ende. Das heißt, wer ein wirkliches Topautomobil haben möchte in dem Segment, der kann bislang nur maximal 160 000 Euro ausgeben. Genau dieses Problem lösen wir jetzt.«
>
> Wolfgang Dürheimer, Ex-CEO Bentley Motors, kommentiert den Launch des Bentley-SUV (März 2018).

Doch Lorenz' Einsatz hielt sich zumindest aus Lukas' Wahrnehmung in überschaubaren Grenzen, sodass er halb im Ernst, halb im Scherz seinem Sohn drohte: »Wenn du die Probezeit nicht packst, dann stecke ich dich in ein blaues Trikot, geh mit dir zum Sechziger-Spiel und stell die Fotos auf deinen Facebook-Account.« Für Lorenz, der seit seiner frühesten Kindheit – von seinem Vater und vor allem seinem älteren Bruder indoktriniert – ein fanatischer Bayern-Fan war, war das so etwas Ähnliches wie eine Todesdrohung.

Doch statt beleidigt abzuziehen, was er auch ganz gut konnte, konterte Lorenz: »Aber wenn ich es schaffe, ohne ein einziges Mal zu unterpunkten, dann gehen wir beide zu einem Champions-League-Auswärtsspiel nach Spanien oder England.« Sag noch einmal einer, dass Angst oder extrinsische Motivation nicht funktionieren: Lorenz, der vermutlich nur auf einen kleinen Schubs gewartet hatte, um endlich loszulegen, entwickelte einen erstaunlichen Ehrgeiz, sodass er zum Halbjahr mit einem lupenreinen Übertrittszeugnis dastand und Lukas vor dem oben beschriebenen Schlamassel.

Regulär an Karten zu kommen, war ausgeschlossen – also Schwarzmarkt. Lukas schluckte, als er für die ohnehin schon teuren Tickets gegen Real 150 Prozent Aufschlag plus die horrenden Gebühren für die Online-Plattform zahlen musste: 720 Euro. Dazu zwei Flüge nach Madrid und zwei Nächte in einer kleinen Pension, schon waren über 1 650 Euro weg. Inklusive Flughafenbus in München und Madrid waren das ziemlich genau: 1 700 Euro. Und das war ja sozusagen erst der Einstand. So viel hatte ungefähr sein erstes Auto gekostet.

Das finanzielle Debakel ist schnell erzählt: zwei Tage Tickets für Bus und Metro in Madrid: 26 Euro; Abendessen in der Innenstadt von Madrid: 42 Euro; Frühstück 12 Euro; zwei Retro-Shirts 1899 vom FC Barcelona – sehr passend – für je 60 Euro; Streetfood zu Mittag: 14 Euro; Fan-Schal: 18 Euro; das Ergebnis und zwei große Tappas-Teller nach Abpfiff in der Kneipe verdauen: 55 Euro; Frühstück: 8 Euro; sich einmal quer durch die Markthalle San Miguel (fr)essen: 85 Euro (»darauf kommt es jetzt auch nicht mehr an«); kleines Geschenk für Mama (»hab vergessen, was das war«) und großes Geschenk – Retro-Shirt deutsche Nationalmannschaft 1974 – für den neidischen Bruder: 75 Euro; noch mal zweimal Flughafenbus: 48 Euro.

»Weißt du, Niki, Jaguar hat einfach das beste Preis-Neid-Verhältnis.«

Ludwig B. (76) (April 2014).

Inklusive ein paar Kleinigkeiten, »die einem immer irgendwie durchrutschen«, waren es am Ende über 2250 Euro. Für ein Fußballspiel! Für zwei Nächte und eineinhalb Tage – für 36 Stunden Madrid! Verrückt! Das hätte, als die Kinder noch klein waren, für zehn Tage Urlaub gereicht. Was hätte man sich davon alles kaufen können, an dem man jahrelang seine Freude gehabt hätte: Das Sofa, das sich Lukas' Frau schon ewig wünschte? Oder wäre es nicht schlauer gewesen, endlich die Zimmer streichen zu lassen und die Türen neu zu lackieren? Da platzte doch schon überall die Farbe ab. Das Ganze wurde noch irrationaler, wenn man bedenkt, dass – um es vornehm zu formulieren – nicht wahnsinnig viele Rücklagen da waren. Und Lukas inzwischen relativ sicher war, dass er im Sommer seinen gut bezahlten Angestelltenjob kündigen würde, um sich selbstständig zu machen. Was bleibt schon von so einem Ausflug?

Erinnerungen: ein Sohn, der sich wochenlang darauf freute – und der Vater auch. Die Unsicherheit, ob die Karten, die erst vierundzwanzig Stunden vor Anpfiff per Mail kamen, auch echt sind. Das Erbeben angesichts des heiligen Rasens im Estadio Santiago Bernabéu; die Skepsis, ob das Madrider »Opernpublikum« auch Stimmung machen würde; ein Stadion, das sieben Minuten vor Anpfiff halbleer und eine

Minute davor knallvoll war; zwei rote Punkte (Lorenz und Lukas) auf der Gegengerade in einer weißen Wand aus Real-Fans; ein Arturo Vidal, dem ab der ersten Minute »Rote Karte« auf der Stirn stand und der doch erst in der 84ten vom Platz flog; die beiden roten Punkte, die sich beim Foul-Elfmeter für Bayern – Lewandowski 53. Minute – mit dem Rücken zum Spielfeld knieten, beteten und allein in der weißen Wand jubelten. Ein FC Bayern, der es heroisch in die Verlängerung schaffte und dann durch einen genialen Christiano Ronaldo quasi im Alleingang doch noch geschlachtet wurde. Ein Madrider »Opernpublikum«, das die gesamte Verlängerung auf allen Rängen durchgehend die Vereinshymne durchsang. Lorenz' Gesicht, als er auf dem Markt rohen Seeigel probierte. Am Ende war es auch schon fast egal, dass die beiden erst auf dem Rückweg erfuhren, dass der Schiedsrichter den geliebten Club durch eine Reihe drastischer Fehlentscheidungen um den Sieg gebracht hatte.

Alles zusammengenommen war und ist das alles viel mehr wert als ein neues Möbelstück, als sauber lackierte Türen – bei denen die Farbe bis heute nicht besser geworden ist – oder ein bisschen mehr Sicherheit durch Reserven. Lukas ist nicht immer ein Held im Umgang mit seinem Geld, aber hier hat er mal wirklich alles richtig gemacht.

> Lorenz' Ehrgeiz in der Schule reduzierte sich bald wieder auf Normalmaß – so viel zur extrinsischen Motivation.

> Lorenz und Lukas waren seitdem nicht noch einmal auf einem Auswärtsspiel in der Champions League.

> Der Ausflug nach Madrid ist bis heute unsere liebste Papa-Sohn-Erinnerung. Wir sind uns beide sicher, dass wir uns daran den Rest unseres Lebens erinnern werden.

Energie

5 Prozent

Wie lange wollte er sich das eigentlich noch gefallen lassen? Florian Becker war jetzt ein gutes Stück über 60 Jahre, ein erfolgreicher Unternehmer und gemessen an herkömmlichen Maßstäben eher vermögend. Er – genauer seine Frau – hatte drei Kinder großgezogen, die alle aus dem Gröbsten raus waren und ihre eigenen Wege gingen.

Sein Unternehmen, das er in einer Kleinstadt in Baden-Württemberg als Familienbetrieb in zweiter Generation führte, machte 90 Millionen Euro Umsatz, hatte 126 Angestellte und produzierte hochwertige Vorprodukte, die nicht nur in so ziemlich jedem zweiten Auto in Deutschland, sondern in ganz Europa, Asien und den USA eingebaut wurden. Und dennoch fühlte er sich unfreier als jeder seiner Mitarbeiter. Mittlerweile hatte er den Kanal gestrichen voll – und zwar dermaßen. Unternehmer sein, so hieß es ja landläufig, bedeutete zwar ein immenses Maß an Risiko, dafür bekäme man aber auch ein unvergleichliches Maß an Autonomie und Selbstbestimmung. Das mit dem Risiko konnte er durchaus nachvollziehen, wenn er an Autonomie und Selbstbestimmung dachte, fehlte ihm mittlerweile sogar die Kraft für zynische Bemerkungen.

Jetzt saß er wieder einmal in einer der unsäglichen Verhandlungsrunden mit den Einkäufern eines großen Automobilherstellers. Wie oft hatte er das schon mitmachen müssen? Jedes Jahr keinerlei Preiszugeständnisse, brutalere Konditionen und immer wieder undurchsichtige Klauseln, die am Ende nur ein Ziel hatten: den Bonus der Chefeinkäufer zu maximieren. Mittlerweile war er fest davon überzeugt, dass diese Menschen nicht nur darin geschult wurden, psychologisch geschickt und möglichst knallhart zu verhandeln, sondern dass sie regelrecht darauf trainiert wurden, andere Menschen fertigzumachen. In Beckers eigenen Worten: »So fertig, dass sie irgendwann nur noch unterschreiben und den Verhandlungsraum (oder war es eine Kampfarena?) verlassen wollen.«

Wie in den letzten Jahren auch versuchte sein Verhandlungspartner Hans Krämer, ihn unter Druck zu setzen. Das Angebot lag ganze

4 Prozent unter dem, was sie voriges Jahr ausgemacht hatten. Das war betriebswirtschaftlich ein Ding der Unmöglichkeit, wenn man wusste, dass Florians Unternehmen eine Netto-Marge von nicht einmal 5 Prozent hatte.

»Becker, wenn Sie nicht langsam signifikant um die Kurve kommen und uns ein vernünftiges Angebot machen, dann können wir den ganzen Mist hier vergessen, dann kaufen wir das Zeug eben bei einem Ihrer etwas weniger störrischen Wettbewerber. Die stehen alle händeringend Schlange bei uns – und einer dieser armen Hunde hat gerade wieder Grund zur Hoffnung.«

»Aber, also, Herr … äh … Krämer, ich bitte Sie! Sie wissen doch, wir liefern doch eine ganz andere Qualität, und diese Qualität kann man doch nicht zum Nulltar…«

»Becker! Becker!« Krämer stand langsam und bedrohlich auf. »Jetzt reicht es mir aber! Ich gehe jetzt raus, eine rauchen und einen Schnaps trinken, um Ihren unglaublichen Schwachsinn runterzuspülen. Und ganz, ganz vielleicht geh ich noch mal um den Block, um Ihnen noch ein bisschen Zeit zu geben, vernünftig nachzudenken. Und wenn ich hier wieder reinkomme, präsentieren Sie mir eine Zahl, mit der ich leben kann und die ich meinem Chef verkaufen kann. Und: Wenn Sie mir noch einmal mit Ihrem scheiß Qualitätsargument kommen, dann werfe ich Sie eigenhändig hochkant raus …«

Während Becker darauf wartete, dass Krämer zurückkam, zog sein berufliches Leben an ihm vorbei: Er hatte Anfang der 1970er Jahre angefangen, in dem Betrieb zu arbeiten, den sein Vater in den Nachkriegsjahren von null aufgebaut hatte. Letztlich war seit seiner Geburt klar, dass er – wie sein Bruder auch – in die Firma einsteigen würde. So hatte sein Vater Walter, Patriarch durch und durch, auch faktisch entschieden, dass Florian BWL, sein jüngerer Bruder Eberhard Jura studieren sollte. Die neue Generation der Firmenleitung sollte akademisch so gut wie möglich aufgestellt sein. Etwas anderes zu tun, seinen eigenen Weg zu gehen, war nicht mal denkbar.

Kein Wunder, dass es alles andere als einfach war, mit dem herrischen Vater – der bis ins hohe Alter täglich in die Firma kam – als Chef klarzukommen. Egal, welche Idee Florian hatte: Sein Vater kassierte sie gegenüber den Mitarbeitenden regelmäßig mit den Worten: »Hören Sie nicht auf den Florian, wir machen es eh, wie ich es sage.« Am Ende, so Florian, »bleibt man immer der Kleine«. Ab Mitte der 1980er wurde dieser Umstand teilweise dadurch gemildert, dass Florian die alleinige Verantwortung für das Asien- und Amerikageschäft übernahm, das den Vater nicht weiter interessierte. Erst mit Mitte fünfzig hatte Florian die volle Verantwortung für den gesamten Betrieb übernommen. Sein Bruder, der die Bevormundung durch den Vater weit schlechter ertrug, hatte da schon seit zwei Jahrzehnten hingeschmissen.

»Ich sehe überhaupt keinen Bruch. Ich mache heute genau das Gleiche wie früher. Fremde Menschen vertrauen mir Geld an, ich investiere es mit einem Teil meines eigenen Geldes und sorge dafür, dass es eine maximale Rendite beziehungsweise Wirkung erzielt. Jetzt eben eine nonmonetäre Rendite: Nahrung, Bildung, Medikamente und menschliche Wärme.«

Burkhardt D. (55), Ex-Private-Equity-Investor und Stifter (Mai 2018).

Als Krämer zurückkam, »einigte« sich Florian mit ihm auf 2,5 Prozent Nachlass gegenüber dem Vorjahr, unterschrieb und beschloss, das Thema mit dem Unternehmensverkauf endlich konsequent anzugehen. Nein, das Unternehmen den Kindern hinterlassen – das konnte er beim besten Willen nicht wollen. Dafür hatte er die drei zu gern. Das Einzige, was an ihm nagte, war seine Verantwortung für die Mitarbeiter und Mitarbeiterinnen und in gewisser Hinsicht die Aura seines Vaters. Entsprechend bemühte sich Becker um einen Käufer, der am Ende auch tatsächlich fast alle Angestellten übernahm.

So begann er in den nächsten Monaten, viel Geld in gute Berater zu investieren: Rechtsanwälte, M&A-Fachleute, Wirtschaftsprüfer, Vermögensverwalter. Für ihn war das rückblickend eine goldrichtige Entscheidung. Er meint heute: »Ich verkaufe mein Unternehmen ja nur ein einziges Mal, der potenzielle Käufer hat das schon ein paarmal gemacht und ist im Regelfall viel größer als ich. Wirklich gute Berater sind ihren Preis wert.« Zu Beckers Erstaunen kam ihm von seiner Belegschaft jede Menge Verständnis entgegen. Kein Wunder:

Lieber jetzt geordnet an einen neuen Eigentümer übergeben, als in ein paar Jahren die Unternehmensführung durch einen Herzinfarkt zu verlieren.

Und nun? Was macht ein Unternehmer nach vierzig Jahren Unternehmertum ohne Unternehmen? Was ist er dann noch? Auf einmal ist ziemlich viel Geld da, weit mehr, als man bisher benötig hat – und vor allem sehr viel Zeit. Florian hatte sich schon während seiner Zeit als Unternehmer viele grundsätzliche Gedanken gemacht. So hatte er immer ein kleines schwarzes Notizbuch bei sich, in das er sich – insbesondere auf längeren Geschäftsreisen – Gedanken darüber notierte, »wie die Dinge wohl zusammenhängen«.

Nun belegte er Volkshochschulkurse in Philosophie, las Bücher über spirituelle Offenbarungen und durchkämmte das Internet nach Tutorials und Videos zu Quantenphysik. Außerdem setzte er sich intensiv mit Ethik, der Frage nach Gerechtigkeit und Verantwortung für das eigene Handeln auseinander. Dabei kreisten für ihn die Gedanken auch stets darum, was er mit seinem neu gewonnenen Vermögen anfangen sollte. Gleichsam, wie er seinen Kindern nicht das Weiterführen der Firma oktroyieren wollte, machte er sich nun Sorgen darüber, dass zu viel Geld für deren Leben eventuell eher eine Gefahr als ein Segen sein könnte. »Wissen Sie, die sind nicht gierig – und im schlimmsten Fall sprengt das Geld auf einmal jede Dimension ihres Lebens.«

»Am Ende wollte ich mit einem Teil meines Geldes etwas tun, was meinen großen Dank ausdrückt, für alles, was ich erreicht und erfahren habe. Geld ist ja nichts anderes als flüssige Energie, darin steckt eine unglaubliche Potenzialität, die je nachdem, welche Richtung man ihr gibt, destruktiv oder konstruktiv sein kann. Ja, darum geht es am Ende bei der Energie, die dem Geld innewohnt, ihr eine Gerichtetheit zu geben.« Als Unternehmer, der er immer noch durch und durch war, beschäftigte er sich auch deshalb intensiv mit der Effizienz unterschiedlicher Hilfsprojekte.

Aus all diesen Überlegungen heraus war es für ihn selbstverständlich, einen Teil seines Vermögens zu spenden, um auch anderen Menschen ein erfüllteres Leben zu ermöglichen. »Ich bin dankbar, dass ich jetzt relativ viel Geld verschenken kann, für mich ist das die schönste Form des Konsums. Es macht mir einfach viel mehr Freude, als mir etwa einen 911er Porsche Jahrgang 1963 zu kaufen.«

> Seinem Motto getreu, dass es sinnvoll ist, in gute Berater zu investieren, wandte sich Florian Becker an eine professionelle Philanthropieberatung.

> Die Beträge, die er mir gegenüber genannt und die er bisher gespendet hat, sind wirklich substanziell. Der weitaus größte Anteil ging an eine Organisation mit dem Namen »Deworm the World«, der es gelingt, mit einfachsten Mitteln das Bildungsniveau in Subsahara-Afrika zu fördern.[79] Er möchte damit auch in Zukunft weitermachen.

> Wenn Sie sich für effektiven Altruismus und hoch effiziente philanthropische Projekte interessieren, gehen Sie bitte auf die Webseite https://www.effektiv-spenden.org. Hier können Sie auch mit kleinen Summen anfangen, sehr effizient zu helfen.

Lithium

900 Milligramm

Als Nils Hansen am 17. November 2020 den Sitzungssaal A206 des Landgerichts Hamburg verließ, fühlte er sich so gut wie seit Jahrzehnten nicht mehr. Er hatte gewonnen. Und wenn er sich auch nicht die Liebe seiner Eltern hatte einklagen können, so hatte er zwei Jahre nach dem Tod seines Vaters und nach 18 Monaten Rechtsstreit wenigstens ein Stück Gerechtigkeit erfahren. Jetzt war die Unehrlichkeit seiner Familie endlich amtlich – und dass seine Schwester Ida (immer) bevorzugt worden war. Gut, mehr als der Pflichtteil war nicht drin gewesen, und auch der war nach diversen offiziellen und meist inoffiziellen Schenkungen an Ida ziemlich zusammengestutzt – aber egal. Wichtig war, dass seine Mutter und seine Schwester nach dem Tod seines Vaters nicht einfach so davongekommen waren. Nils hatte durchgesetzt, was ihm zustand, hatte *sich* durchgesetzt. Und: Mit »diesen Menschen« musste er jetzt für den Rest seines Lebens nichts mehr zu tun haben.

Jenseits der Genugtuung hatte er jetzt – nach rund 4800 Euro für seine Anwältin – gut 160 000 Euro, und wenn er seine Restschulden bei der Bank ablöste, immer noch fast 150 000 Euro. Das reichte erst mal ziemlich lange und für ziemlich viel: ein, vielleicht auch zwei schöne Uhren – die Lange & Söhne-Automatik mit Datum und Mondphase? Vermutlich kaum bezahlbar, aber mal sehen. Auf jeden Fall endlich ein Auto und vor allem ordentlich Klamotten einkaufen. So richtig hatte er das gefühlt seit Jahren nicht mehr ausgelebt. Was jetzt auch endlich möglich war: Erst mal eine Auszeit nehmen wie sein Freund Andres – gut, der hatte einen anderen finanziellen Hintergrund, aber was soll's, für ein, zwei Jahre würde das Geld dazu schon reichen. Dann konnte er sich ja wieder als Geschichts- und Deutschlehrer an irgendeiner Privatschule durchschlagen. Vermutlich würde ihn sogar sein heutiger Chef, Direktor Frank Bauer, wieder zurücknehmen, selbst wenn er ihm jetzt die Brocken hinschmeißen würde. Endlich durch Europa oder die USA reisen – vielleicht würde er dabei sogar jemanden kennen lernen. Wenn nichts Festes, dann doch zumindest wieder ein ordentliches Date: anständig speisen, reichlich Champagner, ein vernünftiges Hotelzimmer – am besten mit Whirlpool – und endlich wieder gediegen vögeln. Die Scheißtabletten, so wichtig sie auch für ihn waren, hatten ihm in letzter Zeit in dieser Hinsicht so ziemlich jeden Antrieb genommen.

Wie gesagt: Als Nils Hansen am 17.11.2020 den Sitzungssaal A206 des Landgerichts Hamburg verließ, fühlte er sich so gut wie seit Jahrzehnten nicht mehr. Doch anders als erhofft wurden die 150 000 Euro und der Sieg über Schwester und Mutter nicht das Ticket für ein neues, ein besseres Leben. Im Gegenteil, sie wurden zum Brandbeschleuniger seines Untergangs, zum Zünder an einem Sprengsatz, der schon lange darauf wartete, dass ihn endlich jemand aktivierte, und der die brüchige Mauer, die Nils um seine verletzte Seele gebaut hatte, endgültig zum Einsturz brachte. Nicht mal ein Jahr später, am 13. Oktober 2021, wurde Nils Hansen tot in einer Senior Suite eines Hamburger Luxushotels aufgefunden.

Seit sie sich in der ersten Klasse in einer Grundschule in Poppenbüttel kennen gelernt hatten, waren Andres Hauser und Nils Hansen die besten Freunde. Gut, um ein richtig solider Kicker zu werden, war

Nils zu zart besaitet, aber beide waren ernsthafte HSV-Fans, und beide merkten schnell, dass man mit dem anderen jede Menge Spaß haben und jede Menge Mist bauen konnte: Nils war amüsant, umgänglich und obwohl er ziemlich intelligent war, dachte er selten über die Konsequenzen nach, wenn die Idee, die er im Kopf hatte, ihm nur gut genug erschien.

Nils' große Zeit begann in den frühen 1980ern. Sicherlich war er nicht der Erfinder der legendären Popper-Bewegung, aber er war ganz, ganz vorne dabei: hohe Nikes oder Slipper, Closed-Jeans, Burlington-Pullis mit V-Ausschnitt, Lacoste- und Ralph-Lauren-Hemden. Während Andres einfach nur so mitschwamm, wurde Nils zur Blaupause, zum Maßstab in seiner Klasse, ja in seiner Schule, wenn es darum ging, »Markenklamotten an den Start zu bringen«. Sobald er Geld hatte, wurde es umgesetzt: »instant gratification«. Und solange Papa (und auch Mama) mitmachten, war Geld da, auch, um am Abend in diversen Hamburger Discos »auf die Kacke zu hauen«[80]. Sein Bezug zu Geld war relativ einfach: »Muss ich haben.«

Wenn man mit dem berühmten Marshmallow-Test beobachten kann, welche Kinder in der Lage sind, in der Erwartung eines zweiten Marshmallows eine unbestimmte Weile mit dem Konsum eines ersten Marshmallows zu warten, dann gehörte Nils ganz sicher zu den Kindern, die den ersten Marshmallow gegessen hatten, bevor der Versuchsleiter überhaupt die Regeln erklärt hatte.

Zu der charakteristischen Kleidung und dem ostentativen Konsum der Popper kamen die bestens gepflegte, halb ins Gesicht hängende Popper-Tolle sowie Synthie-Pop von New Order und Depeche Mode in Dauerschleife. Es war ein Lebensstil, der im Ganzen eine klare Provokation und eine klare Botschaft an die »linken Zecken« und Ökos an der Schule war: »Leckt uns am Arsch – wir konsumieren.« Sollten die sich über Atomkraftwerke oder den NATO-Doppelbeschluss echauffieren, das war noch lang kein Grund, sich nicht mehr zu waschen, Strickpullis und Birkenstocks zu tragen und erbärmliche Songs mit Akustikgitarre und dem Wort »Freedom« drin zu hören. Diese Provokation galt erst recht den meist sozialdemokratischen Lehrern an der Schule – auf dem Weg durch die Institutionen hängengebliebene, frustrierte Ex-68er, allesamt »Prolos«. In einem gewissen Sinne herrschte an den Gymnasien der Hamburger Vororte Klassenkampf: Rebellion durch Überkonformität und Konsum gegen ein kapitalismuskritisches, links(-intellektuelles?) Beamtentum.

Zivildienst mit irgendwelchen versifften Ökos zu machen, kam für Nils definitiv nicht infrage, doch auch die Bundeswehr tat ihm alles andere als gut. Der hinter seiner Fassade ziemlich sensible und verletzliche Nils lieferte sich einen Dauerkonflikt mit seinem Spieß: Millimeter um Millimeter verteidigte er seine Popper-Tolle – zum Preis fortlaufender Schikanen.

Nils' Geltungsbedürfnis, das an sein äußeres Erscheinungsbild gekoppelt war, hielt auch nach seinem Abitur und nach der Bundeswehr an. Er blieb letztlich sein Leben lang ein Popper, immer sehr darum bemüht, »den Schein zu wahren und im Lebensstil seines Heranwachsens zu verharren«. Popper-Tolle, Synthie-Pop, Markenklamotten – so definierte er sich zunehmend durch eine Gruppenzugehörigkeit, zu der es keine Gruppe mehr gab. Nils, der später in Geschichte promovierte und als freier Journalist arbeitete, befand sich in seinem – in der Regel stramm linken – beruflichen Umfeld mit seinem provokanten Lebensstil und Auftreten zunehmend in der Rolle eines Außenseiters.

Um seine Frustrationen zu betäuben, entwickelte Nils zunehmend Kaufzwänge: Sobald Geld da war und solange seine Eltern mitspielten, feierte er regelrechte Konsumorgien. Das Gefühl, mit einem gut gefüllten Portemonnaie, einem ganzen sich im Geld widerspiegelnden Universum von Konsummöglichkeiten in die Stadt zu ziehen war unbeschreiblich: Rausch, Glück und Machtgefühl zugleich. Daheim angekommen folgte hingegen meist eine jähe Ernüchterung, eine Mischung aus schlechtem Gewissen und Niedergeschlagenheit. Ende der 1990er fanden sich in seinem Kleiderschrank annähernd hundert Markenhemden, Preis 250 D-Mark aufwärts. Viele davon nie getragen, manche nicht mal ausgepackt, noch Jahre später in der Original-Einkaufstüte in die Schrankecke gestellt.

Auch als sein Vater ihm mit Ende zwanzig den Geldhahn abdrehte – sei es aus Sparsamkeit, sei es, um seinen Sohn wachzurütteln –, änderte er sein Verhalten kaum. Wenn er einmal eine Affäre oder flüchtige

Beziehung hatte, dann ging es nicht in seine bescheidene Zweizimmerwohnung, dann musste es ein Vier- oder Fünf-Sterne-Hotel sein – nicht immer das Vier Jahreszeiten, aber am liebsten schon. Gerade die fünf Jahre On-off-Beziehung mit seiner inzwischen verheirateten Jugendfreundin Netta rissen riesige Löcher in sein Budget. Da sein Einkommen als freier Journalist einigermaßen dürftig war, addierten sich seine Schulden zunehmend. 2003 waren es gut 40 000 Euro – 30 000 Euro bei verschiedenen Banken und 10 000 Euro bei einem Bekannten.

Doch die drohende Privatinsolvenz war nur eines und sicher nicht das gravierendste Problem, unter dem Nils litt. Denn seine Kaufräusche waren nicht die einzige Zwangserkrankung, unter der er litt. Seit seiner Bundeswehrzeit suchten Nils immer häufiger Angststörungen heim. Erst einigermaßen erträglich, dann zunehmend heftiger steigerte er sich in die Vorstellung hinein, an AIDS oder einer seltenen bakteriellen Krankheit erkrankt zu sein oder unter einem seltenen Schimmelpilzbefall zu leiden. Die dadurch ausgelösten Depressionen fesselten ihn mitunter tagelang heulend ans Bett. Wenn er dann seinen Jugendfreund Andres anrief, brach es aus ihm heraus: Vermutlich habe er bereits Dutzende andere infiziert, würde womöglich die Welt ins Unglück stürzen.[81] Stundenlang versuchte er immer wieder, die seiner Meinung nach völlig kontaminierte Wohnung zu desinfizieren. Vergeblich. Am Ende sah sich Nils gezwungen, den Inhalt seines gesamten Kleiderschranks zu entsorgen, darunter die hundert Hemden, die Nils einmal deutlich mehr als 15 000 Euro gekostet hatten.

2003 kam neben dem finanziellen auch der endgültige psychische Zusammenbruch: Der akut suizidgefährdete Nils ließ sich in eine psychiatrische Klinik einweisen. Und er begann mit der Hilfe von Psychiatern und Therapeuten, eine Mauer um seine kranke Seele zu bauen. Eine Mauer aus Medikamenten, Ritualen, Strukturen, Abläufen, Zahlungsströmen. Da Nils eine klassische Psychotherapie als »linke Kacke« – letztlich natürlich aus Angst – ablehnte, vertraute er sich neben seinem behandelnden Psychiater dem Verhaltenstherapeuten Dr. Sade an. Mit dessen Hilfe begann Nils, seinen Tag, seine Wochen und die Monate zu strukturieren: morgens aufstehen, kleines Frühstück, 30 Minuten Sport, acht Stunden Arbeit. Montags Karate, dienstags und freitags die Wohnung putzen (nicht öfter!), samstags laufen gehen. Nach dem Geldeingang am 15. erst einmal die Kredite bedienen und ein paar Euro für Notfälle zurücklegen. Nils bildete Budgets für Kleidung und Essengehen und hielt sich auch meistens daran. Er suchte sich eine regelmäßige Arbeit als Deutsch- und Geschichtslehrer an einer Privatschule, die es unmöglich machte, dass er in den Tag hineinlebte, und die ihn zwang, sich in ein soziales Umfeld einzufügen. Letztlich machte ihm die Arbeit, insbesondere die Möglichkeit, Jugendlichen seine Begeisterung für Geschichte vermitteln zu können, richtig Spaß.

»I'm so lonely, that's okay,
I shaved my head
And I'm not sad
And just maybe I'm to blame
for all I've heard
But I'm not sure
I'm so excited, I can't wait
to meet you there
And I don't care.«

Kurt Cobain, Nirvana,
Lithium (1991)

Doch Dr. Sade, der nie eine klassische Therapeutenausbildung durchlaufen hatte, machte neben dem Schaffen eines Exoskeletts aus klaren Tagesabläufen und Strukturen auch jede Menge, nennen wir es mal eher unorthodoxe, Vorschläge: Er ermutigte Nils, seine Mutter und seine Schwester zu verklagen und sich in Streitgesprächen keine Zurückhaltung aufzuerlegen, wenn es darum ging, die beiden zu beleidigen. Außerdem möge er bitte auch seine Sexualität ohne jede Einschränkung ausleben. Diese Vorschläge setzte Nils zwar nicht eins zu eins um, er fand sie jedoch ausgesprochen inspirierend.

Nicht, dass er keine Rückfälle gehabt hätte, nicht, dass die Ärzte die Medikamente nicht immer wieder neu einstellen mussten, insbesondere, wenn er sie wie im Herbst 2014 eigenständig abgesetzt hatte. Nicht, dass er – mitunter wegen der Rückfälle – auch siebzehn Jahre später immer noch über 10 000 Euro Schulden hatte. Doch was seine Kaufzwänge anging, lebte Nils im Großen und Ganzen einigermaßen clean – wie ein trockener Alkoholiker. Für den Rest sorgten im Regelfall Psychopharmaka. Bis zu jenem verhängnisvollen 17. November 2020, als Nils meinte, sein Leben nähme jetzt endlich eine positive Wendung, als der Zugriff auf scheinbar unbegrenzt Geld für ihn die gleiche Wirkung hatte, als würde der Lieferservice einem Alkoholiker zwei

Europaletten Schnaps mitten ins Wohnzimmer stellen und von außen die Tür absperren.

Der Sieg auf dem juristischen Schlachtfeld kompensierte die eigentliche Verwundung des sich stets ungeliebt und – wohl auch zu Recht – ungerecht behandelt fühlenden Nils nicht. Insofern war der Konflikt mit Mutter und Schwester völlig vergeblich gewesen. War das Verhältnis zu seiner Familie die letzten Jahre über ausgesprochen schlecht gewesen, gab es jetzt gar keinen Kontakt mehr. Wie erträumt, nahm sich Nils erst mal eine Auszeit und warf seinen Job als Privatschullehrer hin. Doch ohne seine täglichen Rituale, ohne den regelmäßigen Tagesablauf und die sozialen Kontakte durch seine Arbeit als Lehrer verlor er schnell jeglichen Halt. Mit den Worten aus Nirvanas Song »Lithium«: »Sunday morning is everyday, for all I care …« Nils hörte mit Karate auf, lief nicht mehr und beendete die tägliche Sportroutine – jeder Tag war ein langgestreckter Sonntagmorgen. Dafür putzte er wieder exzessiv seine Wohnung. Reisen unternahm er keine.

Ohne die durch die Schulden erzwungene Disziplinierung seiner Ausgaben kamen die Kaufräusche zurück, und zwar mit Macht: zwei Luxusuhren, ein gebrauchter 911er und Klamotten, Klamotten, Klamotten. Das Geld rann ihm durch die Finger. Und auch die Angstvorstellungen, seine Hypochondrie waren wieder da. So ziemlich jede Hamburger Klinik wies den unter imaginärem HIV, Bakterien und Schimmelpilzen leidenden Nils ab. Nils, der im Grunde ja wusste, was die eigentliche Ursache seines Leidens war, fixierte sich zunehmend darauf, das Problem rein medikamentös in den Griff zu bekommen, zuletzt mit immer höheren Dosen Lithium. Gleichzeitig fehlte ihm aber die Geduld, darauf zu warten, bis die Behandlung griff. Nils lief zunehmend die Zeit davon. Vielleicht hätte der unorthodoxe Dr. Sade ihm geholfen, doch der war bereits vor zwei Jahren verstorben.

Ende August ließ er sich auf Andres' Drängen noch einmal in eine psychiatrische Klinik einweisen, doch die Erfolge der Behandlung stellten sich viel zu langsam ein. Am 12. Oktober 2021 gelang es ihm, seinen Zustand so gut vor den behandelnden Ärzten zu verschleiern, dass diese ihn auf eigenes Risiko entließen. Dr. Nils Hansen fuhr mit einem Taxi direkt ins Vier Jahreszeiten, wo er sich die teuerste Suite mietete und eine Flasche des teuersten Champagners auf das Zimmer bestellte …

> Als man Nils Hansen am Morgen des 13. Oktober 2021 auffand, war er perfekt gekleidet: Karottenhose, Lacoste-Hemd und Slipper mit Bömmelchen, an seinem Handgelenk eine Lange & Söhne-Automatik in Weißgold mit Mondphase.

> Seine Musikbox spielte »Enjoy the Silence« von Depeche Mode in Endlosschleife. Nirvana hätte Nils natürlich nie gehört – viel zu siffige Ökos und linke Hänger.

> Die Hotelrechnung konnte auch aus dem Nachlass nie beglichen werden.

Topclub

3 Uhren

Johannes' Vater war Immobilienanwalt in Stuttgart, nein, er war *der* Immobilienanwalt in Stuttgart. Projektentwickler, Aufteiler, Baulöwen, Family Offices und andere hoch vermögende Privatpersonen: Wer ein Thema mit Immobilien hatte, wandte sich an Dr. Gerhard Rädler.

Johannes hatte wie seine beiden älteren Brüder Jura studiert. Nicht, weil ihn das irgendwie interessierte, sondern weil es der Weg des geringsten Widerstandes gewesen war. Was ihn wirklich begeisterte, nämlich Politik, Theater und vor allem Literatur – das hatte sein Vater klargemacht –, war brotlose Kunst und so etwas würde er definitiv nicht unterstützen. Schon gar nicht Johannes' »irre Idee«, selbst zu schreiben. »Du kannst schon ein Dichter werden, aber sicherlich nicht mit meinem Geld. Dann dreh ich dir den Hahn ab, und du kannst mal schauen, wie weit du kommst.« Das war das Ergebnis der einzigen zaghaften Diskussionen gewesen, die Johannes über dieses Thema mit seinem Vater geführt hatte. Wenig überraschend waren seine Erfolge in seinem Studium dann auch ausgesprochen übersichtlich. Mit Müh und Not schaffte er es, durch eine einigermaßen vertretbare mündliche Prüfung noch irgendwie das zweite Staatsexamen zu bestehen.

Am Ende stand er da mit einem miserablen Abschluss und machte das, was sein Vater »herumsandeln« nannte. Dr. Rädler wäre nicht Dr. Rädler gewesen, wenn er dem tatenlos zugeschaut hätte. So organisierte er seinem »Filius« ein mit 2500 Euro überbezahltes Traineeprogramm bei seinem wichtigsten Mandanten, SML – »Schwarz, Milzfuß, Leopold«, Stuttgarts profitabelstem, mit anderen Worten skrupellosestem Immobilienhai. »Bei denen lernst du das Geschäft wie sonst nirgendwo. Und daneben machst du an der Immobilienakademie Böblingen deinen Immobilienfachwirt. In achtzehn Monaten übernehmen die dich, und mit Provision und Pipapo stimmt nachher auch später mal der Bimbes.«

Was Rädler seinem Sohn nicht sagte, war, dass Johannes' Gehalt bei SML letztlich darauf beruhte, dass Rädlers Anwaltskanzlei seinem Topmandanten Rabatte in gleicher Höhe bei den Honorarnoten einräumte. Was Johannes seinem Vater nicht erzählte, war, dass er auf diesen »Immobilienmist« noch weniger Lust hatte als damals auf das leidige Jurastudium. Aber was sollte es – antriebsschwach, wie er war, war Neinsagen nicht wirklich seine Stärke. So war es einfach am bequemsten. Denn ohne seinen Vater finanziell klarzukommen – wie das gehen sollte, wusste er beim besten Willen nicht.

Inzwischen quälte er sich schon seit vierzehn Monaten mit dem »Immobilienmist« herum und war zu seinem eigenen großen Erstaunen dabei sogar ziemlich erfolgreich. Wegen seiner offenen freundlichen Art, seiner Allgemeinbildung, seiner Gesprächsfähigkeit bei so unterschiedlichen Themen wie Fußball, Theater, Literatur, Oper oder Politik tat er sich ausgesprochen leicht, in Kontakt mit anderen Menschen zu treten – ein vertriebliches Talent, das auch den Kollegen und seinem Chef bei SML nicht verborgen blieb. Und so war Dr. Gerhard Rädler sehr freudig überrascht, als sein alter rotarischer Freund Milzfuß ihm signalisierte, er müsse bei den Honorarnoten nun definitiv nicht mehr abrunden. »Der Dichter – wird also doch noch mal was aus ihm.«

Für Johannes machte der Erfolg die Sache etwas erträglicher, aber im Prinzip bekam er es nicht in den Kopf, welchen höheren Sinn es haben sollte, die hoch vermögenden Mandanten seines Vaters noch reicher zu machen, indem er sich daran beteiligte, dass Mietshäuser entmietet, aufgeteilt, luxussaniert und schließlich überteuert an irgendwelche

Zahnärzte, Radiologen, Unternehmensberater oder Hedgefonds-Manager verkauft wurden. Wenn er abends mit seinen Freunden über Gentrifizierung diskutierte, hatte er langsam das Gefühl, schizophren zu werden.

»Rädler«, so trat im Spätsommer 2018 Dr. Milzfuß auf Johannes zu, »ich hätt da was ganz Bsonders für Sie. Sie habet ja ein ausgschprochnes Händle für den Verkauf. Und mir hat äbbe der Kollege Böblinger verzählt, wie ganz arg gschickt se sich neulich mit dem, na Sie wisset scho, mit dem na, na, na Zahnarzt aus Esslingen ohgschtellt hent. Er moint glatt, ohne Ihre charmande Art hätt der alde Pfennigfuchser die Souterrainwohnung nie zu dem Preis gnommä. Und des ausm Mund vom Böblinger. Da könnet se sich was drauf einbilde. Der moint ja sonst immä, ned gschimpft is globt gnug.«

»Na, das ist ja nett«, druckste Johannes etwas unbeholfen herum.

»So, Rädler, Sie kommet mit zum Topclub-Treffe. Des isch eppes ganz bsonders. Da schicket nur die beschte Immobilienunternehmen ausm Ländle ihre Leit hin, und nur die allerbeschte. Dort treffe Sie Leit, die machet im Jahr bis zu einer halbe Million Provision! Absolude Topleit! Der Böblinger nimmt se mit. Da könnet se sich was drauf einbilde. Mir hent Kollege, die würdet sich dafür de kloine Finger abschneide.«

Am 15. September war es so weit: Johannes fuhr mit Böblinger in ein diskretes Hotel in der Nähe von Baden-Baden. Irgendwie war es ihm unangenehm gewesen, dass der Böblinger für diesen Ausflug sich ausgerechnet den Porsche Cayenne aus dem Fuhrpark von SML geliehen hatte, der sonst nur der Geschäftsleitung vorbehalten war. Als sie mit dem Auto auf dem Parkplatz fuhren, merkte er, dass sie damit nicht weiter auffielen.

»Ah, der Böblinger«, kommentierte ein sonnenstudiogebräunter Mittvierziger, als die beiden aus dem Auto ausstiegen. »Immer low profile mim Cayenne, so wird's gemacht. – Ich bin *der* Michel«, wandte er sich an Johannes, während er sein Gepäck von der Rückbank eines quietschgelben Porsche GT 2 RS angelte. »Dienstfahrzeug«, grinste er, »zahlt quasi das Finanzamt. Habe ich mir noch besorgt, bevor uns die Ökos endgültig den Spaß verderben – nur noch Elektrik, da spürst doch nix mehr.«

Johannes erinnerte er an eine nicht ganz gelungene Mischung aus Sascha Hehn und Hansi Hinterseer.

Als Johannes mit Böblinger und *dem* Michel den Sitzungsraum betraten, fand er zu seiner Verwunderung nicht etwa einen großen Konferenztisch, Flipcharts oder eine an die Wand projizierte Präsentation vor. Das Ganze erinnerte ihn eher an einen überdimensionierten Stuhlkreis, in dem ein gutes Dutzend Herren zwischen vierzig und fünfundfünfzig in Designerjeans und weißen Hemden breitbeinig in zu großen Sesseln fläzten. Nur zwei Personen stachen aus diesem fast uniformen Auftreten heraus: er selbst, der die Kleidungsanweisung »casual« wohl etwas zu wörtlich genommen hatte und sich in seinem Lieblings-Hoodie etwas deplatziert vorkam, und eine wohl rund fünfunddreißig Jahre alte Frau, die sich als Cora vorstellte und wohl am Morgen etwas zu viel Make-up abbekommen hatte. Eines war dennoch klar: Dies war eine Herrenrunde, Cora allemal im wörtlichen Sinne ein Farbtüpfelchen. Die meisten hier schienen sich bestens zu kennen und bereits prächtig beim ersten, vielleicht auch schon zweiten Bierchen zu amüsieren.

Schmierige Komplimente, zweideutige Anmerkungen oder relativ offen sexistische Sprüche, wie sie im Laufe des Tages immer wieder direkt an Cora gerichtet oder über Cora hinweg vom Stapel gelassen wurden, schienen diese nicht weiter zu stören. Kein Wunder: Wie Johannes im Laufe des Tages herausfand, war Cora selbst keine Immobilienvertriebskraft, sondern hatte ein kleines Unternehmen gegründet, über das selbstständige Immobilienverkäufer schlank und effizient einen Großteil ihres Backoffice abwickeln konnten. Sie saß hier schlicht und ergreifend zwischen ihren wichtigsten und besten Kunden. Stolz oder Feminismus waren hier dementsprechend zumindest finanziell keine Option für Cora, die sich als Tochter anatolischer Migranten vor zehn Jahren ohne jegliche fremde Hilfe mühsam eine eigene Existenz aufgebaut hatte.

Die Topclub-Veranstaltung selbst hatte eine relativ einfache Struktur: Der Reihe nach referierte jeder der Anwesenden seinen beruflichen Werdegang, seine historischen und jüngsten Absatzzahlen sowie seine erfolgreichsten Projekte. Erstaunlicherweise erzählte fast niemand, warum er so erfolgreich war, und kein Einziger erwähnte auch nur, ob die von ihnen empfohlenen Immobilien in der Vergangenheit für die Käufer eigentlich ein erfolgreiches oder eher ein weniger erfolgreiches Investment gewesen waren. Es ging einzig und allein darum, sich vor den anderen darzustellen, sich zu vergleichen, sich im Neid der anderen zu sonnen oder neidisch auf die zu schauen, die noch mehr Euros im Jahr »machten«. Wenig vornehm nennt man das wohl Schwanzvergleich.

Währenddessen wurde eine Runde nach der anderen serviert. Die meisten beließen es beim Bier, nur *der* Michel, Karsten und Micha, die sich offenbar schon seit Langem kannten, waren schon deutlich vor dem Mittagessen zum Wein übergegangen.

Das eine Lieblingsthema Autos – inklusive der morgen anstehenden Ausfahrt, für die vierzehn Ferraris organisiert worden waren – war schon ausgiebig diskutiert worden, bevor es überhaupt losging. O-Ton von *dem* Michel: »Wie das mit dem Porsche und der Steuer geht, Hannes, erkläre ich dir am Abend mal in Ruhe bei einem Bierchen, da musst du dich nicht mehr lange auf dem Fahrrad quälen.« Beim Mittagessen kam ein weiterer Favorit auf die Tagesordnung: Uhren. Das Statussymbol schlechthin, wenn es um die Hackordnung im Finanzvertrieb geht. Fachmännisch wurden die unterschiedlichen »Wecker« der Anwesenden begutachtet und verglichen. »Wenn die hier in grün reinkommt – ich kenn da einen Uhrenhändler –, die ist meeegaa, da sag ich dir Bescheid.« *Der* Michel, Carsten und Micha, die auch hier – wie beim Thema Auto – die Nase vorn hatten, posteten ihre drei Exemplare, unter allgemeinem Beifall, mit dem Kommentar »12:45 Uhr – Uhrenvergleich« live und in Farbe auf Instagram. Johannes dagegen zweifelte allmählich daran, ob das hier alles echt war, oder ob irgendwo im Hintergrund eine versteckte Kamera für eine Satiresendung mitlief. Wenn es so weiterginge, müsste er wohl irgendwann auf die Toilette verschwinden und sich einen Joint reinziehen, um das hier weiter ertragen zu können. Eigentlich hatte er das mit dem Kiffen ja so gut wie aufgegeben, aber sich in weiser Voraussicht dann doch ein bisschen was mitgenommen. Letztlich gut, dass er darauf verzichtete, denn am Ende hätte er nur *den* Michel gestört, der im Laufe des Nachmittags immer wieder auf der Toilette verschwand und jedes Mal noch aufgekratzter zurückkam.

Der Rest der Gruppe begnügte sich damit, beim Bier zu bleiben. Bis Micha gegen 17 Uhr der Kellnerin hinterherrief: »Sag mal, meine Liebe, welche Wodkas habt ihr denn hier?« Als er schließlich eine geeignete Sorte identifiziert hatte, bestellte er lautstark,: »Na, dann bring mir doch einen, mein Kind – also eine Flasche.« Natürlich wurde das Ganze begleitet vom Beifall der Gruppe und dem Gegreine von Karsten und *dem* Michel.

»Ist das mit Frauen?« »Ja, aber nicht mit den eignen.«

Rückfrage eines Topverkäufers zur angedachten Incentive-Reise (April 2016).

Unter solchen Zoten zog sich die Runde für Johannes qualvoll weiter hin. Johannes, den der – nennen wir es einmal unbekümmert erfrischende – Sexismus der Gruppe noch überrascht hatte, hatte sich selbst fest vorgenommen, wenn das nächste Mal eine rote Linie für ihn überschritten würde, aufzustehen, seine Meinung zu sagen und zu gehen. Im Laufe des Nachmittags hätte er mehr als einmal die Gelegenheit dazu gehabt: An homophoben oder ausländerfeindlichen Sprüchen hatte es zumindest nicht gemangelt.

Während die meisten beim Abendessen über die anstehende Ferrari-Ausfahrt debattierten, hatte Johannes das Pech, in der Ecke von Micha, Carsten und *dem* Michel gelandet zu sein. Sie schwelgten ungeniert in Erinnerungen an ihren letzten gemeinsamen Ausflug nach Dubai. »Du«, zog Carsten Johannes ins Vertrauen, »du, die Partys in Dubai, die sind echt meeegaa, gut, also die Drogen, die sind schon etwas teurer, aber die Nutten, also die eine, die schreibt mir bis heute, das glaubst du nicht.«

Spätestens als der inoffizielle Veranstaltungsleiter Bruno unter allgemeinem Gegluckse für 21 Uhr eine »wirklich heiße Abendüberraschung« ankündigte und Carsten kurioserweise unter allgemeinem Spott »vereinbarungsgemäß« von seiner Frau abgeholt wurde, wusste Johannes, dass er verschwinden musste. Er ließ sich von seinem besten Freund anrufen, den er per Textnachricht instruiert hatte, sich einen möglichst dramatischen familiären Notfall auszudenken. Als es klingelte, ging Johannes ans Telefon, tat einigermaßen erschrocken, stammelte ein paar Entschuldigungen, packte seine Sachen zusammen, nahm ein Taxi zum Bahnhof und schaute, dass er nach Hause kam. So verpasste er das Wichtigste, um in seinem späteren Roman einen wirklich vollständig realistischen Text über die Treffen des Topclubs schreiben zu können.

Die letzten dreieinhalb Monate seines Traineeprogramms bei SML hielt Johannes tapfer durch und beendete auch seine Ausbildung als Immobilienfachwirt. Zur großen Überraschung von Dr. Milzfuß und zum Entsetzen seines Vaters kündigte er sein Arbeitsverhältnis allerdings genau in dem Gespräch, in dem Milzfuß ihm eigentlich ein stattliches Angebot für eine Festanstellung unterbreiten wollte.

> Drei Wochen später zog er nach Berlin. Er suchte sich einen Halbtagsjob bei einer Wohnbaugenossenschaft, den Rest der Zeit schrieb er an seinem ersten Roman – ein Mord im Stuttgarter Baulöwen-Milieu.

> Das Buch, das in einem kleinen Hamburger Verlag erschien, war mit immerhin 10 000 verkauften Exemplaren in den ersten zwei Jahren ein kleiner Erfolg. Das war bei Weitem nicht genug, um davon leben zu können, aber ermutigend genug, um weiterzumachen.

> Johannes lebt mit seiner Freundin Clara, einer Anwältin mit Schwerpunkt Immobilienrecht, in einer Dreizimmerwohnung in Berlin-Wedding. Mit einem Halbtagsjob und Buchverkäufen verdient er ungefähr ein Drittel von dem, was er bei SML bekommen hätte. Zu seinem Vater hat er so gut wie keinen Kontakt mehr. Seine Mutter besucht ihn ab und zu in Berlin, ohne ihrem Mann davon zu erzählen.

Exkurs: Eine ganz kleine Dosis konkreter Ratschläge

WAS HILFT?

- Stellen Sie sich (endlich) gute Fragen zum Thema Geld (siehe »Zwölf kluge Fragen zum Thema Geld« auf S. 170)
- Verkaufen Sie Ihre Aktien(-ETFs) nicht in Krisensituationen. Wenn Ihr finanzieller Wintervorrat (gefühlt oder tatsächlich) in Gefahr ist: Treffen Sie Ihre beste Freundin. Gehen Sie gemeinsam zwei Stunden durch den Park und sprechen Sie über Ihre Ängste. (Funktioniert nur, wenn die nicht genauso aufgeregt ist wie Sie, sonst lieber eine Stunde laufen gehen oder meditieren.)
- Gehen Sie in die Oper, in den Zoo oder ins Kino, um sich zu unterhalten – nicht in die Bank.
- Lesen Sie zwei, drei gute Bücher über Geld (siehe »Leseempfehlungen im Anhang auf S. 250).
- Machen Sie ein vernünftiges Online-Tutorial, um im Finanzdenken kompetenter zu werden.[82]
- Nutzen Sie Ihren Verstand: Logisches Denken, Grundrechenarten und Prozentrechnen genügen oft schon.

WAS HILFT NICHT? WOMIT SIE DRINGEND AUFHÖREN SOLLTEN

- »Beratungsgespräche« bei provisionsbasierten Banken oder Finanzberatern.
- »Wie werde ich schnell reich«-Bücher lesen.
- Finanzzeitschriften lesen.
- Seine Zeit im Internet verschwenden und sich mit Börsenkursen beschäftigen.

BASICS EINER FINANZIELLEN UND JURISTISCHEN NOTFALLPLANUNG

- Vorsorgevollmacht (muss).
- Haftpflichtversicherung (muss).
- Risikolebensversicherung (wenn andere von Ihnen abhängen und Sie kein großes Vermögen haben: muss).
- Berufsunfähigkeitsversicherung (wenn andere von Ihnen abhängen und Sie kein großes Vermögen haben: muss).

- Testament (sehr sinnvoll).
- Patientenverfügung (sollte man haben).

FINANZPRODUKTE, DIE FAST JEDER BRAUCHT

- Einen ETF-Sparplan auf den MSCI AC (All Countries) World Index.
- Eine Notfallreserve in Höhe von drei bis sechs Monatsgehältern.
- Ein maximal simples ETF-Portfolio[83]

FINANZPRODUKTE, DIE FÜR VIELE MENSCHEN SINNVOLL SEIN KÖNNEN

- Auslandskrankenversicherung
- Private Krankenzusatzversicherung (etwa fürs Krankenhaus)
- Gold (sehr niedrig dosiert)
- Der Sch😠☠💣😠-egalsparplan[84] nach Dipl.-Ing. Sebastian Gwinner

FINANZPRODUKTE, DIE ZU 99 PROZENT ÜBERFLÜSSIG ODER TOXISCH SIND

- Kapitalbildende Lebensversicherung
- Rentenversicherung
- Schlimmer: fondsgebundene Rentenversicherung
- Riester- und Rürup-Rente
- Unfallversicherung
- Die »besten« Mischfonds der letzten drei, fünf oder zehn Jahre
- Aktienfonds, die angebliche »Megatrends« abbilden
- Generell: alle aktiv gemanagten Fonds
- Garantiefonds oder Garantiezertifikate
- Ebenso alle anderen Zertifikate
- Rohstoffinvestments
- Fondsgestützte Vermögensverwaltungen von Banken
- Marktneutrale Strategie, Total-Return- und alle anderen Hedging-Strategien
- Alles, was einen irrsinnig coolen englischen Namen hat oder gerade »neu« rausgekommen ist

Ich verrate Ihnen zum Schluss noch ein Geheimnis: Es gibt eigentlich gar keine Finanzprodukte – oder glauben Sie auch, dass man aus Geld Geld machen kann, wenn man es unterschiedlich einpackt?

Zeit

»Das Zeit-Sparen läßt sich nicht mit irgendeiner anderen Art des Sparens vergleichen. Es ist eine Sache des vollkommenen Vertrauens – auf beiden Seiten! Uns genügt Ihre Zusage. Sie ist unwiderruflich. Und wir kümmern uns um Ihre Ersparnisse.«[85]
Agent Nr. XYQ/384/b in: Michael Ende, Momo

4500 Wochen

Die spannendste und zugleich trügerischste Transaktion, die man mit dem universellen Tauschmittel Geld unternehmen kann, ist der Tausch von Zeit in Geld und wieder zurück: von Geld in Zeit.

Die geistloseste Version dieser Konvertierung lautet natürlich »time is money«: das Motto einer gehetzten, permanenten Gewinnmaximierung. Beeil dich, trödele nicht, verschwende keine Zeit, denn das kostet alles Geld. Und was du im Überfluss hast, ist Zeit, und was du im Überfluss brauchst, ist Geld: mehr, mehr, mehr.

Machen Sie dazu einfach ein Gedankenexperiment, das ich Carl Richards verdanke: Jemand bietet Ihnen an, Ihr Einkommen innerhalb von achtzehn Monaten zu verdoppeln – für nur zehn Stunden mehr Arbeit pro Woche. Ist das nicht ein großartiger Deal? 45 statt 35 Stunden und dafür 160 000 Euro statt 80 000 Euro? Was man dafür alles machen und sich leisten kann. Was wäre mit einem Einsatz von 55 Stunden für 320 000,– Euro, 65 Stunden für 640 000 Euro oder 75 Stunden für 1,28 Millionen Euro pro Jahr? Vielleicht kann man sogar noch 85 Stunden für 2,56 Millionen Euro irgendwie (eine Weile) durchhalten. Aber klug ist das sicher nicht mehr. Wann sagen Sie: »Stopp!« Und wann sagen Sie: »Das ist genug«. »Genug«, das ist ja ohnehin die schwierigste Vokabel im Zusammenhang mit Geld respektive Reichtum.[86] Umgekehrt: Was würden Sie tun, wenn Sie auf einmal unbegrenzt unstrukturierte Zeit hätten? Kann das nicht auch bedrohlich sein?

Die meisten Menschen tauschen ihr Berufsleben lang (Arbeits-)Zeit in Geld um. Und auch, wenn Sie Inhaber eines Unternehmens sind, das auch wunderbar ohne Sie funktioniert, oder Sie ein größeres Vermögen haben, von dessen Kapitalerträgen Sie leben: Auch in diesem Fall leben Sie von in Geld getauschter Zeit. Nur eben der Zeit anderer Menschen. Insofern hat Karl Marx' Theorie, nachdem der Kapitalist sich am durch den Arbeiter geschaffenen Mehrwert bereichert,[87] nicht nur eine finanzielle, sondern auch eine zeitliche Achse.

Sehr stark vereinfacht, sah über viele Jahrhunderte hinweg die Gleichung bezüglich Geld und Lebenszeit für die meisten Menschen ungefähr so aus: Arbeit = erträgliche Armut. Keine Arbeit (Ruhestand) = unerträgliche Armut. Das gilt für große Teile der Weltbevölkerung nach wie vor, wobei die Definition von erträglich und unerträglich ein weites Feld ist.

Seit in Deutschland mit dem Wirtschaftswunder der Fünfziger- und Sechzigerjahre das Thema Altersarmut für größere Teile der Bevölkerung an Härte verloren hat, sieht die – angestrebte – Gleichung anders aus. Das (ordo-)liberale Heilsversprechen der Fünfziger und Sechziger lautet dabei quasi identisch wie das (neo-)liberale Heilsversprechen der Neunziger: durch mehr oder minder harte Arbeit sich im Laufe seines Lebens eine finanzielle Reserve zu erarbeiten, von der man dann später im Alter sorgenfrei leben kann.

Dabei ist der Deal der Nachkriegs-, der Babyboomer-Generation und großer Teile der Generation X, die zu Geld gefrorene Zeit nach der Erwerbstätigkeit wieder aufzutauen, also Geld zurück in Zeit zu tauschen, in mehrerer Hinsicht trügerisch.

Erstens, weil wir Menschen zwar die Variable Geld in dieser Gleichung ein Stück beherrschen können, für die Variable Zeit aber jemand oder etwas anderes zuständig ist, egal, ob Sie das dann Gott, Karma, Schicksal oder Zufall nennen. Finanziell gesehen ist zwar ein früher Tod – insbesondere für die Erben – der »Best Case«. Im Sinne von genutzter Lebenszeit aber ist es (potenziell) eine unglaubliche Verschwendung, ein großes Vermögen zu hinterlassen. Das gilt auch, wenn eine angeschlagene Gesundheit verhindert, dass Sie Ihren Ruhe- beziehungsweise Wohlstand richtig genießen können. Umgekehrt: Wenn Sie viel älter werden, als Sie angenommen haben, fallen Sie eventuell doch wieder in die Altersarmut zurück.

Zweitens reduziert das Verschieben von Erlebnissen Ihre Erinnerungsrendite drastisch: An den dreimonatigen Roadtrip mit zweiundzwanzig durch Australien erinnern Sie sich potenziell noch fünfundsechzig Jahre. Von diesen »Credit Points für Ihre Seele« können Sie sehr lange zehren. An die Kreuzfahrt mit fünfundsechzig erinnern Sie sich dagegen vermutlich nur noch zweiundzwanzig Jahre.[88]

Drittens fällt es erstaunlich vielen Menschen, die ihr Leben lang in der Hoffnung auf eine sorgenfreie und komfortable Zukunft gespart haben, schwer, zu akzeptieren, dass dieses Kapital jetzt auch wieder weniger wird – geschweige denn, dass es ihnen gelingt, im Alter Geld lustvoll zu verbrauchen.[89] Sie haben es schlicht nie gelernt. Gerade wenn diese Menschen keine Erben haben, die ihnen am Herzen liegen, gilt für sie – wie für den vor der Zeit Gestorbenen: Ihre gefrorene Zeit wird von Momos grauen Herren geraucht. Sie haben im wahrsten Sinne des Wortes umsonst gearbeitet. Es geht ihnen so, als hätten sie ihr Vermögen nie gehabt.

Wenn der traditionelle Tausch von Zeit in Geld und Geld zurück in Zeit, der über einen ganzen Lebenszyklus hinweg angelegt ist, so brüchig ist, ist es kein Wunder, dass Menschen insbesondere aus jüngeren Generationen versuchen, dieses Grundschema zu relativieren.

Die intellektuell zumindest in dieser Hinsicht schlichteste Lösung: Frugalismus. Eine in den letzten Jahren vor allem im Netz gehypte Bewegung, deren Ziel es ist, den klassischen Geld-Zeit-Deal deutlich zu beschleunigen: Lebensstandard massiv absenken, brutal sparen und das »Hamsterrad« der ungeliebten Erwerbsarbeit so schnell als möglich verlassen. Dazu ein bisschen philosophischer Zuckerguss im Sinne von Konsumverzicht und Fokussierung aufs Wesentliche – und fertig ist eine ex negativo aufs Geld fixierte Weltanschauung.[90] Am Ende bleibt es aber bei dem naiven Grundvertrauen: Es lohnt sich, größere Teile des Lebens auf die Zukunft zu verschieben.

Die naive Zuversicht, Zeit langfristig in Geld zu tauschen zu können, ist vielen jungen Menschen aus der Generation Y abhandengekommen. Viele von ihnen stellen sich jenseits der finanziellen Optimierung bei der

Berufswahl im Schnitt daher deutlicher die Frage, wie viel Freude ihnen eine Tätigkeit macht, ob nicht 80 Prozent arbeiten auch reicht und man die restliche Zeit nicht lieber mit Freunden oder den Kindern verbringen sollte. Elternzeit, Sabbatical, ein freies Jahr nach der Schule sind für sie alles andere als exotischer Luxus, sondern Teil ihres Selbstverständnisses. Am Ende versuchen sie damit, auf ihre Weise den Deal, Geld in Zeit zu tauschen, zu optimieren, indem sie die Geld-Zeit-Transaktion viel kleinteiliger und ich meine auch reflektierter eingehen. Bis zu einem gewissen Maß kippt dabei die Leitwährung von Geld auf Zeit.

Natürlich haben das auch einige Menschen aus den älteren Generationen schon so gemacht – dass es ein Stück zum Normalfall wird, ist neu. Ob das an mehr Lebensweisheit, einer beschleunigten (Arbeits-)Welt, einer dystopischen Weltsicht wegen des Klimawandels liegt, oder einfach daran, dass diese Generation in einem nie dagewesenen Wohlstand aufwächst, der ihnen ein Stück weit den ökonomischen Stachel nimmt? Vermutlich an allem zusammen. Spannend.

Egal welche Generation und welcher Lebensentwurf: Am Ende gibt es einen Hebel, die trügerische Gleichung Zeit = Geld = Zeit zu den eignen Gunsten zu manipulieren: wenn die Zeit in der Arbeit selbst als erfüllend wahrgenommen wird. Dazu braucht man entgegen anderen Gerüchten nicht vor allem viel Geld, sondern vor allem eines: Mut und Freiheitswillen.

Lorenz' Reise

15 834 Kilometer

Nikolaus: »Lorenz, du bist mit dem Fahrrad von Hamburg nach Bangkok gefahren. Warum?«

Lorenz: »So eine Reise, das war schon immer mein Traum, lange, lange bevor ich ihn wahr gemacht habe. An seine Grenzen zu kommen und Dinge zu sehen und zu verstehen, die man sonst nie sehen und verstehen würde. Und natürlich war da so eine Vorstellung von Freiheit und Lösung von den alltäglichen Zwängen.«

Nikolaus: »Warum quer durch Asien? Warum nicht einfach von Lappland nach Portugal und dann am Mittelmeer entlang bis Istanbul und über den Balkan und Osteuropa zurück nach Hamburg?«

Lorenz: »So eine Tour wäre natürlich auch großartig. Und das machen auch vergleichsweise viele Menschen. Am Ende scheuen sie sich aber davor, in ein völlig unplanbares Gebiet zu fahren, in Länder, in denen sie die Sprache nicht sprechen und die ihnen völlig fremd sind. Und das verstehe ich auch, aber genau das wollte ich. Denn genau dort wird es ja am schönsten – und mit der Vermutung hatte ich auch recht.«

Nikolaus: »Eigentlich wolltest du ja bis nach Singapur, was ist dazwischengekommen?«

Lorenz: »Bevor ich weggefahren bin, habe ich mich furchtbar in Tamara verliebt, eine Georgierin, die ich in meiner Zeit in London kennen gelernt hatte. Nach über einem Jahr haben wir uns in Bangkok wiedergetroffen. Vor mir lagen noch etwas mehr als 1800 Kilometer. Einmal war der Straßenverkehr in Thailand wirklich mörderisch und im Norden Malaysias gab es damals schon Bürgerkrieg und jede Menge islamistischer Anschläge. Nachdem Tamara und mein Vater mich schon einmal während meiner Reise für über eine Woche für tot gehalten hatten, wollte ich nicht auf den letzten Metern das Schicksal herausfordern.«

Nikolaus: »Träumen – das tun ja viele. Was hat dazu geführt, dass du es tatsächlich getan hast, und das gleich zu Beginn deiner beruflichen Karriere?«

Lorenz: »Ich fand das damals – und das finde ich auch noch heute – eigentlich den besten Zeitpunkt. Es war noch so wenig Existenz da, es gab kaum Verpflichtungen: keine Frau, keine Kinder, keine Schulden, keine nennenswerte Karriere, die ich hätte aufgeben müssen. Mir war klar: So leicht würde ich es nie wieder haben. Ich lebte damals in London. Ich fand die Stadt toll, ich fand es toll, richtig Geld zu verdienen, aber die Arbeit in einem Konzern als vergleichsweise kleines Rädchen mit all der Politik – das fand ich furchtbar, und ich habe mir gedacht, wenn ich es jetzt nicht mache, dann passiert es nie.«

Nikolaus: »Hattest du nicht Angst, dass das schlecht im Lebenslauf aussieht?«

Lorenz: »Ein bisschen habe ich schon darüber nachgedacht, dass das komisch aussieht, wenn man gerade zwei Jahre gearbeitet hat und auf einmal bricht man das alles schon wieder ab. Als ich wieder da war, hat es mir nie geschadet. Im Gegenteil, die Personaler fanden es großartig, und es war manchmal schwierig, mit ihnen über meine Ziele und meine Qualifikation zu sprechen und nicht über die Reise.«

Nikolaus: »War die Reise nicht wahnsinnig teuer?«

Lorenz: »Das ist immer eine Frage der Perspektive. Am Ende hat mich das Jahr 14 000 bis 15 000 Euro gekostet. Ob das viel ist ... das kommt sehr darauf an, welchen familiären Hintergrund man hat.«

Nikolaus: »Lass uns genau darüber sprechen, Lorenz. Was spielte Geld für eine Rolle in deiner Kindheit?«

Lorenz: »Als ich ein Kind war, war eigentlich nie viel Geld da. Mein Papa war eher sehr ausgabenfreudig, und wenn mal etwas Geld da war, war es auch bald wieder weg. Meine Mutter dagegen war eher sparsam und nutzenorientiert, das hat immer wieder zu Diskussionen geführt. Ich erinnere mich daran, dass Dinge, wie mal zu McDonald's zu gehen, etwas ganz Besonderes und Schickes waren. So ungefähr waren die Relationen. Bevor mein Großvater auf dem Radar erschien, war Geld auch irgendwie nie wichtig für mich. Ich stellte mir immer vor, Priester oder vielleicht Lehrer zu werden.«

Nikolaus: »Wie konnte das sein, dass bei euch daheim so wenig Geld da war – dein Großvater war doch eher Milliardär als Multimillionär?«

Lorenz: »Das Verhältnis zwischen meinem Vater Andreas und seinem Vater Ludwig war, um es sehr, sehr höflich zu formulieren, faktisch nicht existent. Mein Großvater hat seinen unehelichen Sohn kaum wahrgenommen. Entsprechend kamen bei uns auch keinerlei finanzielle Segnungen an.«

Nikolaus: »Wann hast du zum ersten Mal realisiert, dass du vielleicht irgendwann so viel Geld erben könntest, dass es jegliche Bedeutung verliert?«

Lorenz: »Kennengelernt habe ich meinen Großvater mit elf oder zwölf auf der Konfirmation meiner Schwester. Als ich dann so nach und nach begriff, wer Ludwig war, hatte ich erst mal eher kindliche Vorstellungen. Ich fand den Gedanken cool, demnächst mit Bodyguards in die Schule zu gehen. Ich war einfach viel zu klein, um zu verstehen, dass das riesige Vermögen vielleicht einmal zu einem Teil mir gehören würde. Auch später war der Gedanke, dass da so unglaublich viel Geld da war, eher abstrakt. Ich projizierte auf dieses Vermögen eher eine sichere Zukunft als irgendwelchen Luxus oder das Leben der sogenannten Reichen und Schönen.«

Nikolaus: »Dein Vater hatte, wie du es beschrieben hast, ein tief gespaltenes Verhältnis zu seinem eignen Vater. Wie entwickelte sich dein Verhältnis zu Ludwig?«

Lorenz: »Großvater war zunächst nicht wirklich begeistert, dass ich auf einmal auf dem Schirm erschien. ›Was soll ich jetzt machen mit diesem Knirps?‹ Im Prinzip war er ziemlich empathielos. Da war es eher meine Großmutter Clara, die ein Stück weit moderiert und meinen Großvater auch geschubst hat, sich zumindest finanziell etwas um mich zu kümmern. Das ermöglichte mir dann auch, auf ein sehr gutes Internat in England zu gehen und später an einer relativ renommierten Universität in den USA zu studieren.

Dann passierte da auf einmal etwas zwischen mir und meinem Großvater: Durch meine guten Schul- und Studienleistungen begann er auf einmal, etwas auf mich zu projizieren und in mir zu sehen, was er in seinen eigenen Kindern nicht gesehen hatte: jemanden, der in seine Fußstapfen als Unternehmer, Gestalter und Macher steigen würde. Und ich projizierte auf meinen Großvater das, was ich in meinem Vater nicht gesehen hatte: eben einen erfolgreichen Unternehmer, Gestalter und Macher. Was mich an meinem Großvater faszinierte, war nicht das Geld als solches, sondern dass dieses Geld Ausdruck von Macht, Einfluss, Erfolg und Gestaltungsmöglichkeiten war. Ich wollte nicht an das Geld meines Großvaters. Ich wollte bis zu einem gewissen Grad so werden wie er.«

Nikolaus: »Wann hast du begonnen, die Schattenseiten von Ludwigs Vermögen zu erkennen?«

Lorenz: »Das kann ich nicht genau sagen. Ich weiß zumindest, dass ich zu Beginn die Nachteile nicht gesehen habe, und das obwohl die Familie meines Großvaters dermaßen kaputt war. Ich glaube, mein Vater hat unglaubliches Glück gehabt, dass er im Großen und Ganzen außerhalb dieses toxischen Umfelds groß geworden ist. Sein Halbbruder Christoph ist völlig in einem Sumpf aus psychischen Krankheiten, Drogen und juristischen Streitigkeiten um seine Entmündigung untergegangen. Ob es am Geld lag? Ich glaube, Geld war die entscheidende Zutat für sein Unglück.

Aber es war nicht nur die Familie, die durch das Geld letztlich völlig krank war. Ludwig war umgeben von einer mittleren Heerschar von Anwälten und Steuerberatern, ich würde fast sagen Hofschranzen, die sein Leben und seine Finanzen organisierten. Ab einem gewissen Punkt war fast das gesamte Vermögen an seine Frau Clara überschrieben oder in Stiftungen überführt worden. Ludwig hatte, so absurd das klingen mag, bezüglich seines eigenen Vermögens nicht mehr wahnsinnig viel zu sagen. Wie man bei uns in der Familie sagte: ›Ludwig sagt, Clara macht‹.«

Nikolaus: »Welche Rolle spielte Geld ganz konkret in dem Verhältnis zu Ludwig?«

Lorenz: »Einmal hat mir das Geld von Ludwig eine wirklich sehr gute und wunderbare Ausbildung ermöglicht. Und daran war auch geknüpft, dass ich für kleine finanzielle Annehmlichkeiten nicht immer meine Eltern fragen musste, wenn ich mir in England und später in den USA eine Kleinigkeit leisten wollte. Mal abgesehen von den tatsächlich einigermaßen fürstlichen Studiengebühren und der Unterbringung auf dem Campus war das zwar viel Geld für einen Studenten, aber alles andere als exorbitante Summen. Nicht nur mit dem Maßstab eines Milliardärsenkels. Ich denke, das waren im Laufe von sieben Jahren vielleicht knapp 50 000 Euro gewesen, im Schnitt rund 600 Euro im Monat. Am Ende bin ich sehr dankbar dafür, denn mit dem, was von diesem Geld übrigblieb, habe ich meine Reise finanziert.«

Nikolaus: »War es also das Geld deines Großvaters, das dich auf die Idee gebracht hat, für eine Weile auszusteigen und sich diesen Luxus zu gönnen?«

Lorenz: »Nein, zum Glück nicht. Das Geld hat den Traum zwar möglich gemacht, aber der Traum war schon lange davor da. Das ist irgendwie wichtig für mich, dass es nicht das toxische Geld der Familie war, das mich erst auf den Gedanken gebracht hat.«

Nikolaus: »Wann hast du verstanden, dass aus dem Millionenerben vermutlich doch nichts werden würde?«

Lorenz: »Eigentlich hatte ich sehr bald erhebliche Zweifel, ob irgendetwas mal bei mir ankommen würde. Zwar hatte mir mein Großvater immer signalisiert, dass später einmal für mich gesorgt sein würde, aber allein schon die Art, in der er mir Geld zukommen ließ, wenn ich ihn besuchte, war einigermaßen absurd: Es mussten mehrere Telefonate geführt werden, und es wurden unterschiedliche »Angestellte« und Berater konsultiert, bis dann irgendwann eine Sekretärin mit einem Umschlag erschien, in dem Mal mehr und mal weniger Bargeld enthalten war. Als mein Großvater dann im letzten Jahr meines Studiums verstarb, war es schon eine mittlere Kraftanstrengung, dass mein Studium noch bis zu Ende finanziert wurde.«

Nikolaus: »Was hat das mit dir gemacht? Beschäftigt dich das bis heute, dass du beinah Multimillionär geworden wärst, dass du es vielleicht sogar immer noch werden kannst?«

Lorenz: »Weil ich nie so richtig damit gerechnet habe, beschäftigt es mich letztlich nicht wahnsinnig viel. Und ganz vielleicht kommt ja doch noch mal was, dann sehe ich das so ähnlich wie einen Sechser im Lotto, ansonsten habe ich das aus meinen Gedanken ausgeblendet. «

Nikolaus: »Noch mal zurück zu deiner Reise: War es schwer für, sich danach wieder einzugewöhnen?«

Lorenz: »Definitiv ja. Ich tu mich bis heute manchmal schwer. Wenn man einmal dieses unglaubliche Maß an Autonomie und Freiheit genossen hat, wird es nicht gerade leichter, mit dem einen oder anderen Unsinn unseres alltäglichen westlichen Lebens klarzukommen.«

Nikolaus: »Wenn du heute zurückdenkst, in welcher Hinsicht hat die Reise dich am meisten geändert, wie du heute über Geld und Zeit denkst?«

Lorenz: »Einmal denke ich, habe ich durch diese Reise, wie du das nennst, relativ sinnvoll Geld in Zeit getauscht. Zum anderen hat es mich tief beeindruckt, wie andere Kulturen teilweise ökonomisch viel unsinniger, aber in Bezug auf ein gelungenes Leben viel sinnvoller mit Zeit und Geld umgehen.«

Nikolaus: »Ist das nicht ein Klischee? Kannst du das an einer konkreten Geschichte festmachen?«

Lorenz: »Wenn du magst, an einem Dutzend. Zum Beispiel werde ich nie vergessen, wie ich im Osten des Irans in eine größere Stadt kam – vielleicht so groß wie Mannheim. Weil mich mein mittlerweile ziemlich verwilderter Bart quälte, habe ich einen kleinen Markt aufgesucht und habe mit Händen und Füßen versucht, dem Inhaber zu erklären, was ich brauchte, wo ich herkam und was ich noch vorhatte. Der Mann war begeistert von meiner Geschichte: ein verrückter Deutscher, der mit dem Fahrrad von Hamburg nach Singapur wollte. So was passiert im Leben nur genau einmal. Es war 11 Uhr vormittags, er sperrte seinen Laden ab, und wir gingen die nächsten vier Stunden gemeinsam zum Essen und Teetrinken. Das ist eine Klugheit, die uns hier irgendwo verloren gegangen ist.«

> »Im Alter wird es dann noch schlimmer. Dann hat man oft Geld und Zeit … aber Golf spielen und reisen kann man halt auch nur dann noch, wenn man keinen schlechten Rücken hat und einen vernünftigen Lebenspartner. Ergo: Es gibt keinen Trade-off mit der Zeit.«
>
> Jörg M. (64) (Juli 2022).

Nikolaus: »Gibt es auch Schattenseiten, Aspekte, von denen du sagen würdest, die Reise hat dich negativ beeinflusst?«

Lorenz: »Das lange Alleinsein lehrt einen irgendwie, selber klarzukommen. Ich tu mir heute deutlich schwerer, mich auf neue Menschen einzulassen. Zu der Zeit, als ich losgefahren bin, hatte ich auf Facebook 2 000 Kontakte. Seit ich wiedergekommen bin, ist kein einziger neuer dazugekommen.«

Nikolaus: »Mir hat mal eine Kundin gesagt: ›Herr Braun, ich habe 4 000 Freunde‹, und sie meinte damit ihre Kontakte im Social Web. Wow, habe ich mir gedacht, ich habe nicht mal zehn. Was ich damit sagen will: Kann man denn das auch nicht genau umgekehrt sehen: dass du Beziehungen jetzt mehr wertschätzt und genauer hinschaust?«

Lorenz: »Vielleicht. Ich würde mir trotzdem wünschen, besser darin zu werden, neuen Menschen in meinem Leben eine echte Chance zu geben.«

Nikolaus: »Könntest du dir vorstellen, noch mal aufzubrechen?«

Lorenz: »Natürlich, und ich wäre auch bereit, diesen Lebensstil mit meiner Frau Tamara zu teilen. Auf der anderen Seite aber habe ich nach wie vor ein großes Sicherheitsbedürfnis. Ein Leben auf der Reise, das kann man nicht dauerhaft durchhalten, allein schon körperlich. Und noch dazu würde ich, wenn es einmal so weit ist, meinen Kindern diesen Lebensstil nicht aufzwingen wollen.«

Nikolaus: »Denkst du seitdem anders über Erfolg nach? Bist du geheilt davon, einmal so erfolgreich zu werden wie dein Großvater?«

Lorenz: »Ich denke sicher anders über Erfolg nach, über Karriere und Geld. Ich möchte aber immer noch ordentlich Karriere machen, aber nicht wegen der damit verbundenen Macht, sondern eher wegen Dingen wie Autonomie und weil ich mehr wissen möchte. Insofern war diese Reise auch die Geschichte einer Selbstfindung. Geheilt von dem Gespenst meines Großvaters, dem Gedanken, einmal so erfolgreich zu werden wie er, bin ich trotz allem nicht. Ich bin immer noch ein Getriebener. Aber ich kann das Gespenst jetzt ziemlich gut erkennen, wenn es mich nachts besucht, und ich bin sehr gut darin geworden, über dieses Thema nachzudenken.«

Nikolaus: »Was würdest du aus heutiger Sicht dem Lorenz raten, der vor ein paar Jahren aufgebrochen ist?«

Lorenz: »Lass dir mehr Zeit.«

Nikolaus: »Lieber Lorenz, danke, dass du mir deine Geschichte erzählt hast.«

> Lorenz lebt heute mit seiner Frau Tamara in einem eher weniger glanzvollen Viertel von Hamburg.

> Er arbeitet bei einem kleinen mittelständigen Betrieb als (einziger) Mitarbeiter im Marketing und verdient mit 70 000 Euro anständig, aber – gemessen an seiner Herkunft – auch nicht berauschend.

> In ihren Urlauben machen Tamara und Lorenz kleinere Radtouren – etwa den Rhein entlang, von Konstanz an die Nordsee oder quer durch die Toskana. Sein Fahrrad hat er sich auf die Wade tätowiert.

Hase und Igel

2016

Eigentlich wollte Heiner einmal Mediziner werden. Aber da er in der dreizehnten Klasse verschwitzt hatte, den Medizinertest zu machen und diesen erst im Herbst 1989 nachholen konnte, entschloss er sich, die Zeit mit einem Praktikum bei der kleinen Unternehmensberatung Bauer und Partner zu überbrücken. Nach dem Praktikum wurde er für einen damals traumhaften Stundenlohn von 23 D-Mark übernommen und entwickelte sich bei Bauer und Partner zu einer Art unersetzlicher Universal-Assistenz.

So ließ er im Herbst 1990 seinen Platz für ein Medizinstudium in Heidelberg sausen und begann an der LMU München ein Betriebswirtschaftsstudium, das er so schnörkellos und effizient wie möglich in acht Semestern durchzog. Parallel dazu arbeitete er so viel wie möglich bei Bauer und Partner, wo er bereits ab dem fünften Semester im Hintergrund eigene kleinere Beratungsmandate organisierte.

Da Heiner schon immer eine hohe Affinität zur IT hatte und auch an der Uni jeden Kurs belegte, der irgendetwas damit zu tun hatte, entwickelte er sich in dem kleinen Unternehmen sehr schnell zu einem Ansprechpartner für alle Themen, die man heute unter dem Schlagwort Digitalisierung zusammenfassen würde. Nach dem Studium sofort übernommen, wurde Heiner nach drei Jahren als Juniorpartner bei Bauer und Partner von einem deutlich größeren Wettbewerber abgeworben. Dort, bei KV & Cie, wurde er mit gerade einmal 28 zum Chef der kleinen, aber schnell wachsenden Digitaleinheit ernannt. In den Jahren 1998, 1999 und 2000 schoss das Geschäft bei KV & Cie durch die Decke. Hatte Heiner die Abteilung mit vier Mitarbeitenden gestartet, waren es im Jahr 2000 schon knapp 40 und sein Gehalt ansprechend bis stattlich.

Auch privat hätte es für Heiner nicht besser laufen können. Schon in den ersten Wochen bei KV & Cie verliebte er sich in Corinna, eine Mitarbeiterin aus der Marketingabteilung, die er noch im selben Jahr heiratete. 1999 kam ihr erster Sohn Niklas auf die Welt, nur fünfzehn Monate später gefolgt von Timo.

Mit dem Platzen der Technologieblase kam auch für die Digitaleinheit von KV & Cie der Zusammenbruch: Quasi über Nacht brachen über 50 Prozent der Aufträge weg. Das Unternehmen reagierte mit einem knallharten Sparprogramm. Auf einen Schlag wurde jeder dritte Mitarbeiter freigestellt, der Rest wurde zu einem »freiwilligen« Gehaltsverzicht gedrängt, und auch Heiner musste auf seinen Bonus verzichten. Das tat richtig weh, denn seine Variable machte fast die Hälfte seines Gehaltes aus. Da die Krise sich immer weiter hinzog, die Kunden immer weiter wegbröckelten, sah sich KV & Cie 2002 gezwungen, das Geschäftsfeld Digitalisierung abzustoßen. Heiner kratzte das Geld, das er hatte, zusammen, lieh sich den Rest und kaufte seinem Arbeitgeber die Digitalisierungssparte ab. Mit einem Dutzend Mitarbeitenden und einer Handvoll verbliebener Kunden machte er weiter.

Seine neue Firma H1 – eine etwas alberne Abkürzung seines Spitznamens Heinz – bekam tatsächlich die Kurve. Bereits im Jahr 2004 wurde sie von einem Branchenmagazin als Newcomer des Jahres gefeiert. Das Wachstum der ersten Jahre war phänomenal und wirkte auf Heiner wie eine Droge. Jeden einzelnen Euro investierte er sofort wieder in das Unternehmen zurück, nicht nur in die Entwicklung strategischer Projekte oder in die Einstellung neuer Mitarbeitender, sondern auch in prestigeträchtige Designermöbel, mit denen er seine Kunden beeindrucken wollte. 25 000 Euro oder mehr für einen schicken Empfangstresen – kein Problem. Das führte dazu, dass in der H1 neben der Steuerrücklage kaum liquide Reserven waren, um eventuelle Umsatzrückgänge ohne drastische Maßnahmen abfangen zu können. Doch warum auch? Das Unternehmen wuchs und wuchs ja. Und solange das so war, störte es Heiner wenig, dass die Bilanzen zwar wachsende Umsätze, aber kaum Gewinne auswiesen. In diesem Punkt bestärkte ihn sein Steuerberater auch noch: »Besser investieren, als Steuern zu zahlen.«

Sein Ziel: Bis 2016 die Marke von 10 Millionen Euro Umsatz knacken, dann die Prozesse auf Gewinnmaximierung statt Wachstum umstellen und die ganze H1 für einen mittleren zweistelligen Millionengewinn verkaufen. Ausgesorgt mit 45 und endlich frei sein. Wenn er mit seiner Frau Corinna über die Zukunft sprach, dann baute er immer größere und fantastischere Luftschlösser, malte sich die gemeinsame sorgenfreie

»Dann«, sagt der Fremde mit stiller Begeisterung, »dann könnten Sie beruhigt hier im Hafen sitzen, in der Sonne dösen – und auf das herrliche Meer blicken.«
»Aber das tu ich ja schon jetzt«, sagt der Fischer, »ich sitze beruhigt am Hafen und döse, nur Ihr Klicken hat mich dabei gestört.« Tatsächlich zog der solcherlei belehrte Tourist nachdenklich von dannen, denn früher hatte er auch einmal geglaubt, er arbeite, um eines Tages einmal nicht mehr arbeiten zu müssen, aber es blieb keine Spur von Mitleid mit dem ärmlich gekleideten Fischer in ihm zurück, nur ein wenig Neid.

Heinrich Böll: *Anekdote zur Senkung der Arbeitsmoral.*[91]

Zukunft immer bunter aus. Dafür lohnte es sich doch, noch ein paar Jahre ranzuklotzen.

Wenn Heiner in der Firma kaum Reserven unterhielt, so sorgte er privat überhaupt nicht vor. Sein Gehalt war mit gut 200 000 Euro ziemlich üppig. Doch davon legte er kaum etwas zur Seite, machte lieber noch mal einen spontanen Wochenendtrip oder Corinna teure Geschenke. Und da das Unternehmen kaum Gewinne machte, gab es auch keinerlei zusätzliche Gewinnausschüttungen. Insgesamt überführte Heiner kaum Firmenvermögen in Privatvermögen. Metaphorisch gesprochen brachte Heiner keinerlei Geld hinter die Brandmauer, legte keinerlei Wintervorräte an, falls die Zeiten einmal frostiger werden würden.

Heiner war an dieser Stelle völlig risikoblind und wie berauscht vom Erfolg und der Droge Wachstum. Er arbeitete täglich zwölf, oft auch vierzehn Stunden, und das im Regelfall auch an den Wochenenden. 2010 knackte die H1 erstmals die 5-Millionen-Euro-Umsatzgrenze – das Ziel 10 Millionen zur Hälfte erreicht. Als das Wachstum im Folgejahr erstmals deutlich zurückging, reagierte Heiner darauf, indem er noch härter arbeitete. Ein unerklärlicher Ausrutscher, mehr nicht, kein Grund, umzusteuern.

Dabei übersah er noch etwas viel Wichtigeres als unternehmerische Liquiditätsplanung, Kostendisziplin oder seine private finanzielle Vorsorge und Notfallplanung: seine Gesundheit. Letztlich steuerte er zielstrebig auf einen Burnout zu – oder auf etwas Schlimmeres. Inzwischen hatte er einen ziemlich unangenehmen Tinnitus. Schlafen konnte er schon lange nicht mehr richtig, und nachts fuhren seine Gedanken Karussell: Deadlines, Aufträge, Akquisitionsgespräche, Ärger mit Angestellten …

Dazu kam eine mindestens ebenso verheerende Tatsache: Er vergaß im fast wörtlichen Sinne seine Familie. Corinna, Niklas und Timo wurde der zunehmend gehetzte und unter Strom stehende Ehemann und Vater immer fremder. So traf es Heiner wie ein Blitz aus heiterem Himmel, als ihm seine Frau im Juli 2013 in einer offenbar vorher einstudierten Rede eröffnete, dass sie und die Kinder nächstes Wochenende ausziehen würden. Eine Wohnung in der Nähe ihrer Eltern in Bamberg hatte Corinna bereits angemietet und den Rest – so sei es am vernünftigsten – sollte er dann mit ihrer Anwältin klären.

Heiner zog es den Boden unter den Füßen weg. Wieso hatte er es nicht kommen sehen? Wie konnte das sein? Wenn nicht schon 2016, so wäre er doch zumindest in ein paar Jahren durch gewesen und hätte alle Zeit der Welt für seine Familie gehabt, Was sollte das heißen: »In fünf Jahren brauchen dich deine Kinder nicht mehr« – »Ich lebe jetzt und nicht nur in der Zukunft«? Wie konnte sie so kurzsichtig sein? Er bekam einen massiven depressiven Schub, verließ über Tage die Wohnung nicht, zog die Vorhänge zu, aß kaum mehr und ließ sich auch äußerlich gehen.

Auch als er sich einigermaßen gefangen hatte, war er meilenweit von seiner alten Leistungsfähigkeit entfernt: Heiner kam nur noch unregelmäßig zur Arbeit, allein schon die Büroräume zu sehen, bereitete ihm Übelkeit, er rief wichtige Kunden nicht zurück, ließ Meetings sausen und reagierte auch nicht, als nach drei Monaten vier seiner wichtigsten Kollegen »ihm in den Rücken fielen und sich aus dem Staub machten«, sprich: ein Konkurrenzunternehmen gründeten. Um einen vernünftigen strukturierten Verkaufsprozess für die H1 durchzuziehen, fehlte ihm jetzt definitiv die Kraft. Sich noch mal ein Jahr richtig reinzuhängen, das Unternehmen aufzuhübschen, hart zu verhandeln, war undenkbar. Gut, er hätte die H1 an die vier Kollegen verkaufen können, die sich gerade selbstständig gemacht hatten – aber dafür war er zu stolz.

Heiner tat das, was ökonomisch vermutlich das irrsinnigste war, was er tun konnte: Er wickelte die letzten Aufträge ab und sperrte den Laden einfach ab. Nach fünfzehn Jahren vollem Einsatz, davon elf im eigenen

Unternehmen, stand er mit annährend nichts da. Zwar nicht bankrott und verschuldet, dennoch war er gemessen an allen selbst gesteckten Zielen gescheitert. Er selbst sieht das heute – vermutlich zu Recht – völlig anders und meint, dass ihm das kampflose Aufgeben der H1 wahrscheinlich das Leben gerettet hat. »Den Druck hätte ich so angeschlagen, wie ich war, nicht weiter ausgehalten. Ich wäre entweder auf der Intensivstation oder in der Geschlossenen gelandet. Selbst wenn Corinna mich nicht verlassen hätte, das wäre nicht mehr lange gutgegangen.«

Noch Ende 2013 unterschrieb er bei einem Konkurrenzunternehmen, um deren Digitalisierungsgeschäft zu sanieren. Wieder flüchtete er sich in Arbeit: Diesmal, um sich zu betäuben – als eine Art Therapie. Er funktionierte wie ein Roboter, riss wieder Sechzig-Stunden-Wochen runter und krempelte die Abteilung zielstrebig um. Anders als bei der H1 berührte ihn das Ganze aber emotional kaum, seine Identifikation mit dem Arbeitgeber ging nahe null. Er tat seine Pflicht und war froh, dass ihn das Unternehmen als solches nichts anging. Wenn er nachts immer noch ab und zu wach lag, dachte er an vieles, aber sicher nicht an die Arbeit. Jetzt begann er auch damit, einen Teil seines Gehaltes, vor allem aber seinen jährlichen Bonus zurückzulegen. Auch sein Privatleben gestaltete sich langsam erträglicher. Auch wenn Corinna ihm nichts schenkte – den ganz schmutzigen Scheidungskrieg ersparten sich die beiden, um die Verletzungen für die Kinder einigermaßen zu begrenzen.

Im Sommer 2015 lernte er Kathrin kennen, als er eine Stelle im Projektmanagement bei seinem Arbeitgeber besetzen musste. Kathrin war zehn Jahre jünger als er und strahlte eine unglaubliche Sorglosigkeit und Lebensfreude aus – ungewöhnliche Eigenschaften für eine Frau, deren Job es war, Prozesse zu optimieren, Budgets zu kontrollieren, Projekte zu steuern und notfalls hart durchzugreifen.

Eigentlich hatte Heiner weder Lust auf noch Zeit für eine neue Beziehung, aber da er ohnehin die meiste Zeit im Büro war und oft an den gleichen Projekten mit Kathrin arbeitete … Aus einer Arbeitsplatzaffäre wurde relativ schnell mehr, und schon nach drei Monaten zog Heiner bei Kathrin ein. Bald diskutierten die beiden am Abend nicht mehr über ihre Projekte und die Arbeit, sondern über eine gemeinsame Zukunft, Heirat – Kinder inklusive. Daran war ja Kathrins langjährige Beziehungen vor drei Jahren zerbrochen, dass sie unbedingt Kinder bekommen wollte, ihr Lebensgefährte aber auf keinen Fall. Nicht zuletzt deshalb war sie nach München gezogen, um all das hinter sich zu lassen und wieder neu anzufangen.

> **Jedes Mal, wenn der Hase unten oder oben ankam, sagte der Swinegel oder seine Frau: »Ich bin schon hier.«**
>
> Märchen von dem Hasen und dem Igel.[92]

Und jetzt passierte etwas Erstaunliches: Heiner, der sein Leben immer auf die Zukunft verschoben hatte, sich aufgearbeitet, seine Ehe an die Wand gefahren und das Leben mit seinen Kindern weitgehend verpasst hatte, steuerte radikal um. Noch im Dezember kündigten Kathrin und Heiner, gründeten zu zweit ein neues Unternehmen, das sie H2Digi nannten. Sie reduzierten ihre Arbeitszeit konsequent von 60 auf circa 35 Stunden und übernahmen nur Digitalisierungsprojekte von Mandanten, die sie ausgesprochen mochten, die anständig zahlten und die inhaltlich auch anspruchsvoll genug waren. Statt Dutzende von Angestellten einzustellen und auf Wachstum zu setzen, blieben sie zu zweit. Ihre Aufträge setzten sie mit Freelancern aus ihrem Netzwerk um. Statt eines Unternehmens, das irgendwann in der Zukunft wahnsinnig viel wert sein würde, betrieben sie so eine Art Lifestyle-Boutique, eine Cashflow-Maschine, die ihnen genügend Geld für die Gegenwart erwirtschaftete. Bereits im zweiten Jahr verdienten beide wieder genauso gut wie bei ihrem Ex-Arbeitgeber.

Im Frühjahr 2016 heirateten sie. Im Herbst desselben Jahres kam ihre erste und bislang einzige Tochter Mara auf die Welt. Bis zur Einschulung von Mara im September 2022 nutzten die beiden so oft sie konnten den Umstand, dass sie den Großteil ihrer Arbeit von jedem Platz der Welt und zu jeder Uhrzeit, die ihnen passte, ausüben konnten. Wochen und Monate reisten sie durch Europa, Asien und Lateinamerika. »Die Zeit, in der Mara so klein ist, ist so schnell vorbei und so wertvoll – es wäre idiotisch, das jetzt nicht auszukosten«, erzählte mir derselbe Mann, an dem die Kindheit seiner Söhne noch vorbeigelaufen war.

Mich erinnert Heiners Geschichte sehr an Grimms Märchen von dem Hasen und dem Igel. Den größten Teil seines Lebens hatte Heiner versucht, wie der Hase im Märchen immer schneller und schneller von A nach B zu hetzen, um ans Ziel – hier: ein autonomes, selbstbestimmtes und freies Leben – zu gelangen. Dabei wäre er beinahe – wie ebendieser Hase – ums Leben gekommen. Mit seiner zweiten Frau Katrin gelang ihm das, was den wenigsten Menschen gelingt: sich selbst zu hinterfragen und neu zu erfinden. Er machte es wie der Igel in dem Märchen und beschloss: »Bin schon da!« Paradoxerweise hatte er 2016 all das erreicht, was er sich immer erträumt hatte: hohe Freiheitsgrade, reisen, wohin er wollte, nur noch solche Aufträge annehmen, die ihm Spaß machten und wann es ihm Spaß machte – nur ohne größere Reserven.

> Ich weiß nicht, wie die Geschichte ausgehen wird. Wir haben die Finanzen der Familie mit mehreren Szenarien durchgerechnet. Heiner wird relativ lang arbeiten müssen, wenn er seinen heutigen Lebensstandard mit Reisen, Essengehen und einer schönen Wohnung in München im Alter dauerhaft aufrechterhalten möchte.

> Auch wenn er bis Ende sechzig weitermacht, wird das nicht automatisch ein Selbstläufer: Bei einem schlechten Verlauf der Kapitalmärkte oder wenn sich sein Einkommen reduzieren würde, wird ihm mit Mitte, Ende achtzig irgendwann das Geld ausgehen.

> Bei seinem heutigen Lebensentwurf spricht allerdings vieles dafür, dass er auch weit länger arbeiten kann, ohne an Lebensqualität zu verlieren – solange seine Gesundheit und seine Kunden mitmachen und er keinen Rückfall in seine alten Verhaltensmuster erleidet.

Tod im Schnee

09:30 Uhr

Franz Gruber konnte wirklich stolz sein, zu was er es im Leben gebracht hatte. Und es war auch genau diese etwas altmodische Formulierung, die er selbst benutzte, wenn er über sein Leben nachdachte: »Es im Leben zu etwas bringen.«

Dass Gruber, Sohn einer Oberpfälzer Brauerfamilie, irgendwann sein Leben mit der Herstellung von Bier verdienen würde, war seit seiner Geburt letztlich klar. Da der Zweite Weltkrieg die einst stolze Brauerei seines Vaters völlig zerstört hatte und es aussichtslos gewesen war, diese wieder aufzubauen, stieg er nach seinem Studium in das leicht kränkelnde Familienunternehmen seines Onkels ein: eine der zahllosen Brauereien des bayerischen Hinterlands. Dank Grubers Kenntnissen florierte das Unternehmen bald wieder. Und Gruber hätte diesen Betrieb sicher nie verlassen, wenn ihm die – so seine Wortwahl – »Sturschädel« in der Gesellschafterversammlung nicht das Leben immer schwerer gemacht hätten. Gruber, der auf Wachstum, neue Biersorten und mehr Marketing setzen wollte, stand eine ganze Heerschar an Onkeln, Cousins und anderen Familienmitgliedern gegenüber. Alle hatten ihre eigenen Vorstellungen, die wenigsten dachten auch nur ansatzweise strategisch, »das mit der Reklame« schien außer ihm höchstens noch seine Schwester zu verstehen, und jeder wollte immer und überall mitreden.

Als in den 1970er Jahren die ersten Fastfood-Ketten nach Deutschland kamen, sah er seine Chance, dem zu entkommen und sein betriebswirtschaftliches Wissen anders einzusetzen.

1978 verschuldete sich Gruber bis zum Anschlag und übernahm als Franchisenehmer erst einen, später einen zweiten Burgerbrater im Münchner Raum. Auch wenn seine Eltern etwas (und sein Onkel sehr) verschnupft waren, dass ihr Sohn dem Familienbetrieb den Rücken gekehrt hatte, sein finanzieller Erfolg erfüllte die Eltern durchaus mit Stolz. Und das zeigten sie ihm auch: »A Hund is a scho der Franz.«

Mit dem Fall der Mauer und der Wiedervereinigung kam endgültig Grubers große Zeit. Sein Ruf im Unternehmen war ausgezeichnet. So betraute ihn der Konzern damit, erst ein, später relativ zügig vier weitere Schnellrestaurants in Leipzig und Dresden aufzubauen. Unternehmerisches Risiko zu übernehmen, war Gruber reichlich gewohnt. Die nötigen Investitionen von rund 1 Millionen D-Mark pro Standort belasteten ihn dabei mental nicht weiter. Er hatte inzwischen einiges angespart, und die fehlenden 3 Millionen lieh er sich von der Bank. Zinsen von knapp 10 Prozent hin oder her – Gruber wusste, was er tat: Rechnen konnte er, und er hatte ein großes strategisches Gefühl für den richtigen Standort. Deshalb schlief er trotz der immensen Risiken seelenruhig.

Er verkaufte seine relativ kleine Eigentumswohnung im Regensburger Hinterland, zog mit seiner Frau und der inzwischen achtjährigen Tochter »in die Zone« und kaufte eine Villa am »Weißen Hirsch«. Gruber brachte 150 000 D-Mark Eigenkapital ein und lieh sich wieder den Rest von der Bank. Wenn seine Frau an die vielen Schulden dachte – von denen sie dank Franz' patriarchalischer Informationspolitik nur die Hälfte kannte –, wurde ihr regelrecht schlecht. Aber Gruber regte das nicht weiter auf.

McDonald's, Burger King, Wendy & Co.: Das waren Anfang der 1990er nicht einfach mehr oder eher minder gut genießbare Hamburger – sie waren gerade im Osten ein Symbol für das, was in der DDR unerreichbar gewesen war: Konsum made in USA. Für die einen war das hohl, unmoralisch, geschmacklos. Doch für andere schmeckten die Burger nach Freiheit und waren »einfach geil«.

Solange es genug Menschen von der zweiten Sorte gab, wuchs mit der Expansion seines Burger-Imperiums auch Grubers Wohlstand: Sein Haus war binnen kurzer Zeit abbezahlt. Nach Ablauf der ersten zehn Jahre Zinsbindung legte er die Restschuld von immer noch gut 180 000 D-Mark auf den Tisch des Hauses – eine Rundungsdifferenz angesichts eines Einkommens von 2,5 Millionen D-Mark pro Jahr.

Alle drei Jahre kaufte er nun eine neue Immobilie: eine Wohnung in der Nähe für sein Büro, eine Villa drei Blöcke weiter – für später, damit die Tochter in der Nähe wohnen blieb –, eine größere Wohnung als Kapitalanlage in Berlin ... Trotz dieser Investitionen und der Tilgungen stieg Grubers Kontostand so lange weiter, bis er Ende 2009 mit 65 Jahren seine Franchisebetriebe übergab und in Ruhestand ging. Jetzt wollte er das Leben unbeschwert genießen, schließlich hatte er mit 60-Stunden-Wochen, Dauerstress und wenig Urlaub einen hohen Preis für diese Freiheit gezahlt. In den Worten seiner Frau Marianne: »Mein Mann hat mitunter gearbeitet wie ein Pferd.«

Auch nach der Tilgung all seiner Restschulden waren auf seinem Konto fast 2 Millionen Euro übriggeblieben. Obwohl er sich sein Leben lang auf diesen Moment gefreut hatte, war er nun ziemlich überfordert. Schließlich war die Finanzkrise gerade mal halbwegs ausgestanden, und Gruber wollte alles, außer sein sauer verdientes Geld wieder verlieren.

Umso erleichterter war er, als in dieser Situation ein alter Studienfreund auf ihn zukam. Peter Haffner hatte zusammen mit Gruber BWL studiert, sich offenbar mit Mitte 50 schon relativ früh zur Ruhe gesetzt und half nun alten Freunden bei der Kapitalanlage. Vier Wochen später saßen beide bei einem »renommierten« Münchner Vermögensverwalter.

Gruber sah sich Charts mit der Performance der Vermögensverwaltung an, die ihn mehr als beeindruckten. Die Kurve zeigte von links unten nach rechts oben. Gut: Es gab ein paar Wackler, aber gemessen an der Benchmark – hieß doch so? –, lief die Strategie mit dem Ganz-prima-toll-getauften Ansatz – kurz: GPT – erstaunlich stabil und hatte selbst die Finanzkrise gut gemeistert. Und das war Franz Gruber am wichtigsten: Bloß möglichst kein Geld verlieren. Doch das schien, wie er ja selbst sah, wohl irgendwie möglich.

Zur präsentablen Performance kam ein ebenso präsentables Büro in Grünwald, mit »echter« Kunst an der Wand und Beratern in tadellos geputzten rahmengenähten Pferdeleder-Schuhen, maßgeschneiderten Anzügen, weißen Hemden mit Umschlagmanschette und Monogramm und dazu die obligatorische rote Krawatte. Brauereibua, der er immer noch war, war Gruber ausgesprochen beeindruckt. Auch dahingehend, wie sich sein Freund Peter in diesem Umfeld bewegte, wie er selbst die Sprache der Portfoliomanager beherrschte und diese für ihn erklärte.

Was Franz Gruber und vermutlich auch Peter Haffner nicht wussten: Neben dem GPT-Ansatz hatte der Grünwalder Verwalter noch drei weitere Vermögensverwaltungen am Start gehabt, die in der Krise nicht unbedingt nur gut abgeschnitten hatten. Insbesondere die bis 2007 mit Hochdruck empfohlene IMTFP-Strategie (irgendwas mit tollen Finanzprodukten) hatte in der Finanzkrise desaströs abgeschlossen und musste wohl demnächst aus dem Programm genommen werden. Dass fast alle Vermögensverwalter mit unterschiedlichen, teils gegenläufigen und widersprüchlichen Strategien arbeiteten, um dann das zufälligerweise am besten gelaufene Portfolio gut verkaufen zu können – wie sollte er das ahnen?

Erwartungsgemäß lief die GPT-Vermögensverwaltung ab 2010 eher mittelmäßig, doch das war nur der kleinste Teil des Problems. Das größere Problem war Gruber selbst. Denn er konnte mit Verlusten und

Rückschlägen, wie sie am Kapitalmarkt unvermeidlich sind, nicht umgehen. War er es bisher gewohnt, sein Schicksal selbst in der Hand zu haben, durch eigene mutige Entscheidung den Lauf der Dinge zu bestimmen, hatte er jetzt die Kontrolle verloren. Vom Siegfried, der den Drachen bezwingt, war er auf die Rolle eines Zuschauers in seinem eigenen Leben zurückgeworfen.

Und: War sein Vermögen bisher laufend mehr geworden, musste er nun von seinem Vermögen leben. Dass es dadurch fast zwangsläufig weniger werden musste, konnte er kaum akzeptieren. Was, wenn das Geld nicht reichen würde? Wofür hatte er alles aufgebaut, wenn es jetzt alles abschmelzen würde? Nach dem für Gruber eher enttäuschenden Jahr 2010 verlief 2011 aus seiner Perspektive inakzeptabel: Im Sommer lag sein Portfolio schon bei 6,0 Prozent im Minus, dabei hatten die feinen Herren ihm doch erklärt, dass sie das Risiko im Griff hätten. Die falsche Erwartungshaltung, die das Gerede der Berater zum genialen Risikomanagement des GPT in ihm geweckt hatte, wurde jetzt zum Verstärker seiner Ängste. Ihm zu erklären, dass 6,0 Prozent minus in einem Umfeld, in der der MSCI World seit Jahresanfang gut 12,5 Prozent verloren hatte, eigentlich ganz okay war, war jetzt kommunikativ faktisch unmöglich. Entnervt rief Franz Gruber Peter Haffner an. Er brauchte wieder Hilfe.

Im September 2011 saßen beide an meinem Tisch und schimpften über den Grünwalder Wettbewerber. Eine Botschaft war dabei sehr deutlich: Gruber wollte zumindest auf Jahressicht kein Geld verlieren und Schwankungen so gering wie möglich halten. Sein Glück – oder Pech – war, dass ich respektive mein Arbeitgeber damals genau solch eine Strategie im Angebot hatte: eine sogenannte marktneutrale Total-Return-Strategie, die im Jahr 2008 nicht nur keine Verluste, sondern sogar Gewinne generiert hatte. Auch ich war mir inzwischen ziemlich sicher, dass der Erfolg 2008 eher auf Glück als auf Können beruhte – ja, im Grunde genommen das Ergebnis einer großen Wette gewesen war. Dennoch war ich froh, eine Ventillösung für Kunden gefunden zu haben, die partout kein »normales« Kapitalmarktrisiko tragen wollten. Lieber den Kunden so bekommen als gar nicht.

Vermutlich hätte es geholfen, mit Franz Gruber über seinen Werdegang zu reden, seine Ängste besser zu verstehen, eine Szenario-Planung zu erstellen und zu erkennen, weshalb Geld für ihn wichtig war. Auf der Basis wäre es eventuell gelungen, ihm die Sorgen vor temporären Schwankungen zu nehmen und eine rationale Strategie zu vermitteln. Aber wie das geht, wusste ich damals schlicht noch nicht.

Also bekam Gruber wieder (versprochen), was er sich so sehr wünschte, aber was es leider nicht gibt: eine Strategie, die bei sehr niedrigen Risiken eine einigermaßen attraktive Rendite erwirtschaftet. Gruber startete also in seinen zweiten Anlauf zum Thema Kapitalanlage mit der gleichen unrealistischen Erwartungshaltung wie beim ersten Anlauf – eine Erwartungshaltung, in der ihn sein Berater – also ich – letztlich noch bekräftigte.

Wie zu befürchten, lief auch die Total-Return-Strategie nicht berauschend, und da ich Grubers eigentliches Problem – seine unrealistischen Vorstellungen – nicht angegangen war, bekam auch ich relativ regelmäßig genervte Anrufe: Mal war die Rendite zu niedrig, mal die ohnehin niedrigen Schwankungen zu hoch. Franz Gruber entwickelte eine immer stärker werdende Sorge, dass ihm das Geld im Alter nicht reichen könne. Eine Sorge, die zwar objektiv unbegründet war, die ihn aber trotzdem jede Menge Lebensfreude kostete. So hatte er sich den Ruhestand nicht vorgestellt.

Um meinen Fehler zu korrigieren, versuchte ich, ihm klarzumachen, dass er nicht beides haben könne: ein relativ hohes Maß an Sicherheit *und* eine attraktive Rendite gleichzeitig. Da ich dabei primär auf seinen Verstand und nicht seine Emotionen sowie Ängste abzielte, hielt sich mein Erfolg stark in Grenzen. Im Winter 2013 beschloss ich, ihn in Dresden zu besuchen, um ein Grundsatzgespräch mit ihm zu führen. Mittlerweile war mir relativ klar, was schiefgelaufen war und wo meine Fehler gelegen hatten. Ich hatte mir vorgenommen, noch mal auf den Anfang zurückzuspulen, um ihm vielleicht doch noch seine inzwischen erheblichen Ängste zu nehmen. Lieber den Mandanten verlieren, als auf der Grundlage weiterzuwurschteln.

Zug und Hotel hatte ich bereits gebucht, als mich am 16. Dezember Grubers Tochter anrief. Ihr Vater war in der Vorwoche für ein paar Tage allein nach Südtirol gefahren, um abzuschalten und etwas runterzukommen. Um 9:30 Uhr des 12. Dezember war er bei gutem Wetter allein zu einer Skitour aufgebrochen und abends nicht wieder ins Hotel zurückgekehrt. Die Bergwacht fand ihn am Abend keine 800 Meter hinter dem Hotel in einer Senke neben der Aufstiegsspur.

Gruber hatte einen Herzinfarkt erlitten, war von der Spur in die Senke gerutscht und vermutlich sofort tot gewesen. Er hinterließ ein liquides Vermögen von 1,8 Millionen Euro und Immobilien im Wert von über 3 Millionen Euro. Bei seinem Lebensstil hätte er davon nach menschlichem Ermessen auch bei extrem ungünstigen Szenarien weit über hundert Jahre alt werden können. Am Ende reichte sein Geld mehr als genug für sein ganzes Leben. Die Dauer seines verbleibenden Lebens aber reichte nicht annähernd, um das Geld für seine Träume und Pläne auch auszugeben.

> **»Der Grund für unsere Armut als Kinder war nicht, dass die Familie im Krieg alles im Osten verloren hat. Sondern dass Großväterchen unbedingt noch einmal Millionär werden wollte, bevor er starb.«**
>
> Leopold G. (74) (2011)

> Gruber war der letzte Kunde, dem ich eine Total-Return-Strategie empfohlen habe. Nur zwei Monate später begann ich, alle zukünftigen und alle bestehenden Kunden auf prognosefreie ETF-Portfolien umzustellen.

> Grubers Witwe und Tochter lernte ich drei Monate später kennen. Sie hatten ein wesentlich realistischeres und abgeklärteres Verhältnis zu Geld, Risiken und Renditeerwartungen entwickelt. Vermutlich, weil sie emotional nicht so sehr an dem hart erarbeiteten Geld hingen und sich (oder ich ihnen) bessere Fragen stellte(n).

> Ihr Denken kreist mehr darum, wie Geld die Lebensqualität der Familie positiv beeinflussen kann, als darum, wie gut die Rendite der letzten zwölf Monate war oder wie hoch ihr Vermögen einmal sein wird, wenn sie versterben. Ich mag sie sehr und danke ihnen noch mal dafür, dass ich ihre Geschichte erzählen durfte.

Das Jackett

59 Jahre

Erinnern Sie sich noch an Mark[93]? Der sich von seinem ersten Gehalt ein sündhaft teures Jackett im Sonderangebot gekauft hat? Das jüngste von sechs Kindern aus Liverpool, mit dem alkoholkranken Vater, den bis heute die finanzielle Prägung, die Armut seiner Kindheit nicht loslässt und der so ein kluger Beobachter der Relativität von Reichtum und von sozialer Ungleichheit ist?

Vor drei oder vier Jahren kam er zum ersten Mal auf mich zu, um sich zu überlegen, wie lange er sich eigentlich noch einen extrem anstrengenden und kräftezehrenden Job im gehobenen Management eines internationalen Konzerns antun wollte. Sechzig- bis Siebzig-Stunden-Wochen waren eher der Normalfall als die Ausnahme, dazu kam eine ausgedehnte Reisetätigkeit: Im Schnitt der letzten 15 Jahre war Mark gut 20 Wochen pro Jahr unterwegs. Meist interkontinental: am Sonntagabend Abflug Richtung Asien oder USA, am Freitag Ankunft zurück in München – Verhandlungsmarathons, Geschäftsessen und Jetlag inklusive.

Zu dieser Zeit verdiente Mark ein Fixgehalt von über 250 000 Euro, aber die eigentliche Musik spielte woanders: Jedes Jahr wurde er mit Mitarbeiteraktien und Optionen im mittleren sechsstelligen Bereich bedacht. Der Clou respektive der Haken daran: Diese Mitarbeiteraktien konnte man nicht einfach verkaufen, wann immer man wollte, sondern sie waren, wie das durchaus üblich ist, auch ein Instrument der Mitarbeiterbindung. Die meisten Aktien durfte man erst nach zwei Jahren, einige auch erst deutlich später verkaufen, und auch das nur, wenn man noch Mitarbeiter des Unternehmens war. Wenn man früher kündigte, dann verfielen sie. Mark nannte das mir gegenüber einmal völlig zu Recht »goldene Handschellen«.

Doch das war noch nicht alles. Da Mark zum gehobenen Management gehörte, hing der Wert seines Aktienpakets nicht einfach nur vom Börsenkurs des Unternehmens ab, sondern wurde wesentlich davon beeinflusst, wie gut sich die Aktien seines Arbeitgebers in Relation zu anderen Unternehmen der Branche schlugen: von einer Halbierung des Werts bis zu einer Verdreifachung war dadurch alles drin. Insofern konkretisierte Mark seine Aussage: goldene Handschellen, die an ein Roulette-Rad gekettet sind.

Das hatte natürlich gewaltigen Einfluss auf Mark: nicht nur finanziell, auch mental, weil er – wie all seine Kollegen – den Aktienkurs seines Arbeitgebers laufend verfolgte. Ein paar US-Dollar hoch oder runter machten finanziell für ihn ja einen riesigen Unterschied – vor allem, wenn die Aktien der Wettbewerber sich nicht in dieselbe Richtung bewegten. Das war verständlich, aber natürlich völlig nutzlos. Denn Marks Einfluss auf die Kursentwicklung lag ziemlich nahe an null. Faktisch verschwendete er eine ganze Menge Energie, Zeit und Emotionen – und davon nicht nur gute: im Regelfall entweder Angst oder Gier. Umso mehr, als die Aktie seines Arbeitgebers wie fast alle Tech-Aktien schwankungsintensiv war.

Ich kann mich gut erinnern, wie schwer sich Mark tat, in Bezug auf diese Aktienpakete das einzig Richtige zu tun: nämlich die Aktie immer genau dann zu verkaufen, wenn er sie auch handeln durfte. Wieso sollte es für ihn sinnvoll sein, diese Aktien zu horten, wenn seine finanzielle Zukunft ohnehin zu großen Teilen vom Unternehmen abhing? Neben den ständig »nachwachsenden« und sich quasi automatisch vermehrenden Aktienpaketen hing ja auch noch sein laufendes Einkommen davon ab.

Und dennoch: Entweder stieg der Wert gerade – und warum sollte er da verkaufen? Oder er fiel gerade – und warum sollte er da verkaufen, wenn die Aktie schon einmal mehr wert gewesen war? Verstehen Sie mich da nicht falsch: Mark ist ein sehr cleverer Mensch, er wusste, dass sein Verhalten Unsinn war, und trotzdem brauchte er jede Menge Ermutigungen und Schubser. Das ist nicht ungewöhnlich, sondern der absolute Normalfall. Ich kenne ein knappes Dutzend ähnlicher Fälle und niemanden, der das auf Anhieb hinbekommen hat, aber viele, die daran gescheitert sind.

Noch schwieriger wurde das Ganze auf der Zeitachse, weil sich hier noch gewaltigere Unterschiede ergaben: Für Marks zukünftiges Vermögen machte es einen gewaltigen Unterschied, ob er weiterarbeitete, bis er dreiundsechzig, fünfundsechzig oder gar siebenundsechzig war, ob er ein Aktienpaket nach dem anderen einfuhr – oder ob er jetzt die Reißleine zog, endlich wieder mehr Zeit für sich und seine Familie hatte und seine Gesundheit durch den Dauerstress nicht weiter strapazierte.

Wir fingen also an zu rechnen und ein halbes Dutzend Szenarien durchzuspielen: Ruhestand mit neunundfünfzig, zweiundsechzig, fünfundsechzig, mit oder ohne Ferienhaus und so weiter. Am Ende ließ sich das Ganze auf eine relativ einfache Formel herunterbrechen: Geld oder Zeit? Respektive: Bis zu welchem Grad kann und will ich es mir leisten, Geld wieder in Zeit zu tauschen? Das Ergebnis war – soweit das irgendwie geht – relativ eindeutig: Am Ende war es eine Frage, wie vermögend Mark sterben würde und nicht, ob ihm das Geld auch reichen würde. Wenn alle Stricke reißen, würde er sich im schlimmsten Fall mit Ende achtzig von seinem Ferienhaus trennen müssen.

Wie Mark das Dilemma in seiner unvergleichlichen Art auf den Punkt brachte: »Das Szenario, nächstes Jahr aufzuhören, macht mich wirklich froh. Aber das Szenario ›weiterarbeiten bis fünfundsechzig‹ macht mich richtig traurig.« Früher aufzuhören, das hieß ja nicht einfach, auf ganz viel Geld zu verzichten – das war ja auch der Verzicht auf die in diesem Geld implizit enthaltene Energie, das Potenzial, die Unabhängigkeit und die für Mark so wichtige *Wert*schätzung.

Und dennoch: Mark schaffte es, die Prioritäten zugunsten von mehr Zeit statt zugunsten von mehr Geld zu setzen. Er tat das, zu dem auch wir ihn ermutigt hatten, und war weise genug, sich gegen seinen inneren Antrieb durchzusetzen, sich immer mehr Selbstbestätigung durch immer mehr Geld und mehr Erfolg zu verschaffen. Mehr noch: Er verkaufte auch, so zügig er konnte, fast alle seine Mitarbeiteraktien. Im Januar 2021 ging er in »Garden Leave« und verließ das Unternehmen – für immer.

Und was passierte dann? Das Paradies auf Erden? Im Gegenteil, Mark fiel in ein tiefes Loch, suchte sich zwischendurch professionelle psychologische Hilfe. Hatte er bis dahin durch sein Einkommen eine permanente Bestätigung bekommen, was er *wert* war, was er *verdiente*, durchlitt er jetzt eine Art kalten Entzug: »Was ich mir gedacht habe – genug ist genug –, funktioniert im Grunde genommen nicht. Der Dopamin-Kick ist weg. Geld, das schon verdient ist, das einfach da ist, bietet das nicht. «

War er bis zum Ausbruch der Covid-Pandemie jede zweite, dritte Woche auf einem Interkontinental-Trip gewesen, saß er jetzt weitgehend daheim rum. Das war zwar auch schon im ersten Lockdown so gewesen, aber da hatte er zumindest noch jede Menge zu tun gehabt. Nun saßen er und seine Frau Aisling sich in der Münchner Wohnung auf der Pelle. »Wären wir nach dem elendlangen Lockdown nicht eine Woche nach New York und einen Monat nach Mallorca gefahren, ich weiß nicht, wie lange das mit uns gutgegangen wäre.« Zumindest in dieser Hinsicht hat sein Geld ihm dann doch ganz konkret geholfen, die wichtigste Beziehung in seinem Leben zu retten.

»Du, Niki, Ruhestand ist scheiße … vor allem, wenn du es nicht in der Hand hast.«

Dr. Maximilian T. leidet nach dem Verkauf seiner Kanzlei an Leerlauf respektive Wettbewerbsverbot (Juli 2022) – Entschuldigen Sie bitte *seine* Wortwahl.

Im Herbst 2021 ging Mark drei Monate nach Wales, um ein Praktikum bei einem Schreiner zu absolvieren. Es war der Versuch, eine Selbstbestätigung zu bekommen, die sich großenteils von der finanziellen Belohnung löst. Rückblickend meint er: »Seinen Selbstwert über Geld herzustellen, funktioniert nur kurzfristig. Aber langfristig ist das alles ziemlich hohl: Langfristig liefert Geld das einfach nicht – in the long run, money simply doesn't do the job. Sie helfen mir, meine Therapeutin hilft mir, aber der Übergang ist verdammt hart.«

Bis zu einem gewissen Grad geht es ihm mit dem Thema ähnlich wie mit seiner finanziellen Prägung bezüglich Geld aus seiner Jugend in Liverpool: Es ist immer noch da, aber er kann es nun besser beobachten, einordnen – und er hat ein gutes Stück gelernt, damit umzugehen.

»Ich habe zwei gute Freunde, die waren ähnlich erfolgreich wie ich oder noch mehr. Auch die haben mit Ende fünfzig aufgehört zu arbeiten. Der erste hatte einen Nervenzusammenbruch und musste stationär behandelt werden. Der zweite stürzte sich in ein Projekt nach dem anderen: Kaufte eine Baufirma, zog auf eine Farm, investierte in x Projekte, nur um die »Stille« zu betäuben. Heute sagt er zu mir: ›Ich mache alles so, wie ich es mir immer erträumt habe, und bin so unglücklich und depressiv wie noch nie in meinem Leben.‹ Gemessen daran geht es mir inzwischen großartig. Aber ob es mir je gelingt, jemals etwas wert zu *sein*, ohne etwas zu *tun*, den Unterschied zwischen ›being‹ und ›doing‹ aufzulösen, das weiß ich nicht.«

»Und Ihr Jackett?«

»Das hängt bis heute in meinem Schrank. Sogar der Bügel von vor dreißig Jahren ist noch da. Vielleicht ist es das Ding, das ich besitze, das am besten zeigt, wer ich bin, wo ich herkomme und was ich erreicht habe. Ich schicke Ihnen ein Foto.«

Marks Jackett

> Zurzeit (Juni 2022) plant Mark mit seiner Frau, wie er das Ferienhaus in Wales konkret gestalten möchte.

> Wir haben noch einmal überprüft und nachgerechnet, ob das trotz Ukraine-Krieg, leichter Kursverluste und massiv gestiegener Baukosten noch möglich ist. Ist es.

> Für mich ist er der klügste und gleichzeitig widersprüchlichste Gesprächspartner zum Thema Sinn und Unsinn von Geld und Erfolg.

Konstruktive(re) Glaubenssätze

PHILOSOPHISCH

»Geld ist flüssige Energie.«
Bert B. (65) (Mai 2021).

»Geld ist gefrorene Zeit.«

»Geld ist nicht realisierte Möglichkeit.«

PRAGMATISCH

»Ich liebe Probleme, die man mit Geld lösen kann.«
Anina B. (38) (Juli 2002).

»Geld macht es leichter, glücklich zu sein.«
»Geld ist Mittel zum Zweck.«
»Geld ist zum Ausgeben da.«
Frank K (68) (Juli 2021).

»Geld ermöglicht Freiheit.«
»Geld ist nicht alles, aber ohne Geld ist alles nichts.«
»Geld – schön, wenn man es hat, und schön, wenn man es nicht braucht.«
Ulrich C. (71) (Juli 2022).

»Kein Geld macht auch nicht glücklich.«

»Geld haben bedeutet dazugehören.«
Josef O. (64) (Juli 2022).

»Für Geld muss man sich nicht schämen. Kurzform: Geld – na und?«
Stefan B. (42) (August 2022).

»Ich sehe natürlich ein, dass es keine Schande ist, arm zu sein, aber eine besondere Ehre ist es auch nicht.«
Maxim Biller (Juni 1990).

WEISE

»Und meine Kinder hatten mich immer gefragt, ob wir reich oder arm sind, und ich antwortete immer: ›Mittelreich‹. Das hatte ihnen genügt. Und auch heute ist das Geld der anderen nie ein Thema bei uns.«
Jörg M. (62) (Juli 2022).

»Niemand ist wirklich frei, solange er Sklave seiner Rechnungen ist.«

»Willst du der reichste Mann auf dem Friedhof werden?«
Hans E. (46) (Juli 2022).

»Geld bedeutet Freiheit oder Unfreiheit. Sie entscheiden.«
Lutz W. (59) (Juli 2002).

OPTIMISTISCH BIS POTENZIELL VERSCHWENDERISCH

»Es ist genügend Geld da – nur noch nicht hier.«
Sonja von L. (45) (Juli 2002).

»Wenn einem Spaß macht, was man tut, wird man gut. Wenn man gut ist, kommt auch das entsprechende Geld.«
Philip S. (36) (Juli 2002).

»Schmeiß Geld zum Fenster hinaus, dann kommt es in Massen durch die Tür wieder herein!«
Dirk R. (42) (Juli 2002).

»Das Leben ist schön und teuer. Man kann es billiger haben, aber dann ist es nicht mehr so schön.«
Ludwig G. (76) (Juli 2022).

SPARSAM BIS MANCHMAL ETWAS GEIZIG

»Geld hat nicht der, der viel verdient, sondern der, der wenig ausgibt.«
Dieter W. (68) (Juli 2022).

»Die Geldweisheit, die mich am meisten begleitet ist: Haben kommt von Halten.«
Beate K. (52) (Juli 2022).

»Weil ich weiß, dass ich mir vieles letztlich Unnötige und Unsinnige leisten könnte, fällt es mir relativ leicht, darauf zu verzichten.«
Michael D. (48) (Juli 2022).

»Lebe im Alltag bescheiden, um dann ein-, zweimal im Leben an der richtigen Stelle das Geld für ›Großes‹ zu haben.«
Christoph L. (43) (Juli 2022).

»Spare in der Zeit, dann hast du in der Not.«

Wie Sie Frieden mit Ihrem Geld schließen

Das Versprechen I

100 Lire

Im Jahr 1961 kam ein junges, stark politisch motiviertes Filmteam der sozialistischen Partei Italiens ins sizilianische Palma di Montechiaro. War noch ein Jahr zuvor ein Team des Staatsfernsehens RAI vor Ort gewesen und hatte eher ein romantisierendes Bild des rückständigen agrarischen Ortes gezeichnet[94] – mit Fokus auf das kulturelle und religiöse Leben, den Dom und den berühmten Palazzo Ducale –, hatten die jungen Sozialisten eine klarere Agenda: den Finger in die Wunde zu legen, die immensen gesundheitspolitischen und sozialen Missstände sichtbar zu machen und dem strukturell tief katholischen, konservativen und mehrheitlich immer noch monarchistisch gesinnten Süden die eigene Rückständigkeit vor Augen zu führen.[95]

Entsprechend kontrovers wurde der Beitrag in Palma di Montechiaro selbst aufgenommen: Während die einen die Umstände leugneten und schönredeten, war für viele eines unübersehbar: So tendenziös der Film auch inszeniert war – im Grunde hatte die sozialistische Propaganda trotz einer gewissen Dramatisierung recht. Beruhte sie doch nicht zuletzt auf den Ergebnissen einer dreitägigen Konferenz von Gesundheits- und Sozialpolitikern aus dem Jahr 1960:

- 90 Prozent der Häuser hatten keinen Zugang zu sauberem Trinkwasser, 86 Prozent keine sanitären Anlagen, das Abwasser floss respektive stand mit unerträglichem Gestank in den meist nicht geteerten Straßen.

- Gut die Hälfte aller Schwangerschaften endeten in einer Fehlgeburt. Die Säuglings- und Kindersterblichkeit lag inklusive Geburt bis zum Ende des dritten Lebensjahres um 43 Prozent höher als heute in den meisten Ländern Subsahara-Afrikas. Ein Großteil der Kinder litt an Parasitenbefall, auch schwere Krankheiten und Seuchen wie Typhus waren alles andere als ausgestorben. Dennoch gab es vor Ort kein Krankenhaus, sondern nur eine Notaufnahme ohne Wasser und sanitäre Einrichtungen.
- Viele Kinder zu bekommen, war nicht nur das Ergebnis einer katholischen Sexualmoral, sondern auch immer noch eine Form der traditionellen Altersvorsorge.
- Trotz eines humanistischen Gymnasiums vor Ort gab es 55 Prozent Analphabetismus. Organisierte Kriminalität und die Gesetze der Omerta, der »Mauer des Schweigens«, trugen darüber hinaus zu einer gefühlten Perspektivlosigkeit bei.
- Auch sieben Jahre später hatte sich an dieser Situation nichts grundlegend geändert.[96]

Vor dem Hintergrund einer immensen Arbeitslosigkeit und oft prekärer Beschäftigungsverhältnisse in der Landwirtschaft blieben nur wenige Möglichkeiten, zumindest eine gewisse soziale Sicherheit zu erlangen. Am begehrtesten war eine Stelle im Staatsdienst, in der Verwaltung, beim Militär oder bei der Polizei oder eine »Anstellung« im Parallelstaat der Cosa Nostra. Für einen sozialen Aufstieg am realistischsten war die Emigration. Von dem nach Hause geschickten Geld der Ausgewanderten lebte ein guter Teil der Menschen im Ort. Für die Emigrierten dagegen war mit dem Fortgang auch immer das Versprechen oder zumindest der Traum verbunden, irgendwann als gemachter Mann – seltener Frau – zurückzukehren und Land zu erwerben.

Diesen Weg hatte auch Lorenzo Gasperi zu einem gewissen Grad beschritten. 1934 geboren, hatte er seit seiner Kindheit auf dem Feld mitgeholfen und schon mit sechs Jahren mit der Amphore Wasser an die Landarbeiter verteilt. In den 1950er Jahren war er zweimal für eine gewisse Zeit illegal nach Deutschland emigriert, um Geld zu verdienen. Davon hatte er sich nach und nach einige kleinere Grundstücke gekauft.

Auf einem stand ein kleiner Olivenhain, auf den anderen weitgehend verfallene Häuser, die er instand setzte. Eines behielt er, und die anderen verkaufte er weiter. Bis zu seiner Heirat hatte er es so zu einem sehr bescheidenen Wohlstand gebracht und seinen Kindern die eigene Erfahrung erspart, in der Kindheit hungern zu müssen. Insgesamt besaß Gasperi irgendwann neben dem kleinen Wohnhaus drei kleinere landwirtschaftliche Grundstücke.

Für den zunächst landlosen, in völlig prekären Verhältnissen lebenden Gasperi hatte sich das Versprechen, dass sich Fleiß und harte Arbeit auszahlen, damit ein Stück weit erfüllt, auch wenn der Lebensstandard seiner Familie Jahr für Jahr stark von Ernten und (Weltmarkt-)Preisen abhing. »Assett rich, cash poor« nennt man das.

1968 kam Lorenzos Sohn Francesco als drittes von vier Kindern auf die Welt. Im Rückblick liest sich dessen Geschichte wie der Blueprint einer neoliberalen Erfolgs-, ja Heilsgeschichte. Eine deutsch-italienische Version des »amerikanischen Traums«. Die »Zutaten« sind dabei fast identisch wie bei seinem Vater Lorenzo: harte Arbeit und Disziplin, der Mut und die Überzeugung, sein Schicksal selbst in die Hand nehmen zu können, und die Bereitschaft, seine Heimat zu verlassen.

Francesco machte sich mit 17 Jahren und 100 Lire[97] auf den Weg in den Ruhrpott, kam zunächst bei seinem Bruder unter und hatte dort für einen Teenager, der die streng konservativ-katholischen Verhältnisse Palma di Montechiaros gewohnt war, eine großartige Zeit. In der Gastronomie Bochums verdiente er für sizilianische Verhältnisse bombastisch. Und obwohl es ihm gefühlt an nichts fehlte und er zunächst jede Menge Geld beim Ausgehen verjubelte, legte er regelmäßig Geld zurück. 1993 besuchte er für ein verlängertes Wochenende Freunde der Familie in München und merkte auf Anhieb, dass diese Stadt für einen ehrgeizigen jungen Menschen deutlich mehr Potenzial besaß als Bochum, Bottrop oder Duisburg.

Schon nach einem Jahr stieg er zum Restaurantleiter eines gut gehenden italienischen Lokals auf. Francesco arbeitete härter denn je, und seine Ersparnisse läpperten sich langsam zusammen. Als er 1996 wegen einer Hochzeit zu Besuch in Palma war, verliebte er sich in die vier Jahre jüngere Claudia – und sie sich in ihn. Nach einem Jahr Fernbeziehung heirateten die beiden und Claudia zog nach München. Ein Jahr später kam ihr Sohn Lorenzo auf die Welt, drei Jahre später ihre Tochter Marika.

»Nach dem Krieg hatten wir nichts mehr, nur unseren Fleiß und Hirn.«

Gerhard D. (78) verbreitet das Familiennarrativ (Juni 2017).

Auch wenn Palma längst nicht mehr so bettelarm war[98] wie in den 1970er Jahren, gab es nach wie vor außerhalb des Staatsdienstes keine soliden Perspektiven. Auch Claudia zahlte auf Francescos Traum, den Traum so vieler sizilianischer Migranten ein: einmal wohlhabend und ohne finanzielle Sorgen in die Heimat zurückzukehren. Nach fünfundzwanzig, vielleicht dreißig Jahren harter Arbeit wollen sie angesehen und sozial aufgestiegen ein finanziell sorgenfreies Leben führen und die Früchte des eigenen Fleißes ernten. Das Gravitationszentrum ihrer Zukunftsträume blieb dabei immer Sizilien.

2001 investierte Francesco seine gesamten Ersparnisse, verschuldete sich und machte sich mit einem eigenen Restaurant in München-Schwabing selbstständig. Fantasievoll, wie er war, nannte er es »da Francesco«. Und auch, wenn es dort weder das schickste Innendesign gab – im Gegenteil – noch die beste Pasta der Stadt, ist ihm mit »da Francesco« etwas Außergewöhnliches gelungen. Es ist ein authentisches italienisches Familienlokal, mit 95 Prozent Stammgästen, in dem sich Menschen aus dem Viertel treffen, auch ohne sich explizit verabredet zu haben. Von Anfang an wuselten die Kinder und der kleine Hund Paola zwischen den Tischen durch, und später halfen sie mit – also der Hund natürlich nicht. Wenn sich neue Gäste über zu laute Kinder beschweren, wird ihnen auch heute noch erklärt, dass es sich bei »da Francesco« um ein Familienlokal handelt. Es ist bis heute mein Lieblingsitaliener.

Die Magie des Geldes Reprise

Blicken wir noch einmal auf die Magie des Geldes. Vermutlich wird Ihnen auffallen, dass Sie den einen oder anderen Gedanken – insbesondere in der Einleitung – schon einmal so oder so ähnlich gelesen haben. Das beruht weder auf einem Unfall noch auf Faulheit, sondern ist eine ganz bewusste Entscheidung. Eben wie eine Reprise in einem Musikstück nicht einfach nur eine Wiederholung ist: Denn erst vor dem Hintergrund der erzählten Geschichten lassen sich viele der eher abstrakte Überlegungen konkret verstehen. Schauen wir also noch einmal ganz genau hin:

Wie logisch, mathematisch, objektiv ist Geld also nun? Ist es tatsächlich ein harter Fakt oder eher sein Gegenteil? Erschöpft es sich tatsächlich in seiner Funktion als universelles Tauschmittel, als Wertspeicher, als Medium der Akkumulation, der Selbstvermehrung und als Maßeinheit? Und wenn das so ist: Was wird da eigentlich getauscht? Nur Geld gegen Waren und Dienstleistungen? Welche Werte werden gespeichert, was vermehrt sich da eigentlich, und was wird da gemessen? Nur Geld?

Geld hat wie gesagt ein Janus-Gesicht – es hat zwei widersprüchliche, nein, sich komplementär ergänzende Seiten: Die eine Seite der Medaille ist rational und sachlich, die andere Seite fiktional, ja mythisch. Was soll man von einer Sache, die lange Zeit nur als Münze im Umlauf war, auch anderes erwarten? Die postulierte Rationalität von Geld ist im Grunde nur ein auf kollektiver Autosuggestionskraft beruhendes Placebo. Ein Placebo, das verschleiern soll, wie sehr das Thema Geld vermint ist mit Dutzenden irrationaler, emotionaler und sich widersprechender (Wert-)Vorstellungen.

Als Wertspeicher ist Geld selten einfach nur Geld, ein Wintervorrat, der Konsum – potenziell bis nach unserem Tod – in die Zukunft verschiebt. Es ist immer auch eine Chiffre, ein Symbol und erklärt durch sein Vorhandsein ebenso wie durch seine Abwesenheit zumindest teilweise, wer wir sind, prägt unser Selbstverständnis, unsere Beziehungen bis hinein in die Definition unserer Geschlechterrolle.

Der Inbegriff des gefüllten Wert- und Geldspeichers ist Reichtum. Doch auch die Skala, mit der Geld dabei Reichtum misst, ist nicht einfach linear oder objektiv. Zunächst einmal ist die Antwort auf die Frage, was Reichtum für unterschiedliche Menschen bedeutet, ausgesprochen subjektiv und relativ. Kaum zu beantworten scheint auch die Frage, was eigentlich genug ist. Wo hört eine sinnvolle Akkumulation auf, und ist es gesund, die Ziellinie für die Definition von »genug« im Laufe seines Lebens immer weiter zu verschieben? Da die unbegrenzte Geldvermehrung zumindest im Diesseits irgendwann keinen Sinn mehr ergibt, knüpft sich an den Reichtum oftmals auch der Traum, nach dem eigenen Tod ein Vermächtnis zu hinterlassen, etwas, das bleibt, ein kleines Stück monetäre, säkulare Unsterblichkeit. Ein monetäres Vermächtnis, mit dem man versucht, den Tod doch noch ein Stück zu überlisten – insbesondere, wenn der Verstorbene es unternimmt, seine Nachkommen über Generationen hinaus mithilfe eines entsprechenden juristischen Regelwerks aus dem Grab heraus weiter zu regieren.

Das an den Reichtum geknüpfte Heilsversprechen ist ausgesprochen brüchig, und so wird Geld schnell zum trügerischen Surrogat von Status, Selbstwert, Identität, Anerkennung, ja Liebe – Letzteres insbesondere in Erbstreitigkeiten, wenn die zu wenig erfahrene Liebe zu Lebzeiten post mortem in harten Euros kompensiert werden soll. Auch aufseiten der Erben gibt es also mitunter den Versuch, mithilfe von Geld dem Tod ein Schnippchen zu schlagen.

Ebenso brüchig und doppelbödig wie die Bewertung des eigenen Selbst durch akkumuliertes Geld, vulgo Reichtum, ist die Bewertung des Selbst durch einen Erfolg verkörpernden monatlichen Zahlungsstrom. Er ersetzt die komplexe Bewertung eines Menschen durch das, was der Mensch ist, erst durch die wesentlich einfachere – durch das, was er tut – und dann durch das, was dieses Tun monetär gemessen pro Monat oder Jahr wert ist. So reduziert sich der Wert eines Menschen im Extremfall auf eine mit einem Währungszeichen versehene Zahl. Haben statt Sein – kein besonders weiser Blick auf das Leben, oder? Kein Wunder also, dass diese Form der Selbstbewertung immer wieder kollabiert, insbesondere, wenn irgendwann der monatliche Dopamin-Kick durch den Gehaltseingang ausbleibt.

Wenn am Geld also nicht nur die unmittelbare Finanzierung meines Lebens hängt, sondern so viele (materielle) Träume und Wünsche, so viele (auch immaterielle) Wertvorstellungen, meine Identität und in Form eines Nachlasses auch ein Stück Unsterblichkeit: Ist es dann verwunderlich, dass der Umgang des Menschen damit so von Ängsten und Irrationalitäten geprägt ist? Dass daran so viele toxische Emotionen wie Gier, Neid und Schuld förmlich kleben? Brauchen Menschen auch deshalb die Amulette einer nur bedingt belastbaren Finanz- und Wirtschaftswissenschaft? Ist es ein Wunder, dass das Geld eine ganze Industrie von betrügerischen Finanzalchemisten, Verkäufern und Beratern anzieht wie die Motten das Licht?

Die Mischung aus eigener Emotionalität, aus Angst und Gier auf der einen Seite und einer in weiten Teilen toxischen Finanzindustrie auf der anderen hat erstaunliche Nebenwirkungen für die finanzielle Lebensplanung vieler Menschen. Zumal die Finanzindustrie die kontraproduktiven Emotionen aus dem Interesse, möglichst satte Provisionen zu kassieren, auch noch bestens bedient. Das Ergebnis sind immer wieder *nicht nur finanziell* gescheiterte Lebensentwürfe: einmal, weil der Versuch, sein Vermögen möglichst schnell zu maximieren, häufig im Verlust dieses Vermögens endet. Zum Zweiten, weil die Unfähigkeit, rational mit Risiken umzugehen, immer wieder zu Fehlentscheidungen führt. Etwa Aktien in Krisenzeiten zu verkaufen oder erst gar nicht zu investieren – mitunter also gar keine Vermögensbildung stattfinden kann.

Wenn der Kapitalismus in unserer säkularen Welt in weiten Teilen an die Stelle der Religion getreten ist, dann ist das Geld darin logischerweise das Geheimnis des Glaubens: ein Medium, in dem eine immer fortwährende magische Wandlung stattfindet. Das ist für uns ebenso angsteinflößend wie bezaubernd. Blicken wir zuletzt also noch ein weiteres Mal auf diese magische Wandlung, auf die Funktion des Geldes als universelles Tauschmittel.

Geld tauscht sich nicht nur in Waren und Dienstleistungen, sondern ebenso in Status, Identität, Zufriedenheit, (Aus-)Bildung, ja sogar in Zeit. Manche dieser Transaktionen sind im wahrsten Sinne des Wortes zauberhaft, schaffen Gemeinsamkeiten: Erlebnisse, Erinnerungen, Beziehungen. In anderen Kontexten ermöglicht das im Geld enthaltene Potenzial Menschen die Freiheit, ihr Leben selbstbestimmt zu gestalten oder (finanzielle) Sicherheit für ihre eigene Familie zu garantieren. Doch neben diesen lebensverbessernden Transaktionen gibt es jede Menge toxische: etwa den Tausch von Geld in Hass, Angst, Neid, Einsamkeit oder Macht über andere. Und immer wieder erweisen sich Transaktionen, vor allem die in Statussymbole, als absurd, mitunter sogar als tragisch. Gerade da, wo Menschen weit über Ihre Verhältnisse konsumieren, ist das oft ein Symptom weit gravierenderer Probleme als nur der eines fehlgeleiteten Umgangs mit Geld.

Das Faszinierende: Monetäre Transaktionen funktionieren nicht nur in eine Richtung: Wenn man Geld etwa durch die Finanzierung einer Ausbildung oder eines Studiums in Bildung verwandeln kann, so knüpft sich daran ja fast immer auch die Erwartung eines monetären Return on Investment. Bildung scheint also ebenso ein Konsum- wie ein Investitionsgut zu sein. Ähnlich sieht es bei der Verwandlung von Geld in Beziehungen aus, sei es die Einladung eines Mandanten zum Mittagessen, die Bestechung eines Beamten in der Baubehörde oder den Besuch im Bordell. Auf beiden Seiten der Transaktion sehen dabei die Gewichtung von Beziehungs- und monetären Interessen unterschiedlich aus: Für den einen tauscht sich Geld in Beziehung, für den anderen Beziehung in Geld. Und wenn ich mir keine Liebe kaufen kann, dann doch zumindest die Illusion davon, oder die Beschleunigung meines Bauantrages.

Auch die Verwandlung von Geld in (gemeinsame) Erlebnisse ist mehr als eine reine Konsumausgabe: Die Erinnerungsrendite und die gestärkte Beziehung zahlen sich für uns oft ihr Leben lang aus. Nicht nur im Sinne von mehr Lebensqualität, auch ganz konkret monetär: als

Sicherheitsnetz, erhöhte Resilienz, als Erfahrungsschatz und Baukasten für die Lösung von Problemen.

Am trügerischsten und zugleich zauberhaftesten bleibt die Transaktion von Geld in Zeit und von Zeit in Geld: Während Geld zumindest theoretisch unbegrenzt und dauerhaft zur Verfügung steht, ist die menschliche Lebenszeit begrenzt und ihre Dauer ungewiss. Die Folge: Der Versuch, die zu Geld gefrorene Zeit im Alter wieder aufzutauen, scheitert immer wieder. Wir sind nicht mehr die gleichen, unser soziales Umfeld ist nicht mehr das gleiche, die Gesundheit brüchig, und im schlimmsten Fall sind wir selbst schlicht nicht mehr da.

Insgesamt erweist sich Geld als eine Art flüssige Energie, als geronnene, nicht realisierte Möglichkeit. Solange es nicht durch eine Transaktion in einen anderen Zustand gewandelt wird, ist es als solches eigentlich erst einmal wertlos: Was ist die zu Geld gefrorene Zeit, wenn sie nicht wieder aufgetaut wird? Erst in der Transaktion entfaltet sich die enorme, häufig konstruktive und ebenso oft zerstörerische Kraft des Geldes. Es wirkt dabei wie ein Brandbeschleuniger, ein großer Ermöglicher oder eben auch großer Verhinderer. Geld ähnelt in diesem Aggregatszustand in gewisser Weise dem Feuer: Man kann damit ein Haus ebenso heizen wie niederbrennen. Geld ist damit im wahrsten Sinne brandgefährlich und es ist absolut fahrlässig, wie naiv und unreflektiert die meisten Menschen damit umgehen und somit sich und andere gefährden.

Wir sollten daher dringend genauer beobachten und reflektieren, was wir mit Geld machen, vor allem aber sollten wir verhindern, dass Geld etwas mit uns macht. Dass es Besitz von uns ergreift, Macht über uns bekommt. Die meisten Menschen lassen sich zwar von der Magie des Geldes verzaubern, den wenigsten gelingt es aber, diese Magie für sich selbstbestimmt zu nutzen und selbst zu zaubern. So ist es alles andere als verwunderlich, dass wir angesichts des irrationalen, fiktionalen und emotionalen Dickichts, das Geld umgibt, angesichts der eigenen Sprech- und Denkunfähigkeit bei einem der zentralsten Themen unseres Lebens überfordert sind. Denn das sollten wir dabei nie vergessen: Es geht nicht in erster Linie um unser Geld, es geht um unser Leben.

Das Versprechen II

60 (?) Cousins

Im Folgenden unterhalte ich mich mit Lorenzo Gasperi, dem Sohn von Francesco und Claudia, über seine Familiengeschichte, seine sizilianische Heimat, den Wert von Bildung, Arbeit, Zeit und Geld.

Nikolaus: »Lorenzo, du bist der Erste in deiner Familie, der ein Abitur und einen Hochschulabschluss gemacht hat. Musst du nicht vor Stolz platzen?«

Lorenzo: »Irgendwie natürlich schon, aber es ist nicht ganz so einfach, als Erster in der Familie den Weg zu gehen.«

Nikolaus: »Was heißt das? Macht es dich bei deinen sechzig oder siebzig Cousinen und Cousins in Sizilien zum Außenseiter – lebst du für die in einer anderen Welt?[99]

Lorenzo: »Na, ob es wirklich siebzig sind, weiß ich gar nicht genau, ich habe sie nie ganz gezählt. Mama hat zwölf Geschwister, Papa drei, es sind auf jeden Fall viele – und mit denen zweiten Grades verliert man endgültig den Überblick.«

Nikolaus: »Ich erinnere mich, als mein Sohn Niki mit dir vor circa zehn Jahren in Palma war. Das Erste, was er erzählt hat, war: »Hier ist jeder Dritte ein Verwandter vom Lorenzo.« Aber wir kommen vom Thema ab. Also … macht dich Bildung zu einem Alien?«

Lorenzo: »In gewisser Hinsicht ist es schlimmer und in gewisser Hinsicht ist es nicht ganz so schlimm.«

Nikolaus: »Erklär mir das.«

Lorenzo: »Schlimmer ist es, weil die Bildung nur *eine* Kluft ist. Auf einmal bist du ›Dottore‹ – in Italien heißt man mit einem Bachelor ja schon so, und das schafft natürlich Distanz … zu Handwerkern, Bauern und Arbeitern. Dazu kommt aber noch mehr: dass ich in München geboren bin, in einer Schwabinger Bubble groß geworden bin, die unterschiedlicher zu Palma nicht hätte sein können. Und vermutlich als Resultat von dem Ganzen, dass ich mit meinen progressiven, liberalen Vorstellungen auch nicht gut zum katholisch-konservativen Mezzogiorno passe. Da bleiben halt am Ende noch vier, fünf Menschen in meinem Alter, mit denen ich noch einigermaßen reden kann.«

Nikolaus: »Und weniger schlimm?«

Lorenzo: »Weniger schlimm, weil meine Eltern immer voll hinter meiner akademischen Ausbildung gestanden haben und die Wertschätzung von Bildung auch im italienischen ländlichen Süden generell massiv zugenommen hat. Es gibt einen regelrechten Boom auch von Privatschulen, die einen zur Hochschulreife bringen sollen. Wenn ich eine meiner Cousinen mitrechne, bin ich nicht der Erste mit Bachelor, und ich wäre auch nicht der Erste mit einem Master. Ich kann denen also schon ganz gut erklären, was ich tu, auch wenn das – meine Eltern eingeschlossen – für die meisten reichlich abstrakt bleibt.«

Nikolaus: »Wertschätzung von Bildung – das klingt ja fast optimistisch.«

Lorenzo: »Die Wertschätzung für die Bildung ist aus der Sicht einer bildungsfernen und häufig ökonomisch prekären Perspektive ja kein Selbstzweck. Bildung birgt das Versprechen, ein Ausweg aus der Armut zu sein. Heute Bildung = morgen Geld. Das ist letztlich auch nur eine Version des neoliberalen Versprechens: ›Jeder kann es schaffen.‹ Eine Bildung, die sich nicht materiell niederschlägt, ist aus dieser Perspektive also nichts wert. Und das Absurde ist ja, dass das Versprechen ›Aufstieg durch Bildung‹ im italienischen Süden letztlich nicht gehalten wird. Nach wie vor ist eine Stelle im Staatsdienst das Ziel aller Wünsche, und ohne einen Umzug nach Norditalien oder etwa Deutschland – also ein Opfern der Heimat – ändert sich am Outcome für die Absolventen nichts.«

Nikolaus: »Siehst du das auch so? Dass Bildung ohne materiellen Erfolg nichts wert ist?«

Lorenzo: »Ich würde das nicht so platt sehen, wie: ›Na, wenn du in der Gastro mehr verdienen kannst – was soll dann die Zeitverschwendung an der Uni.‹ Aber die finanzielle Belohnung der Bildung ist auch für mich ein wichtiges Versprechen.«

Nikolaus: »Du meintest, es war für dich nicht leicht, als Erster in der Familie den Weg an der Uni zu gehen. Warum? Ich stelle mir das unglaublich befreiend vor.«

Lorenzo: »Im Gegenteil: Als Kind mit einem bildungsfernen Hintergrund hatte ich ein immenses Imposter-Syndrom. Wie ein Fisch aus dem Wasser. Ich spürte eine unglaubliche Kluft zu den Akademikerkindern, die alle irgendwie wussten, wie der Hase läuft, und die wussten, wenn der Hase mal nicht läuft, wie man ihn zum Laufen kriegt, an wen man sich wendet, wo man ein Praktikum herbekommt und so weiter. Ich hatte dann zum Glück doch eine Mentorin, ein Stammgast aus der Pizzeria, die hat mir viel als Sparringspartner geholfen.«

Nikolaus: »Warum hast du nichts gesagt? Viele deiner Freunde waren doch klassische Akademikerkinder … und die hatten doch Eltern – wir, die Müllers, die Schaubs. Die wären doch immer da gewesen als Gesprächspartner.«

Lorenzo: »Na, jetzt ist mir das langsam auch klar – damals habe ich mich nicht getraut.«

Nikolaus: »Oh Sch… das habe ich nicht geahnt, zumal es doch du warst, der den Studiengang PPE quasi ›entdeckt‹ hat und sich so viele deiner Freunde mit Akademikereltern da drangehängt haben. Und vielleicht unterschätzt du auch massiv, wie orientierungslos fast jeder Student am Anfang an der Uni ist. Mir ging das so, meinem Sohn Niki auch und den meisten deiner Freunde mit Akademikerhintergrund auch.«

Lorenzo: »Aber allein, das zu wissen, wäre schon was wert gewesen …«

Nikolaus: »Trotzdem: Anders als die Akademikerkinder hattest du auch kaum Erwartungsdruck. Egal, was du noch erreichst, bist du in der Familie der Held. Es gibt Elternhäuser, in denen alles andere als eine Promotion eine abgebrochene Ausbildung ist, meines zum Beispiel. Und ich glaube, deine Eltern haben dir viel mehr mitgegeben, als du meinst.«

Lorenzo: »Wie meinst du das?«

Nikolaus: »Na, du kommst doch aus einer Unternehmerfamilie.«

Lorenzo: »Das stimmt, die Einstellung zur Arbeit habe ich von meinem Vater übernommen. Das Versprechen, dass es sich lohnt, sechs Tage in der Woche zwölf Stunden zu arbeiten, habe ich schon als Kind aufgesogen. Mitzuhelfen im Restaurant, war einfach von klein auf selbstverständlich. Wenn ich heute mal einen Tag am Wochenende nichts mache, habe ich ein schlechtes Gewissen. Und die Probleme des Restaurants waren natürlich täglich Gesprächsstoff: Auflagen von Behörden, Ärger mit Mitarbeitern, dass der Mozzarella wieder teurer geworden ist …«

Nikolaus: »Viele Unternehmer, aber auch Juristen und Ärzte meiner Generation, mit denen ich rede, klagen, dass es ihnen nicht mehr gelingt, junge Leute zu rekrutieren, die sich so bedingungslos einsetzen, wie sie das selbst noch getan haben. Liegt das daran, dass viele in der Generation Y einfach zu satt sind, dass ihnen der Hunger fehlt, etwas zu erreichen? Was meinst du?«

Lorenzo: »Nein, zumindest nicht nur. Ich glaube, es hat viel mit einer veränderten Wahrnehmung von Zeit, Geld und Vertrauen in Stabilität zu tun.«

Nikolaus: »Erklär mir das.«

Lorenzo: »Wenn ich mir deine Generation, also die Generation meiner Eltern, ansehe, dann gibt es da einen klassischen Deal zwischen Geld und Zeit, egal ob Angestellter, Arbeiter, Unternehmer und letztlich quer durch alle Schichten: Im Laufe des Berufslebens wird ein gewisses Vermögen aufgebaut und nach dem Berufsleben in Zeit zurückgetauscht – das nennt man dann Rente oder Ruhestand. Mit der Vision einer sorgenfreien Zukunft sind viele Menschen bereit, oft eine irrsinnige Arbeitslast zu ertragen. Dieser Deal, Geld in Zeit zu tauschen, scheint der Generation, die heute in den Zwanzigern und frühen Dreißigern ist, viel fragwürdiger.«

Nikolaus: »Das kann ich gut nachvollziehen. Ich sehe selbst oft genug, dass sich die erträumte goldene Zukunft als Fata Morgana erweist: Man ist älter, manchmal gesundheitlich angeschlagen, fällt ohne die Arbeit oft in ein Loch, und man tut sich schwer, das Ersparte überhaupt auszugeben – schließlich schmilzt da vor den Augen die (finanzielle) Lebensleistung wieder zusammen. Vielleicht kennst du das ja auch von deinen Eltern.«

> **»Mir warn immer anständige Leit, ham immer garbeitet und mir hams (Geld) immer zamghalten, aber d'junga Leit, die woin ja alle nimma arbeiten. Mei eigene Enkelin geht am Schimnasium und wui ama studiarn und mei eigene Dochda find des a no guad.«**
>
> Erna B. (82) kann den sozialen Aufstieg ihrer Enkelin eventuell doch nicht verhindern. (Oktober 2012)

Lorenzo: »Ja, sicher. Bei der ersten Generation von Migranten gibt es da, glaube ich, sogar noch ein weiteres Problem: die geliebte Heimat. Die ist, wenn man nach dreißig Jahren zurückkehrt, ja nicht mehr dieselbe, die man verlassen hat, und so erweist sich das gelobte Land der Heimat eventuell ebenso als Trugbild wie das gelobte Land des ›Ruhestands‹.«

Nikolaus: »Und dieses Misstrauen, dass die (finanzielle) Zukunft eventuell ein Trugbild ist, das hat sich deiner Meinung nach in der Generation verschärft?«

Lorenzo: »Genau. In der Baby-Boomer-Generation und der Generation X gab es letztlich ein relativ hohes Vertrauen in die Statik der Welt, dass das Leben auch in dreißig, vierzig oder fünfzig Jahren noch ungefähr so sein wird wie bisher. Dass es sich lohnt, auf eine relativ ferne Zukunft zu setzen – mit seinem Geld und seiner Zeit. Vor dem Hintergrund waren viele eher geizig mit Geld und haben ihre Zeit relativ bedenkenlos investiert. Ich denke, in der Generation Y hat sich das verschoben, das hat sicher mit einer gefühlten und tatsächlichen Beschleunigung von Veränderungen und globalen Krisen wie etwa der Klimakrise zu tun. Deshalb sind viele Menschen meiner Generation eher zeitgeizig, tauschen relativ früh und relativ viel Geld in Zeit um, sind nicht mehr bereit, das Leben auf die Zukunft zu verschieben. Es findet nach wie vor eine Transaktion von – erst – Zeit in Geld und dann wieder Geld in Zeit statt. Aber diese Transaktionen sind eher kleinteiliger, und die erstrebenswertere Leitwährung hat sich geändert von Geld hin zu Zeit.«

Nikolaus: »Lass uns noch mal zurückkommen zur Generation deiner Großeltern im bettelarmen Palma di Montechiaro der Sechzigerjahre. Bitte erzähl mir noch mal die Geschichte mit dem Esel.«

Lorenzo: »Mein Großvater mütterlicherseits hatte einen kleinen Lebensmittelladen und Supermarkt. Einmal alle vier bis sechs Wochen machte er sich mit seinem Esel auf den Weg ins hundertvierzig Kilometer entfernte Palermo, um Waren einzukaufen. Da war er dann immer eine Woche unterwegs. Gemessen an den meisten Bewohnern der Stadt, war die Familie durch diese unternehmerische Tätigkeit noch einigermaßen wohlhabend gewesen – zumindest, bis nach dem Tod dieses Großvaters meine Großmutter begann, das Geld nach und nach zu verbladdern.«

Nikolaus: »Aus der Perspektive Deutschlands im Jahr 2022 klingt das fast romantisch: ein einfacher Mensch, Vater von dreizehn Kindern, der seine Familie mit harter, aber ehrlicher Arbeit ernährt, unterwegs mit seinem Esel in der wunderbaren unverbauten sizilianischen Natur …«

Lorenzo: »Ja, wenn man möchte, kann man das schon so sehen. Aber du weißt genauso gut, dass es großer Quatsch ist, Armut zu verkitschen – dann lass es auch …«

> 2014 feierten Lorenzos Großeltern in Palma ihre goldene Hochzeit. Wenn man heute mit Lorenzo redet, scheinen die Fotos der Feier wie eine Botschaft aus einem anderen Zeitalter.

> Bis heute hilft Lorenzo in den Semesterferien in der Pizzeria aus. Während seines Masters, den er im Sommer 2022 antritt, möchte er sich schwerpunktmäßig mit staatlichen Mechanismen zum Ausgleich sozialer Ungleichheit beschäftigen. Mich würde es nicht wundern, wenn daraus später einmal seine Dissertation entsteht. Beruflich kann er sich viel vorstellen, nur nicht, sein Leben lang das Gleiche zu tun. »Und vielleicht mache ich irgendwann ein Restaurant auf.«

> Seine Schwester Marika hat zwei Jahre nach ihm Abitur gemacht. Sie studiert inzwischen in Tübingen. Lorenzos Eltern haben sie ebenso vorbehaltlos unterstützt wie ihren Bruder.

»Verstehst du jetzt, warum ich noch mal ein Buch über Geld schreiben wollte?«

»Ich glaube schon.«

»Und siehst du ein, dass Geld viel mehr mit unserem Leben zu tun hat, als wir meinen. Wie du selbst gesagt hast, mit Liebe, Tod, Freundschaft, Verbrechen, Vertrauen, Verrat, sozialer Ungleichheit, dem Drang des Menschen, sich zu ernähren und fortzupflanzen, sich weiterzuentwickeln. Wer bin ich? Was kann ich? Das Streben nach Wissen, Macht, Erfolg, Glück – nach Spiritualität.«

»Ja, da hattest du sicher recht.«

»Und haben dir die Geschichten geholfen? Siehst du jetzt klarer?«

»Vielleicht kenne ich jetzt ein paar deutlich bessere Fragen, aber verwirrt bin ich bezogen auf Geld vermutlich mehr als davor. Nur auf einem höheren Niveau.«

»Das freut mich, so geht es mir auch – und mehr wollte ich nicht erreichen.«

ANHANG

Leseempfehlungen

Zwölf sinnvolle Bücher über Geld und Leben

Braun, Nikolaus. *Über Geld nachdenken. Klug entscheiden, gelassen bleiben, Lebensqualität gewinnen*. Campus, 2020.

Dunn, Elizabeth und Michael Norton. *Happy Money: So verwandeln Sie Geld in Glück*. Books4Success, 2014.

Honda, Ken. *Happy Money. The Japanese Art of Making Peace with your Money.* John Murray Learning, 2020.

Kahnemann, Daniel. *Schnelles Denken, langsames Denken.* Siedler Verlag, 2012.

Kommer, Gerd. *Souverän Investieren mit Indexfonds und ETFs: Wie Privatanleger das Spiel gegen die Finanzbranche gewinnen.* 5. Auflage. Campus Verlag, 2018.

MacAskill, William. *Doing Good Better: Effective Altruism and a Radical New Way to Make a Difference.* Faber and Faber, 2016.

Mingels, Guido. *Früher war alles schlechter: Warum es uns trotz Kriegen, Krankheiten und Katastrophen immer besser geht.* Deutsche Verlags-Anstalt, 2017.

Perkins, Bill, *Die with Zero: Getting All You Can from Your Money and Your Life*. Houghton Mifflin Harcourt, 2020.

Richards, Carl. *The Behaviour Gap: Simple Ways to Stop Doing Dumb Things with Money*. Portfolio, 2012.

—. The One Page *Financial Plan: A Simple Way to Be Smart About Your Money*. Penguin, 2015.

Rosling, Hans. *Factfulness: Wie wir lernen, die Welt so zu sehen, wie sie wirklich ist.* Ullstein, 2018.

Walz, Hartmut. *Einfach genial entscheiden in Geld- und Finanzfragen.* 3. Auflage, Haufe Verlag, 2020.

Empfehlenswerte Finanzblogs

Geldfrau, Dani Parthum: https://www.geldfrau.de/blog
Gerd Kommer Finanzblog: https://gerd-kommer.de/blog
Hartmut Walz Finanzblog: https://hartmutwalz.de/finanzblog
Zendepot (inaktiv): https://zendepot.de/blog

Und gerne auch der Blog, den mein Sozius Stefan Heringer mit mir schreibt: »Über Geld nachdenken«: https://www.neunundvierzig.com/blog

Von *Geldfrau* Dani Parthum gibt es auch hervorragende Online-Kurse zum Thema Geld: https://www.geldfrau.de/kurse-workshops/online-kurse. Mein Favorit: »Endlich die eigenen Finanzen im Griff« – funktioniert auch für Männer.

Ab Mai 2023 finden Sie unter www.neunundvierzig.com/shop einen *Selbstverteidigungskurs Geld*. Wir vermitteln Ihnen ein Basiswissen zu Themen wie Schulden, Sparen, sinnvolle und sinnbefreite Versicherungen, Investieren und *Geld oder Leben*, damit Sie mit dem Thema Geld ein Stück weit gelassener und souveräner umgehen können und Pinocchio-Banker und Strukturvertriebe bei Ihnen keine Chance haben.

Weitere empfehlenswerte Webseiten

www.effektiv-spenden.org
www.finanzwende.de
www.gapminder.org
www.tylervigen.com/spurious-correlations
www.zinsenberechnen.de

Literaturverzeichnis

Aischylos. *Die Perser.* In: Franklin Bibliothek (Hg. *Die großen Tragödien des Aischylos, Sophokles und Euripides.* Franklin Bibliothek, 1984. S. 41–78. Übersetzung Johann Gustav Droysen, bearbeitet von Franz Stoessl.

Bachrach, Bill. *Values-Based Financial Planning: The Art of Creating an Inspiring Financial Strategy.* Aim High, 2000.

Barber, Brad M. und Terrance Odean. »Trading is Hazardous to Your Wealth: The common Stock Investment Performance of Individual Investors.« *The Journal of Finance,* 2000: 773-806.

Beck, Andreas und Enkelmann Wolf-Dieter. *Wahnsinnig reich. Das Buch über Geld, die Krise und die moderne Gesellschaft.* Context Verlag, 2010.

Bhattacharya, Uptal, Andreas Hackethal und Simon Kaesler. »Is Unbiased Financial Advice To Retail Investors Sufficent? Answers form a Large Field Study.« *Review of Financial Studies,* 2011: 975-1032.

Biller, Maxim. *Wenn ich einmal reich und tot bin.* dtv, 1990.

Böll, Heinrich. Anekdote zur Senkung der Arbeitsmoral. In: Karoline Adler: *Gute-Laune-Geschichten.* dtv, 2016. S. 73 – 77.

Bogle, John C. *Keine Investment-Zauberformel: Börsengewinne mit gesundem Menschenverstand.* Börsenbuchverlag, 2011.

Bomsdorf, Clemens. *So werden Sie reich wie Norwegen: Genial einfach ein Vermögen aufbauen.* Campus Verlag, 2018.

Bowen, John J. *Breaking Through. Building a World-Class Wealth Management Business.* CEG Worldwide, 2013.

Braun, Nikolaus. *Über Geld nachdenken. Klug entscheiden, gelassen bleiben, Lebensqualität gewinnen.* Campus, 2020.

Clark, Andrew E. und Claudia Senik. »Who Compares to Whom? The Anatomy of Income Comparisons in Europe.« *Economic Journal,* 2010: 573-594.

Carson, Ron und Steve Sanduski. *Tested in the trenches.* Kaplan Aec Education, 2005.

Campbell, Joseph. *The Hero With a Thousand Faces.* Princeton University Press, 1968.

Costantino Salvatore. *Una Sicilia »senza«. Atti del Convegno sulle condizioni di vita e salute in zone arretrate della Sicilia occidentale (Palma Montechiaro, 27–29 aprile 1960).* Franco Angeli, 2014.

Dahl, Edgar. »Macht Geld glücklich?« *Spektrum der Wissenschaft* 5 (2008): 84-87.

Deaton, Angus und Daniel Kahnemann. »High income improves evaluation of life but not emotional well-being.« *Proceedings of the National Academy of Sciences of the United States of America*, 2010: 16489-16493.

Dobelli, Rolf. *Die Kunst des guten Lebens: 52 überraschende Wege zum Glück*. Piper, 2017.

—. *Die Kunst des klaren Denkens: 52 Denkfehler, die Sie besser anderen überlassen*. dtv, 2011.

—. *Die Kunst des klugen Handelns: 52 Irrwege, die Sie besser anderen überlassen*. dtv, 2012.

—. *Kunst des digitalen Lebens: Wie Sie auf News verzichten und die Informationsflut meistern*. Piper, 2019.

Dunn, Elizabeth und Michael Norton. *Happy Money: So verwandeln Sie Geld in Glück*. Books4Success, 2014.

Ellenberg, Jordan. *How Not to Be Wrong: The Hidden Maths of Everyday Life*. Penguin Group, 2014.

Ende, Michael. *Momo oder die seltsame Geschichte von den Zeitdieben und von dem Kind, das den Menschen die gestohlene Zeit zurückbrachte*. Goldmann 2002 (erstmals 1973).

Fromm, Erich. *Haben oder Sein*. dtv, 1976.

Frye, Northrop. *Anatomy of Criticism*. Princeton University Press, 1957.

Godin, Seth. *This is Marketing: You Can't Be Seen Until You Learn to See*. Penguin Verlag, 2018.

Graham, Benjamin, Warren E. Buffet und Jason Zweig. *The Intelligent Investor: The definite book on value investing*. HarperCollings e-books, 2009.

Grimm, Jacob; Grimm, Wilhelm. *Grimm Kindermärchen*. K. Thienemann Verlag, ca. 1914.

Honda, Ken. *Happy Money. The Japanese Art of Making Peace with your Money*. John Murray Learning, 2020.

Hörisch, Jochen. *Kopf oder Zahl: Die Poesie des Geldes*. Suhrkamp Verlag, 1996.

Harari, Yuval Noah. *Eine kurze Geschichte der Menschheit*. Deutsche Verlags-Anstalt, 2013.

Jauernig, Henning. *Young Money Guide: Richtig mit Geld umgehen und mehr vom Leben haben*. Penguin, 2020.

Jebb, Andrew T., Louis Tay, Ed Diener und Shigehiro Oishi. »Happiness, Income Satiation, and Turning Points Around the World.« *Nature Human Behavior*, 2018: 33–38.

Joppich, Lars. *Rente mit 28: In wenigen Jahren zur finanziellen Freiheit.* Eigenverlag, 2017.

Kahnemann, Daniel. *Schnelles Denken, langsames Denken.* Siedler Verlag, 2012.

Kehl Thomas, Monika Linke. *Das einzige Buch, das Du über Finanzen lesen solltest: Der entspannte Weg zum Vermögen* – Von den Machern des YouTube-Erfolgs »Finanzfluss«. Ratgeber für Geldanlage an der Börse mit ETF & Aktien. Ulstein 2022.

Kinder, George. *Seven Stages of Money Maturity: Understanding the spirit and value of money in your life.* Dell, 2000.

Kommer, Gerd. *Immobilienfinanzierung für Selbstnutzer: Geld sparen und Fehler vermeiden beim Kauf der eigenen vier Wände.* Campus Verlag, 2017.

—. *Kaufen oder mieten? Wie Sie für sich die richtige Entscheidung treffen.* 2. Auflage. Campus Verlag, 2016.

—. *Souverän Investieren mit Indexfonds und ETFs: Wie Privatanleger das Spiel gegen die Finanzbranche gewinnen.* 5. Auflage. Campus Verlag, 2018.

—. *Souverän Investieren vor und im Ruhestand: Mit ETFs Ihren Lebensstandard und Ihre Vermögensziele sichern.* Campus Verlag, 2020.

—. Olaf Gierhake. *Souverän Vermögen schützen: Wie sich Vermögende gegen Risiken absichern – ein praktischer Asset-Protection-Ratgeber.* Campus 2021.

Kostolany, André. *Die Kunst, über Geld nachzudenken.* Ullstein, 2015.

Krüger, Malte, Alexander Schmidt und Günter Wallraff. *Undercover in der Finanzindustrie: Wie Banken, Versicherungen und Vermögensverwalter Ihre Rente ruinieren und was Sie dagegen tun können.* FinanzBuch Verlag, 2018.

Krall, Markus. *Die bürgerliche Revolution.* Langen-Müller, 2020.

Kuhn, Peter, Peter Kooreman, Adriaan Soetevent und Arie Kapteyn. »The Effects of Lottery Prizes on Winners and their Neighbors: Evidence from the Dutch Postcode Lottery.« *American Economic Review*, 2011: 2226–2247.

Kuschel, Svea und Constanze Hintze. *Geld steht jeder Frau: Ein Wegbegleiter für eine reiche und sichere Zukunft.* Allenburg Verlag, 2007.

Loipfinger, Stefan. *Achtung Anlegerfallen! Wie Sie teure Fehler vermeiden und Chancen nutzen.* FinanzBuch Verlag, 2018.

Müller, Dirk. *Crashkurs Weltwirtschaftskrise oder Jahrhundertchance? Wie Sie das Beste aus Ihrem Geld machen.* Überarbeitete Taschenbuchausgabe. Knaur, 2010.
MacAskill, William. *Doing Good Better: Effective Altruism and a Radical New Way to Make a Difference.* Faber and Faber, 2016.
Malkiel, Burton G. *A Random Walk Down Wall Street: The Time-Tested Strategy for Successful Investing.* Norton & Company, 2019.
Matson, Mark. *Main Street Money: How to Outwit, Outsmart, and Out-invest Wallstreet's Biggest Bullies.* McGriff Video Productions, 2013.
Marx, Karl; Friedrich Engels, Rosa Luxemburg Stiftung (Hg.), Marx Engels Werke (MEW). Bd. 26.1–26.3. *Theorien über den Mehrwert.* Dietz 1993.
Mingels, Guido. *Früher war alles schlechter: Warum es uns trotz Kriegen, Krankheiten und Katastrophen immer besser geht.* Deutsche Verlags-Anstalt, 2017.
Mondello, Enzo. *Finance: Angewandte Grundlagen.* Gabler Verlag, 2018.
—. *Finance: Theorie und Anwendungsbeispiele.* Gabler Verlag, 2017.
Nakazato, Schimmack, Ulrich Naoki und Shighiro Oishi. »Effect of Changes in Living Conditions on Well-Being: A Prospective Top-Down Bottom-Up Model.« *Social Indicators Research: An International and Interdisciplinary Journal for Quality-of-Life Measurement,* 2011: 115–135.
Parisse, Alan und David Richman. *Questions Great Financial Advisors Ask … and Investors Need to Know.* Kaplan Publishing, 2006.
Perkins, Bill, *Die with Zero: Getting All You Can from Your Money and Your Life.* Houghton Mifflin Harcourt, 2020.
Pinker, Steven. *Enlightment Now: The Case for Reason, Science, Humanism, and Progress.* Penguin, 2018.
Pollan, Stephen M. und Mark Levine. *Die Broke Complete Book of Money: Unconventional Wisdom About Everything from Annuities to Zero-Coupon Bonds.* HarperCollings ebooks, 2012.
Prince, Russ Alan und David Geraciotti. *Cultivating the Middle-Class Millionaire: Why Financial Advisors are Failiing their Wealthy Clients and What they can do about it.* Penton Media, 2005.
Richards, Carl. *The Behaviour Gap: Simple Ways to Stop Doing Dumb Things with Money.* Portfolio, 2012.
—. *The One Page Financial Plan: A Simple Way to Be smart about your Money.* Penguin, 2015.
Roland Berger Strategy Consultants. »The Rare Earth Challenge. How Companies React and What They Expect for the Future.« 2011.
Rosling, Hans. *Factfulness: Wie wir lernen, die Welt so zu sehen, wie sie wirklich ist.* Ullstein, 2018.

Rosling, Hans und Olga Rosling. *How not to be ignorant about the world.* TEDSalon Berlin. 24. Juni 2014. https://www.ted.com/talks/hans_and_ola_rosling_how_not_to_be_ignorant_about_the_world/discussion (Zugriff am 29. Juli 2020).

Schäfer, Bodo. *Der Weg zur finanziellen Freiheit: Ihre erste Million in 7 Jahren.* Campus Verlag, 1998.

Schkade, David, Norbert Schwarz, Arthur A. Stone, Alan B. Krueger und Daniel Kahnemann. »A Survey Method for Characterizing Daily Life Experience: The Day Reconstruction Method.« *Science*, 2004: 1776-1780.

Suter, Martin. *Allmen und die Libellen.* Diogenes 2011.

Schwartz, Barry. *Anleitung zur Unzufriedenheit: Warum weniger glücklicher macht.* Econ, 2004.

—. *The Paradox of coice.* TEDGlobal. 10. Juni 2005. https://www.ted.com/talks/barry_schwartz_the_paradox_of_choice (Zugriff am 29. Juli 2020).

Schwed, Fred. *Where are the Customers' Yachts? Or, A Good Hard Look at Wall Street.* Wiley, 2005.

Sick, Helma und Renate Schmidt. *Ein Mann ist keine Altersvorsorge: Warum finanzielle Unabhängigkeit für Frauen so wichtig ist.* Penguin Verlag, 2019.

Stiftung Warentest. *Das Nachlass-Set: Testament, Vermögensaufsicht, Digitaler Nachlass, Bestattungsverfügung – Beispielfälle und Beispielformulierungen.* 3. Auflage. Stiftung Warentest, 2019.

Sullivan, Dan. *The Good That Financial Advisors Do.* The Strategic Coach Inc., 2010.

Taleb, Nassim Nicolas. *The Black Swan: The Impact of the Highly Improbable.* Penguin Verlag, 2008.

Thiel, Christian. *Schatz, ich habe den Index geschlagen! Wie ich auszog, die besten Aktien der Welt zu kaufen.* Campus Verlag, 2017.

Vogler, Christopher. *The Writers Journey. Mythic Structure for Writers.* 25th Anniversary Edition. Michael Wiese Productions, 2020.

Walz, Hartmut. *Einfach genial entscheiden im Falle einer Finanzkrise.* Haufe Verlag, 2020.

—. *Einfach genial entscheiden in Geld- und Finanzfragen.* Haufe Verlag, 2016.

—. *Einfach genial entscheiden in Geld- und Finanzfragen.* 3. Auflage, Haufe Verlag, 2020.

Walz, Hartmut, Ulrich Bosetti. *Beraten statt Verraten. So wehren Sie Manipulationen in der Finanzberatung souverän ab.* Frankfurter Allgemeine Buch. 2022.

Wagner, Florian. *Rente mit 40: Finanzielle Freiheit und Glück durch Frugalismus | Minimalistisch und nachhaltig leben, clever investieren und mit Aktien unabhängig werden.* Econ 2019.

Warnecke, Albert. *Der Finanzwesir: Was Sie über Vermögensaufbau wirklich wissen müssen.* epubli Verlag, 2011.

Weber, Martin. *Genial einfach investieren: Mehr müssen Sie nicht wissen – das aber unbedingt!* Campus Verlag, 2007.

Weber, Martin, Heiko Jacobs, Christiane Laudenbach, Sebastian Müller und Philipp Schreiber. *Die genial einfache Vermögensstrategie: So gelingt die finanzielle Unabhängigkeit.* Campus Verlag, 2020.

White, Hayden. Metahistory. The Historical Imagination in 19th-Century Europe. 40th Aniversary Editon. J. Hopkins University Press, 2014.

Zugabe

Während ich dieses Buch geschrieben habe, wurden Gespräche mit Menschen über ihr Geld und über ihr Leben zu einer regelrechten Sucht für mich. Gut, es ist Teil meines Berufs, mich mit Menschen darüber zu unterhalten, warum Geld wichtig für sie ist und was man deshalb am besten damit anstellen sollte. Aber dennoch: Die Gespräche, die ich für dieses Buch geführt habe, waren nochmals anders – relevanter, spannender, und je mehr Gespräche ich geführt habe, umso mehr traute ich mich, tiefer zu bohren, und umso süchtiger wurde ich.

Gleichzeitig gibt es noch so viele Themenfelder zu »Geld oder Leben?«, denen ich gern stärker nachgehen würde: Glück, Freundschaften, Hass, Liebe, Habgier, Ungleichheit, Identität, familiäre Werte, Vermächtnisse, Spiritualität, am Geld zerbrechende Familien, Schicksal …

Wenn Sie eine Geschichte erlebt haben oder kennen, von der Sie überzeugt sind, dass man sie erzählen sollte, dann schreiben Sie mir bitte unter nachdenken@neunundvierzig.com. Wichtig ist, dass es keine Geschichten aus der Presse sind oder die man mal irgendwo aufgeschnappt hat. Am besten sind Sie selbst die »Hauptdarstellerin« oder der »Hauptdarsteller« dieser Geschichte oder etwa eine gute Freundin, Ihr Vater, Ihre Mutter oder die Großeltern.

Die Geschichten werden natürlich anonymisiert: andere Städte, andere Berufe, oft ein anderes Geschlecht. Wenn Sie darüber näher nachdenken, dann werden Sie sehen, dass es in vielen Familien Geschichten gibt, die viel interessanter sind, als man zunächst meint. Geschichten, von denen andere profitieren können und die es wert sind, erzählt zu werden.

Ich freue mich, von Ihnen zu hören. Zum Schluss noch eine kleine Geschichte zum Thema Geld, Herkunft und familiäre Werte, die mir ein Mandant geschickt hat.

Voucher

2 US-Dollar

Ich war Geschäftspartner einer Firma im Silicon Valley. Der CEO hatte gerade circa 80 Millionen US-Dollar an Cash und Aktienoptionen für den Verkauf seiner vorherigen Firma »Interface Mediatronix« bekommen. Nach unseren Meetings wollte er noch zu Frys und fragte mich, ob ich mitmöchte. Frys war damals das Elektronik- und Computer-Mekka für das ganze Silicon Valley.

Auf der Fahrt zu Frys erzählte mir Chris Cheng, Kind von Einwanderern aus China, dass er seiner Mum gerade einen Mercedes GLS gekauft habe und sich nach einem Haus in Mountain View umschaue. Wir sind dann in den Frys gegangen, und er meinte, dass er etwas umtauschen müsse, und stellte sich in eine Schlange mit ungefähr 45 Mexikanern an.

Ich war dann circa eine Stunde im Frys unterwegs, und er war gerade von der Warenrückgabe zurückgekehrt, als wir uns an der Kasse trafen. Er löste einen Voucher über 2 US-Dollar für einen falschen Telefonadapter ein.

Anmerkungen

1. Gerd Kommer (2018), Hartmut Walz (2020), Henning Jauernig (2020), Nikolaus Braun (2020).
2. Nothrop Frye (1957); Hayden White (2014). Diese Einsicht verdanke ich dem legendären historischen Oberseminar von Eckhart Hellmuth.
3. Joseph Campbell (1968); Christopher Vogler (2020).
4. Um die Jahrtausendwende war die reguläre Währung in Deutschland noch die D-Mark, Aktien wurden bereits in Euro notiert.
5. M&A steht für »Merger and Aquisitions«: Unternehmensfusionen und Unternehmenskäufe.
6. Kickback: Vertriebsfolge-Provision oder anders formuliert: »Bestechungsgeld«.
7. Matthew Berg, Brian Hartley, Oliver Richters: A Stock-Flow Consistent Input-Output Model with Applications to Energy Price Shocks, Interest Rates, and Heat Emissions. In: *New Journal of Physics*, Vol. 17, no. 1, January 2015.
8. Reproduktion: Abbildung einer Schamanentrommel, CC BY-SA 3.0 (https://creativecommons.org/licenses/by-sa/3.0/deed.de), https://commons.wikimedia.org/wiki/File:S%C3%A1mi_mythology_shaman_drum_Samisk_mytologi_schamantrumma_007.png.
9. Wie der Übertrag juristisch und steuerlich genau funktionierte, würde hier den Rahmen sprengen.
10. Ken Honda (2020), S. 194 f.
11. http://www.albergoverdemare.it/de/index.html, zuletzt abgerufen 16.08.2022.
12. Martin Huber, Elizabeth Böhm: *Drama – Dramenformen und Gliederungseinheiten – Exposition, Steigerung, Höhe-/Wendepunkt, retardierendes Moment, Katastrophe*. Auf: Literaturwissenschaftliche Begriffe online http://www.li-go.de/prosa/dramaalt/expositionsteigerunghoehewendepunktretardierendesmomentkatastropheALT.html, zuletzt abgerufen am 07.07.2022.
13. Aischylos, S. 69f.
14. Die Geschichte verdanke ich Jörg Mühlbauer, der sie mir nicht nur in allen Einzelheiten erzählt, sondern auch selbst aufgeschrieben hat. Da

er wunderbar schreiben kann, habe ich viele Passagen davon wörtlich übernommen. Die Sache mit den Nummernkonten in der Schweiz ist jetzt sehr lange her, dennoch hat er es bevorzugt, dass ich ihn nur mit dem veränderten Namen Jörg Mühlbauer erwähne.

15. Ein Rezept findet sich hier: https://www.cucchiaio.it/ricetta/ricetta-cotechino-lenticchie/, zuletzt abgerufen am 16.08.2022. Ob es die Billigung von Alberto oder meiner Exfrau erhalten hätte, kann ich nicht sagen.
16. Martin Suter (2011), S. 31.
17. Zu Glaubenssätzen siehe auch: Ken Honda (2020) u. a., S. 88–95.
18. Michael Ende (1973), S. 216.
19. Lars Joppich (2017).
20. Bodo Schäfer (1998).
21. https://oxfamilibrary.openrepository.com/bitstream/handle/10546/620599/bp-public-good-or-private-wealth-210119-en.pdf, zuletzt abgerufen am 28.07.2022.
22. Markus, 10, 25; Lukas 18, 25; Matthäus, 19, 24.
23. Lukas, 16, 13; Matthäus, 6, 24.
24. Ken Honda (2020) u. a.: S. 72–75; S. 86–89; S. 124–126.
25. Daniel Kahnemann (2012), S. 75 f.; Kathleen Vohs (2006). Sehr illustrativ, der TED-Talk von Paul Piff: https://www.ted.com/talks/paul_piff_does_money_make_you_mean?language=de.
26. Ken Honda 2020 u. a., S. 170–178.
27. Das wird sehr deutlich, wenn Sie sich Länder auf einer Matrix »Lebenserwartung versus durchschnittliches Jahreseinkommen« ansehen. Ein großartiges Tool sind da die Bubble-Charts der Gapminder-Stiftung: https://www.gapminder.org/tools/#$chart-type=bubbles, zuletzt abgerufen am 15.08.2022. Suchen Sie da z. B. mal Japan und die Zentralafrikanische Republik.
28. Angus Deaton, Daniel Kahnemann (2010); Edgar Dahl (2008); Andrew T. Jebb (2018).
29. Andreas Beck, Wolf Dieter Enkelmann (2010), S. 9.
30. Andrew E. Clark, Claudia Senik (2010); Peter Kuhn u. a. (2010).
31. https://www.destatis.de/DE/Presse/Pressemitteilungen/2019/10/PD19_419_639.html, zuletzt abgerufen am 15.08.2022.
32. Siehe: https://www.peppercorn-stiftung.de/; https://www.handsatwork.org/. Wenn Sie Ihre Adresse mitteilen, bekommen Sie auch eine Zuwendungsbescheinigung für das Finanzamt.
33. https://www.sugarraybanister.de/nuernberg-ist-haesslich/nuernberg-ist-haesslich-fast-ueberall, zuletzt abgerufen am 15.08.2022.

34. Russ Alan Prince (2005), S. 71; ausführlicher zu Typen von Vermögenden: Nikolaus Braun (2020), S. 30–34.
35. Horaz, Oden III, 16f.: »Doch Sorge folgt und nimmersatte Gier dem wachsenden Reichtum.«
36. Daniel Kahnemann (2012), S. 348. Ein unterhaltsamer Einstieg in die Materie kognitiver Verzerrungen: Rolf Dobelli (2011) und Rolf Dobelli (2012).
37. https://www.spektrum.de/lexikon/psychologie/rationalisierung/12462, zuletzt abgerufen am 15.08.2022.
38. Zur Finanzpornografie: Nikolaus Braun (2020), S. 62f.
39. Zu disfunktionalem Risikomanagement, Risiko und Rendite: Nikolaus Braun (2020), S. 101–110.
40. Stefan Heringer und Nikolaus Braun im Unternehmermagazin *Digital*, 06.05.2022, https://dup-magazin.de/finanzen/investieren/warum-crashpropheten-ihr-vermoegen-gefaehrden/, zuletzt aufgerufen am 30.07.2022.
41. Nikolaus Braun (2020), S. 81–83.
42. Dirk Müller (2010), S. 138-143. Hier: S. 143.
43. Carl Richards (2012).
44. Sandra Schäfer: »Milliarden-Mike« spricht über sein Leben: Mike Wappler: »Ich habe keinen Cent ehrlich verdient.« *Hamburger Morgenpost*, 29. April 2013.
45. Etwa: Arne Birckenstock, *Beltracchi. Die Kunst des Fälschens.* Deutschland 2014; zu Konrad Kujau: Helmut Dietl: *Schtonk!.* Deutschland 1992; zu Bernie Madoff: *Barry Levinson: The Wizard of Lies.* USA 2017.
46. Siehe zu Wappler und Harksen zwei wunderbare Podcast auf *Zeit online* – Verbrechen; https://www.zeit.de/gesellschaft/zeitgeschehen/2018-09/betruegerei-juergen-harksen-hochstapler-manipulation-verbrechen-podcast ; https://www.zeit.de/gesellschaft/2021-02/betrueger-mike-wappler-milliarden-mike-verbrechen-podcast, zuletzt abgerufen am 30.07.2022.
47. Ebenso auf *Zeit online* – Verbrechen: https://www.zeit.de/gesellschaft/2020-04/wolfgang-beltracchi-kunstfaelscher-kriminalpodcast, zuletzt abgerufen am 30.07.2022.
48. *Die Zeit*, 6.10.2011, https://www.zeit.de/2011/41/Kunstfaelscher-Beltracci, zuletzt abgerufen am 30.07.2022.
49. https://www.finanzwende.de/presse/grosser-einfluss-der-finanzlobby-fuehrt-zu-gefaehrlicher-schieflage/, zuletzt abgerufen am 30.07.2022.

50. Etwa durch das 2009 eingeführte unsägliche Beratungsprotokoll, dem schon ganze Wälder zum Opfer gefallen sind.
51. https://www.marktforschung.de/aktuelles/marktforschung/studie-der-gfk-deutsche-vertrauen-eigener-bank-und-versicherung-stehen-der-branche-aber-skeptisch-gegenueber/ (2010); auch: https://bankenverband.de/media/files/Umfrageergebnis_zooI3aY.pdf; https://de.statista.com/statistik/daten/studie/71791/umfrage/vertrauen-in-finanzinstitute-und-versicherungen-in-der-finanzkrise/ (2019), beide zuletzt abgerufen am 30.07.2022.
52. Ist Honorarberatung unsozial? Gastbeitrag meines Sozius Stefan Heringer auf dem *Hartmut-Walz-Finanzblog* am 18.02.2022. https://hartmutwalz.de/ist-honorarberatung-unsozial/; Warum ein Provisionsverbot unsozial wäre, Jens Berdenbals in *Fonds professionell* vom 18.11.2014; https://www.fondsprofessionell.de/news/meinung/headline/warum-ein-provisionsverbot-unsozial-waere-116754/, zuletzt abgerufen am 30.07.2022.
53. Zum Revival der Zertifikatsvertriebs bei Raiffeisen-, Volksbanken und Sparkassen siehe u. a.: https://finanz-szene.de/banking/bei-deka-und-dz-bank-droht-ein-lehman-oma-2-0-desaster/, zuletzt abgerufen am 30.07.2022.
54. Ausführlich hierzu: Malte Krüge (2018). Ob Verkäufer oder Berater erkennen Sie am einfachsten durch einen Blick ins Impressum eines Finanzberaters: Lizenz nach Gewo § 34f oder § 34 d Abs 1 = Verkäufer; Lizenz nach Gewo § 34h oder § 34d Abs. 2 = Berater.
55. https://home.kpmg/de/de/home/themen/2021/11/auf-provisionsberatung-verzichten.html, zuletzt abgerufen am 17.08.2022; dazu: Stefan Heringer, 18.2.2022, in https://hartmutwalz.de/ist-honorarberatung-unsozial/, zuletzt abgerufen am 17.8.2022.
56. https://www.finanzwende-recherche.de/2022/08/25/die-tricks-der-bausparkassen/, zuletzt abgerufen am 01.09.2022
57. Anm. d. Autors: Diese langgezogenen Vokale habe ich noch heute im Ohr.
58. Mannschaft: Frauen gab und gibt es im Wertpapiergeschäft so gut wie nicht.
59. Regio-Telko: Wöchentliche Telefonkonferenz der Regionalfilialleiter, umgangssprachlich: Anschissrunde.
60. One-on-one: Kritikgespräch unter vier Augen, im örtlichen Jargon auch Durchbürschteln genannt.
61. Trades: Wertpapiertransaktionen.
62. https://finanz-szene.de/banking/volksbanken-auf-800-institute-

kommen-nur-88-vorstandsfrauen/, 01.10.2020, zuletzt abgerufen am 27.07.2022.

63. Helma Sick (2015). Helma Sick ist eine der ersten Pionierinnen beim Thema »Frauenfinanzen«.
64. Henning Jauernig (2020), S. 235.
65. https://www.youtube.com/watch?v=DbqcRG-CT30, zuletzt abgerufen am 30.07.2022.
66. In dem Fall nicht anonymisiert.
67. Maxim Biller (2011), S. 218.
68. COO: Chief Operating Officer, für die Organisation eines Unternehmens zuständig.
69. Oscar Wilde zugeschrieben: »Gebt mir Luxus, auf alles Notwendige kann ich verzichten.«
70. Elizabeth Dunn, Michael Norton (2014), S. 20–24. Das Zitat ist aus »Verde mare«, der zweiten Geschichte dieses Buches.
71. Ein partieller Ausweg ist da, sich auf rare Güter zu konzentrieren und gleichzeitig kommunikative Räume zu eröffnen, also etwa Kunst zu sammeln.
72. Vgl. Elizabeth Dunn, Michael Norton (2014), S. 85–87.
73. Siehe Nikolaus Braun (2020), S. 214–219.
74. Daniel Kahnemann (2012), S. 465–503.
75. Für eine Verdreifachung brauchen Sie eine Rendite von knapp 3 Prozent, für eine Verfünffachung etwas mehr als 4 Prozent. Zum Nachrechnen: www.zinsenberechnen.de.
76. Bill Perkins (2020), S. 19–21; S. 28–37.
77. Grundlegend zum effektiven Altruismus: William MacAskill (2016). Eine konkrete Anlaufstelle für effektiven Altruismus ist: https://www.effektiv-spenden.org, zuletzt abgerufen am 17.8.2022.
78. Elizabeth Dunn, Michael Norton (2013), S. 130–159, insbesondere S. 135–138.
79. https://www.effektiv-spenden.org/deworm-the-world-initiative/, zuletzt abgerufen am 15.08.2022.
80. Die direkten Zitate verdanke ich Andres Hauser.
81. Umso erstaunlicher ist, dass Nils mit Corona offenbar völlig sachlich und nüchtern umging.
82. Mein Favorit: https://www.geldfrau.de/kurse-workshops/online-kurse.
83. Maximal einfaches Portfolio: Nikolaus Braun (2020), S. 114–130. Komplexer, dafür vermutlich etwas besser: Gerd Kommer (2018). Einfacher ist im Regelfall besser als besser.

84. Siehe: Der Sch😠☠💣😠-egalsparplan – ein Finanzprodukt, das wirklich jeden glücklich macht! https://www.neunundvierzig.com/blog/der-schmnl-egalsparplan-ein-finanzprodukt-das-wirklich-jeden-gluecklich-macht, zuletzt abgerufen am 14.08.2022.
85. Michael Ende (1973), S.70.
86. Carl Richards, How much is enough, undatiert https://behaviorgap.com/how-much-is-enough/?utm_source=email&utm_medium=e-mail&utm_campaign=behavior-gap-weekly-letter, zuletzt abgerufen am 19.07.2022.
87. Gabler Wirtschaftslexikon, 19.02.2018, https://wirtschaftslexikon.gabler.de/definition/mehrwerttheorie-37832/version-261262, zuletzt abgerufen am 04.07.2022; MEW, 26.1–26.3.
88. Bill Perkins (2020), S. 34 f.
89. Nikolaus Braun (2020), S. 195 f.
90. Nikolaus Braun (2020), S. 207 f.; Stefan Heringer; Nikolaus Braun, Rente mit 45. Wunschtraum oder Alptraum? 27.07.2021, https://dup-magazin.de/finanzen/rente-mit-45-dank-frugalismus-wunschtraum-oder-alptraum/, zuletzt abgerufen am 08.07.2022. Der Ansatz hat großartige Aspekte, in Summe hat er mich aber auch nach eingehender Beschäftigung und Diskussion mit den Protagonisten nach wie vor nicht überzeugt. Symptomatisch scheint mir da etwa Florian Wagner zu sein: In seinem durchaus lesenswerten Buch *Rente mit 40* (2019) stellt er sich sehr gute Fragen zum Thema: Geld, Zeit und erfüllende Arbeit. In seinem Blog https://geldschnurrbart.de geht es dann aber fast nur noch um eines: Geld sparen und vermehren. Bezeichnenderweise leben offenbar alle bekannten Frugalisten davon, anderen Frugalisten per Buch oder Blog beizubringen, wie man Frugalist wird. Siehe z. B. (fast) alle Case Studies in Florian Wagner, 2019.
91. Heinrich Böll (2016), S. 77.
92. Jacob Grimm, Wilhelm Grimm (1914), S. 288.
93. Siehe »Eine andere Welt« in Teil II dieses Buches.
94. https://www.youtube.com/watch?v=5jC5jIFsMxY zuletzt abgerufen am 15.08.2022.
95. https://www.youtube.com/watch?v=GXEIWWReuOU, zuletzt abgerufen am 15.08.2022.
96. Salvatore Costantino; Aldo Zanca (2014).
97. 0,05 Euro.
98. Siehe eine Dokumentation des RAI aus dem Jahr 1988: https://www.youtube.com/watch?v=0Hnt6pI9nX8, zuletzt abgerufen am 15.08.2022.
99. Siehe auch »Eine andere Welt« in Teil II dieses Buches.

Über den Autor

© Thomas Dashuber

Dr. Nikolaus Braun ist seit fast zwanzig Jahren ein Grenzgänger zwischen Geisteswissenschaften und dem Finanzsektor. Der promovierte Historiker machte eher zufällig Karriere bei einer Großbank, die er enttäuscht verließ, als er zum reinen Finanzvertriebler werden sollte. Heute ist er Seniorpartner einer Vermögensverwaltung und Ko-Gründer und -Leiter der Neunundvierzig Honorarberatung in München, in der er seine Vorstellung einer unabhängigen und ganzheitlichen Vermögensberatung kompromisslos umsetzen kann. Im Campus Verlag hat er bereits seinen ersten erfolgreichen Finanzratgeber *Über Geld nachdenken* veröffentlicht.